战略管理学精要

第二版

马浩 编著

ESSENTIALS OF STRATEGIC MANAGEMENT

2nd Edition

北京大学出版社
PEKING UNIVERSITY PRESS

图书在版编目(CIP)数据

战略管理学精要/马浩编著. —2 版. —北京：北京大学出版社，2015.1
ISBN 978-7-301-25108-9

Ⅰ.①战… Ⅱ.①马… Ⅲ.①企业战略—战略管理—工商管理硕士—教材 Ⅳ.①F272

中国版本图书馆 CIP 数据核字（2014）第 272074 号

书　　名	战略管理学精要（第二版）
著作责任者	马　浩　编著
责任编辑	张　燕
标准书号	ISBN 978-7-301-25108-9
出版发行	北京大学出版社
地　　址	北京市海淀区成府路 205 号　100871
网　　址	http://www.pup.cn
电子信箱	em@pup.cn　　QQ:552063295
新浪微博	@北京大学出版社　@北京大学出版社经管图书
电　　话	邮购部 62752015　发行部 62750672　编辑部 62752926
印刷者	北京大学印刷厂
经销者	新华书店
	787 毫米×1092 毫米　16 开本　19.5 印张　346 千字
	2008 年 2 月第 1 版
	2015 年 1 月第 2 版　2018 年 4 月第 2 次印刷
印　　数	4001—6000 册
定　　价	42.00 元

未经许可，不得以任何方式复制或抄袭本书之部分或全部内容。
版权所有，侵权必究
举报电话：010-62752024　电子信箱：fd@pup.pku.edu.cn
图书如有印装质量问题，请与出版部联系，电话：010-62756370

献给我的恩师们
满怀崇敬与感激

前　言

随着现代科技的迅猛发展,商业领域之风尚潮流似乎日新月异,不同企业的沉浮兴衰亦仿佛于瞬间斗转星移。商业媒体与管理文献中的热点和时髦,既反映企业经营实践的变革与创新,同时也往往是旧有概念和理论的翻版或重构。时下坊间津津乐道的是商业模式与所谓的互联网思维。战略,在一众新鲜语汇中,略显老旧落魄,不合时宜。然而,作为一门情境艺术,战略的存在,已逾数千年。无论用什么称谓来名状与战略相关的事体,不断地提升对战略的研究、思考与实践,仍将是企业高层管理者面临的严峻挑战,具有鲜活的现实意义。

战略,堪称当代管理理论之核心概念。欲在经营管理中取胜——出类拔萃、卓越有成、与时俱进、基业常青——企业需要不断构建和保持一系列的竞争优势。竞争优势的获得,可以由于运气,也可以依靠远见与战略。运气难以把握,但我们可以通过努力尽可能有效地选择和实施合适的战略,增加取胜的可能。战略的实质是寻求企业自身特点与外部环境要求的契合,蕴含企业的基本使命,昭示企业的独特定位,开启竞争优势的源泉,造就长期卓越的经营绩效。

战略管理,是关乎企业战略实践的科学与艺术。高层管理团队和总体管理者,为企业的生存与长期发展担负最终的责任。战略管理是其核心要务。理论研究与实证结果表明,企业的成败,在很大程度上取决于其战略的妥当性与实施质量。而战略的妥当性与质量,通常取决于管理者的思维定势与自觉和不自觉地在实际中所信奉及应用的某些理论。因此,研究战略管理者的决策特点与战略管理过程及其规律,具有非常重要的理论意义与现实作用。

战略管理学,主要探究战略的分析与考量、制定与选择以及实施和执行。作为一门独立的研究学科,它力求以科学的方法去观察实践,发现问题,构建理论,验证学说,从而积累和扩充有关战略管理的理论知识体系以及研究方法论体系,并保持学科的持续发展。作为一门实践意义极强的学科,它也担负着某种为管理实践提供及时总结、系统反思、灵感启示以及指导帮助的作用。因此，战略管理的研究必须关注和平衡理论思考的严谨性以及与实践的相关性。

本书的宗旨在于为学生与读者提供一个战略管理学最基本的简明教程。本书可以作为管理学与相关专业学生的教材，也可以作为战略管理学的普及读物。此次再版承袭了本书第一版的主旨理念，其主要特点如下：

第一，本书力求比较系统地呈现战略管理学的精髓。大师熊彼特有言，探究任何一门学问，必须注重三个方面：理论精华、历史沿革和研究方法。因此，本书在介绍主要理论内容时，也注意说明其产生背景、历史传承、发展演化、枝节关系，以及研究方法论的特点，比如研究假设、推理过程、检验手段等。此举意在使读者能够更好地了解特定理论体系的全貌。

第二，本书的选材力求做到传统与前沿并重，经典与潮流共析。时髦的东西可能速朽殆尽。传统的东西可能历久弥新。因此，我们既注重介绍最前沿的理论思考与管理挑战，从而保证内容的时效性与相关性，激发读者的兴趣与认同，也刻意推介经过时间检验、广为欣赏和传颂的、具有真知灼见的经典理论观点和深具启发意义的传统分析框架。

第三，本书的内容主要基于战略管理领域国际主流学术研究社区的成果结晶。我们力求涵盖核心的概念说法、理论体系和方法手段，慎重选用那些受到细致的理论构建工作或者实证检验结果支持的素材。本着开放借鉴的心态，本书也适当地选介来自管理咨询业等非学术社区的一些比较经典和具有代表性的观点、说法与论著。

第四，本书的陈述兼及原本的内容介绍以及作者本人的评鉴与解读。作为严谨的教材，内容精确、陈述严谨应该是首要的准则。因此，本书力求做到原汁原味地呈现主流理论的标准内容。然而，许多理论纷繁庞杂，缺乏梳理，矛盾冲突，局限明显，或者正在不断发展修正，因此，在原本呈现的基础上，笔者给出了一定的解读与评述，以帮助读者理解。希望原文与评述还不至于难以区分。

此次再版，也在原书的基础上做了较大的更新与修订。首先，对内容做了一些扩充，增添了组织结构和企业文化等有关战略实施方面的内容，以期帮助读者在领略战略内容的同时，对战略的过程有更深入的认识和清晰的了解，并对企业的战略落地有所启发。同时，也增加了对平台战略与生态系统等新兴战略思维以及有关商业模式的理论和实践的介绍及评析，包括笔者自己的一些探索性研究和思考。

其次，对原书中提及的案例素材及相关的数据信息进行了全面的更新和拓展。在保留一些经典案例的同时，增添了更多的近期案例，并力求选取与中国企业实践相关的案例。另外，在教材体例上也做了一些改进。在每章的最后列出了该章的主要知识点以及思考题目。希望这种更新能够对读者更好地理解相关的概念与理论框架有所助益。

再次，本书第一版给出了较为规范妥帖的注释与参考文献的引用，既为了尊重前人的研究成果，也证明书中阐述的内容不是道听途说、街谈巷议。由于这些理论参考文献几乎全是英文版本，对于一般中文读者来说没有太多的实际价值，此次再版略去了注释与参考文献的罗列，但保留了正文中重要图表信息的资料来源。

最后，需要再次指出的是，本书的内容，基本上是整个战略管理领域研究成果的精选与汇编。除个别题目外，较少有笔者本人的贡献。笔者不过是一个建筑师，有幸借用了同行的智慧，特当于此鸣谢致意。因此，严格意义上说，本书并不是笔者的著作。一般而言，教材皆是如此。但是，一本书的编纂与构建毕竟体现了作者的构思、创意与偏好。因此，笔者对本书的谬误与不当之处承担全部责任。希望本建筑师的想象力与统筹能力不辱使命。更希望本书得到读者诸君的认可与赏识。

本书完稿之际，正值笔者博士毕业 20 周年。20 年来，笔者先后执教于美国、日本、中国香港地区和内地的若干大学。可以说，自七岁上学，就没有再出过校门。读书和教书是幸福的。这是一辈子的事业。甘之如饴，乐此不疲。鼓舞我的是出类拔萃的前辈榜样。在此，我要衷心地感谢在各个成长阶段辛勤培育我的师长，从郑州福寿街小学、郑州四中、北京工业学院、黄河大学，到美国得克萨斯大学。不揣冒昧，我将本书献给令我终身受益的母校，献给那些令我满怀崇敬与无限感激的恩师们。

马浩　谨识
北京大学朗润园
2014 年 8 月

简要目录

第一部分
战略导论：战略概念、高管团队与战略管理

第一章　战略概念：常见定义与主要特点 ……………………………（003）
第二章　高管团队：角色定位与技能组合 ……………………………（016）
第三章　战略管理：终极目的与实践过程 ……………………………（030）

第二部分
战略分析：总体范式、外部环境与内部实力

第四章　总体范式：战略分析的基本框架 ……………………………（043）
第五章　外部环境：宏观环境与任务环境 ……………………………（060）
第六章　内部实力：资源能力与组织体系 ……………………………（106）

第三部分
战略应用：公司战略、业务战略与商业模式

第七章　公司战略：经营范围与管理逻辑 ……………………………（169）
第八章　业务战略：基本类型与竞争动态 ……………………………（216）
第九章　商业模式：系统思维与价值创新 ……………………………（259）

目 录

第一部分
战略导论:战略概念、高管团队与战略管理

第一章　战略概念:常见定义与主要特点 …………………………（003）
　第一节　战略的定义 ……………………………………………（003）
　第二节　战略的层级 ……………………………………………（008）
　第三节　战略的主要特点 ………………………………………（010）
　第四节　战略的基本准则 ………………………………………（012）

第二章　高管团队:角色定位与技能组合 …………………………（016）
　第一节　管理者的定义与要务 …………………………………（016）
　第二节　管理者的角色与特点 …………………………………（018）
　第三节　管理者的技能 …………………………………………（019）
　第四节　有效管理者的特点 ……………………………………（021）
　第五节　作为战略管理者的企业高层管理团队 ………………（022）
　第六节　管理者到底有多大作用 ………………………………（024）

第三章　战略管理:终极目的与实践过程 …………………………（030）
　第一节　战略管理的最终目的在于取胜 ………………………（030）
　第二节　战略管理的评判标准:企业经营绩效 ………………（031）
　第三节　战略管理过程 …………………………………………（033）
　第四节　本书选材思路与章节预览 ……………………………（037）

第二部分
战略分析：总体范式、外部环境与内部实力

第四章　总体范式：战略分析的基本框架 ……………………………………（043）
　　第一节　战略分析的功能 ………………………………………………（043）
　　第二节　源自哈佛商学院的战略分析框架 ……………………………（045）
　　第三节　SWOT分析之精髓 ……………………………………………（048）
　　第四节　战略分析的总体范式 …………………………………………（050）
　　第五节　企业的使命与远见 ……………………………………………（052）
　　第六节　战略目标体系 …………………………………………………（056）

第五章　外部环境：宏观环境与任务环境 …………………………………（060）
　　第一节　战略管理的环境分析 …………………………………………（060）
　　第二节　企业的宏观环境分析 …………………………………………（062）
　　第三节　广义产业分析：产业分类法 …………………………………（067）
　　第四节　产业组织经济学："结构–行为–绩效"范式 …………………（075）
　　第五节　产业结构分析：波特五力分析框架 …………………………（076）
　　第六节　产业内结构分析：细分市场与战略群组 ……………………（086）
　　第七节　竞争对手分析：对手肖像 ……………………………………（092）

第六章　内部实力：资源能力与组织体系 …………………………………（106）
　　第一节　资源与能力 ……………………………………………………（106）
　　第二节　资源本位企业观 ………………………………………………（120）
　　第三节　资源与能力分析：一个基本分析框架 ………………………（126）
　　第四节　资源独特性的进一步探讨：模仿与替代 ……………………（136）
　　第五节　资源本位企业观与产业分析理论的关系 ……………………（144）
　　第六节　组织体系：组织结构与企业文化 ……………………………（149）

第三部分
战略应用：公司战略、业务战略与商业模式

第七章　公司战略：经营范围与管理逻辑 …………………………………（169）
　　第一节　公司战略的任务 ………………………………………………（169）
　　第二节　经营领域与业务范围 …………………………………………（175）

  第三节 纵向一体化:实质、动机、评价与管理 …………………… (180)
  第四节 多元化战略:动因、路径、方向与绩效 …………………… (188)
  第五节 多元化战略的管理:理论与方法 ………………………………… (204)

第八章 业务战略:基本类型与竞争动态 …………………………………… (216)
  第一节 业务战略的任务与研讨 …………………………………………… (216)
  第二节 基本竞争态势:迈尔斯与斯诺的战略分类法 ………………… (218)
  第三节 基本竞争战略:波特的战略类型 ……………………………… (225)
  第四节 竞争动态与竞合博弈 …………………………………………… (240)
  第五节 超级竞争与蓝海战略 …………………………………………… (244)
  第六节 竞争优势的种类与特点 ………………………………………… (250)

第九章 商业模式:系统思维与价值创新 ……………………………………… (259)
  第一节 战略管理回溯:从企业政策到商业模式 ……………………… (259)
  第二节 商业模式要素:价值主张与盈利机制 ………………………… (264)
  第三节 商业模式思维:互联网与生态系统 …………………………… (268)
  第四节 商业模式设计:价值球、平台和通道 ………………………… (277)
  第五节 商业模式更替:创新机制与退出战略 ………………………… (288)
  本书终语 …………………………………………………………………………… (295)

第一部分

战略导论：
战略概念、高管团队与战略管理

第一章
战略概念:常见定义与主要特点

> 兵者,国之大事,死生之地,存亡之道,不可不察也。
>
> 《孙子兵法》
>
> 你可能对战争不感兴趣,但是战争对你感兴趣。
>
> 列昂·托洛茨基

战略乃取胜之道。"战略"一词,作为本书探讨的核心概念,源自古希腊语 Strategos,特指战争的艺术或将军指挥战争的艺术,后来被广泛地应用于军事、政治、商业以及体育等诸多具有竞争性的领域。究竟什么是战略?什么是企业战略?在管理学的文献中,对战略的定义可谓众说纷纭、莫衷一是。然而,在各种不同的定义中,毕竟呈现出一些核心和基础的要素,反映了一些常见和主要的特点。我们首先介绍有关战略的一些比较有代表性的经典定义以及一个比较综合的定义,然后讨论战略在企业中不同层次的存在和表现,最后考察战略的主要特点和基本准则。

第一节 战略的定义

一、战略的经典定义

对战略最为精彩的描述之一当属商业史学家小阿尔弗雷·钱德勒在其鸿篇巨制《战略与结构》(Chandler, 1962)中给出的定义。这一定义是在战略管理领域形成初期的一个比较经典的定义。它表明了管理学者开始系统地使用"战略"一词来表述总体管理人员(或曰一般管理人员)的主要职能。同时期的战略管理先驱还包括伊戈尔·安索夫(Lgor Ansoff)和哈佛商学院的肯尼斯·安德鲁斯(Kenneth Andrews)。有关战略的一些经典定义与陈述可参阅表1.1。

表1.1 有关战略的经典定义

一个全面的计划:界定在所有可能出现的不同情况下(选手)如何做出选择。
约翰·冯·诺伊曼,奥斯卡·摩根斯坦
《博弈论与经济行为》,1944

战略可以被定义为确立企业的根本长期目标并为实现目标而采取必需的行动序列和资源配置。
小阿尔弗雷·钱德勒,《战略与结构》,1962

战略是联结公司所有活动的共同线索,是实现目标的途径,是一整套用来指导企业组织行为的决策准则。战略应由四个基本要素组成:(1) 经营范围:产品与市场组合;(2) 竞争优势:选择优势产品与市场,识别环境变化的特点,寻求机会;(3) 协同作用:产品间的相似性,资源与能力的共享,市场、生产、投资和管理方面的协同;(4) 增长向量:选择公司发展与成长的方向,如市场渗透、市场开发、产品开发与多元化。
伊戈尔·安索夫,《公司战略》,1965

企业战略是这样一种决策格局:决定并昭示企业的使命、要旨和目标,提供实现目标的基本政策和计划,界定企业的业务范围、它所代表的或者希望成为的那种经济与社会组织,以及它要为股东、雇员、顾客和社区所做出的经济的和非经济的贡献。
肯尼斯·安德鲁斯,《公司战略的概念》,1971

战略是一系列决策中反映出的某种模式。
亨利·明茨伯格,《战略制定中的模式》,1978

战略是企业与环境的联结手段。
雷蒙德·E.迈尔斯,查尔斯·C.斯诺,《组织战略、结构和过程》,1978

战略是将组织的主要目标、政策和行动序列整合于一个有机整体的计划模式。一个好的战略帮助企业获取和配置资源,从而根据其相对的内部实力与缺点、预期的环境变化,以及明智的对手的伺机举动,造就企业的独特和有利的态势。
詹姆斯·B.奎因,《变革的战略:逻辑渐进主义》,1980

保证企业的基本目标能够得以实现的一个统一的、综合的和全面的计划。
W. F.格力克,《企业政策和战略管理》,1980

战略是企业所追寻的目标以及其实现方法或政策的结合。
迈克尔·E.波特,《竞争战略》,1980

业务战略的实质,一言以蔽之,就是竞争优势……战略计划的唯一要旨在于使企业可以尽可能有效率地获得相对于对手的持久优势。公司战略因此意味着试图通过最有效率的途径改变企业相对于对手的实力。
大前研一,《战略家的头脑》,1982

（续表）

战略是对能够创造和增强企业竞争优势的某种行动计划的有意搜寻。
布鲁斯·D.亨德森,《战略的起源》,1989

战略关乎赢……战略是运用资源建立优势地位的总体计划。战术是一个有关某种具体行动的谋划。
罗伯特·M.格兰特,《当代战略分析》,1996

竞争战略在于与众不同。它意味着刻意选择不同的活动系列来提供独特的价值组合。
迈克尔·E.波特,《什么是战略》,1996

战略是使得企业保持和增进其绩效的某种资源配置模式。
杰伊·B.巴尼,《获取和保持竞争优势》,1996

战略的实质在于通过打破现有的价值/成本均衡改变游戏规则从而创建蓝海。
W.钱·金,勒纳·莫博妮,《蓝海战略》,2005

战略是应对竞争的作战方案,由目标(终点)、范围(战场)与竞争优势(方法)等基本要素构成。
大卫·科利斯,迈克尔·鲁克斯塔德,《你能说出你的战略是什么吗?》,2008

战略的核心包括三个要素:
1. 情形诊断:对所面临挑战之实质的定义或者解释。一个好的诊断能够识别问题的某些关键方面,从而使通常令人无所适从的复杂现实变得相对简单。
2. 指导方针:关于应对挑战的指导方针。这是一种总体方法的选择,旨在应对或者克服情形诊断所识别的障碍。
3. 连贯行动:落实指导方针的一系列行动。这些相互协调、连贯一致的行动步骤共同促成指导方针的落实。
理查德·儒梅尔特,《好战略,坏战略》,2011

资料来源:根据 Barney, J. B. 1997. *Gaining and Sustaining Competitive Advantage*. Reading, MA: Addison-Wesley; Grant, R. M. 2008. *Contemporary Strategy Analysis*. 6th Ed. Cambridge, MA: Blackwell Publisher 等整理扩充而成。

战略管理领域在其发展初期曾以企业政策为名。哈佛商学院是当时企业政策研究的学术重地。安德鲁斯与其哈佛同事勒恩德(Learned)等在1965年出版的《企业政策》,被公认为早期战略管理教科书的典范。安德鲁斯本人于1971年出版的《公司战略的概念》集中体现了当年哈佛学派对战略概念的诠释和解析。他的定义继承了巴纳德关于经理职能的阐述以及塞尔兹尼克的组织领导理论,兼顾了企业的经济职能和社会职能,概括和浓缩了哈佛学派战略分析的关键要素,尽显 SWOT 框架之精髓。

可以看出,小钱德勒、安索夫和安德鲁斯等人早期的定义注重公司总体战略,或者并未刻意和清晰地区分公司战略与业务竞争战略这两个不同的层次。

大前研一(Keuichi Ohmae, 1982)的定义中对公司战略和竞争战略有了不同的描述。迈尔斯与斯诺(Miles and Snow, 1978)和波特(Porter, 1980)等则更专注于竞争战略:一个公司中某个业务单元在某个产业或市场中如何获取和保持竞争优势。

在比较近期的文献中,波特在《什么是战略》(1996)一文里给出了一个比较简洁而又切中要害的定义,兼容自己早期有关战略定位的理论创建以及后来资源本位企业观的主要论点,强调了战略的实质在于与众不同,在于提供独特的消费者价值。而 W. 钱·金和勒纳·莫博妮在《蓝海战略》(Kim and Mauborgne, 2005)中则认为战略包括企业关于消费者价值的主张、关于企业利润的主张,以及在组织活动中关于人的主张,并着重强调创新和改变游戏规则对于战略的重要性。

最近时期的两个比较具有代表意义的战略定义,则着重强调战略的行动特质。克利斯和鲁克斯塔德认为战略是应对竞争的作战方案,是在特定范围内通过竞争优势实现目标的对策。儒梅尔特在其广受好评的《好战略,坏战略》(2011)一书中认为,坏的战略往往将目标本身混同为战略,或者空洞无物、循环论证,好的战略则是基于对具体情形之分析诊断而形成的基本指导方针和总体行动步骤。

二、一个综合的定义:5P

亨利·明茨伯格,战略管理领域中的一位具有重要贡献的学者,选择从不同的层次和侧面对战略进行复合定义,从而能够全面详实地把握战略的要义,并能够适合不同的情境之需。他采用 5 个在英文中以"P"为开头字母的词语来为战略做出一个综合的"5P"定义,亦即计划(Plan)、计谋(Ploy)、模式(Pattern)、定位(Position)与视角(Perspective)。这种综合的处理虽然略显不甚简约和精当,却无疑见长于丰厚与包容,更加全面具体地捕捉到了战略概念与现象的多面性和复杂性。

(一) 战略乃计划

在最高层面上,战略是一个宏大的计划和蓝图、某种有意识有企图的行动进程,体现于一系列为了实现某种目标和结果而制定的基本方针、政策和准则。总而言之,这种计划通常富于理性和综合性,试图涵盖企业运行和管理的所有重要方面,涉及和警示企业内外各种可能的突变与不测。比如,松下电器公司的创始人曾经制定了一个 250 年战略规划,以每一代人完成 25 年任务的方式推行下去,近乎愚公移山之举。

(二)战略乃计谋

在操作层面上,战略可以被理解为一个睿智机敏的策划、聪明狡黠的计谋或者乖巧伶俐的手腕,以利于在某个具体的争斗或冲突中比对手占得上风。相比于总体计划而言,作为计谋的战略,在时间上更加迅速和短暂,内容上更加具体和特定,范围上更加有限和明确,实质上更具有操作性和策略性,受企业的总体计划支配并服务于总体计划。比如,英特尔的产品创新战略使得它的CPU产品不断更新,往往在对手赶上之前或某代产品的商品化之前就已经推出新一代产品,不惜蚕食自己现有产品的销售和利润,从而有效地保证和执行其地位领先、优质高价的总体经营战略。

(三)战略乃模式

战略可以是理性的和有意图的,也可以是在一系列决策中自然而然产生的,它作为一种事后体会和总结成的某种模式而被追认及存在。作为模式的战略,指的是企业在一个决策序列中展现出的行为一致性,不管有意与否。作为理性计划的战略可能并未得到实现,而在行动中滋生的"突现战略"(Emergent Strategy)却可能在无意间自然形成。比如,沃尔玛当年以小城镇为选址对象的战略并非决策者神明预见的结果,而是由一系列行动和因素所促成,兼容理性、企图、偶然和运气,主要原因之一在于创始人的太太不愿意到大城市生活。

(四)战略乃定位

在其最为容易观察的状态,战略主要反映在企业的定位上,即在竞争图景中相对于竞争对手的定位。战略联结企业与环境。作为定位的战略,揭示企业所选定的经营范围、产品与市场组合以及其独特的竞争优势。通过这种定位选择,一个企业确定它的细分市场或"利基",选择面对某种竞争而回避另外某种竞争,对外部资源与市场空间进行取舍。从这个意义上讲,战略的实质在于寻求恰当的市场定位,从而获取持久的竞争优势和长期、卓越的经营绩效。比如,新东方的初始定位在于为出国留学的人士提供迅速有效的英文考试培训。民生银行在其第一个《五年发展纲要》(2007—2011)期间,确立了"民企,小微,零售高端"的战略定位,并在于2012年启动的第二个《五年发展纲要》中进一步明确了专注于服务小微企业的战略重点。

(五)战略乃视角

战略是一种根深蒂固和系统一致的世界观,是一个企业观察和理解现实的独特视角。作为某种视角或世界观的战略,它昭示了企业的基本经营哲学、核心精神、管理逻辑和占主导地位的企业文化。它定义企业的形象认知和"人格"特点。企业通过主导的和共享的价值体系与管理逻辑来感知世界。从这个意义上讲,战略并非一个真实有形的物理存在,而是一种概念,一种概念化了的存在,作为通过某种想象力虚构而成的记忆,储存于相关人士的脑海中。比如,沃尔沃在轿车市场上的战略集中体现在它长久以来信奉并传播的"安全第一"的战略视角,以及由此而催生和维护的独特品牌声誉及形象。

第二节 战略的层级

在现代企业中,我们经常会发现战略层级的现象:战略在不同的企业管理层级上同时存在和起作用。霍弗和申德尔(Hofer and Schendel,1978)对企业的战略层级给出了最早也最为详尽的论述。他们把企业的战略分为制度战略、公司战略、业务战略和职能战略。制度层级的战略通常在"企业、政府与社会"等课程中探讨,而职能层级的战略通常在具体的职能课程中考察,比如营销战略、生产制造战略和融资战略等。战略管理领域所关注的两个层级则是公司战略和业务战略。这两个层级的战略都需要一般或总体管理人员执掌,而非具体职能部门负责。一般而言,公司战略指导和影响业务战略,业务战略则统领和整合各个职能战略。

一、制度战略

制度层级的战略是一个企业在社会领域而非竞争领域的战略。它所面对的问题是如何解决企业的社会合法性问题。在其所进行经营活动的社区中,作为一个企业公民,承担社会责任和义务,关注人文和自然环境,在非经济领域为社会做贡献等,可以帮助企业增进其公众形象和认知。也就是说,行善可以转换成盈利。那些社会形象良好的企业通常可以享用各类免费的宣传和报道,提升顾客的忠诚度和美誉度,从而间接地对其在竞争领域中的作为进行正反馈。比如,美国 Ben & Jerry's 冰激凌和英国的 Body Shop 就是制度战略方面的高手,在环境保护等方面的贡献为它们赢得了许多顾客的尊重和好感。联想公司"高举民族工业大旗"的口号与精神也在一定程度上为其赢得了国内顾客的赞誉和称许。最近,海底捞火锅店、苏州固锝电子、苏州德胜洋楼、许昌胖东来百货等企业所倡导的关注员工幸福的企业文化构建亦是制度战略实践的典型。

二、公司战略

公司,在现代企业制度下和通行的管理文献中,通常指的是多元化经营的企业。公司战略,或曰公司总体经营战略,应对如下基本问题:我们经营哪些业务?我们将要经营哪些业务?就实质而言,公司总体经营战略的要务在于企业经营范围的选择,即企业经营业务的数量、种类与相关性。在此基础上,公司战略还要关注和管理企业资源在不同业务间的配置、核心竞争力的培养、公司总部与业务单元之间的关系,以及公司与其他企业之间的关系和交往,比如,战略联盟以及其他方式的合作安排。具体而言,公司战略的主要任务是管理企业的多元化经营,从多元化的动机和诱因、种类和形式、方向和途径、手段与模式(比如内部发展或者兼并与并购),到多元化经营的绩效与风险。比如,中粮集团"从田野到餐桌"的全产业链战略为集团的米、面、油等农产品与食品业务提供了主导逻辑和管理框架。

三、业务战略

业务单元,通常指的是公司中一个相对独立的并拥有自己的总体管理阶层的经营实体和利润中心。业务战略,或曰战略业务单元的竞争战略,主要应对如下问题:给定企业的经营范围,在某一个具体的行业或市场中,一个业务单元如何去竞争并获取竞争优势?就实质而言,业务战略的要务在于如何在某项业务中耕作和挖掘:确定相应的竞争定位与竞争态势,发现竞争优势的源泉和持久动力,并实现长期的优秀经营绩效。业务战略涉及对具体竞争环境和业务单元内部运作的分析,专注于同一产业中不同企业间的竞争动态和交锋。比如,三星的手机业务与该企业的其他许多业务类似,采取的就是一种跟随战略。一旦某种技术标准或者产品设计初现强势增长迹象,便迅速利用三星集团的产业链优势(从芯片到显示屏)迅速形成规模,占领各个层次的细分市场。显然,当一个企业只有一种业务的时候,它的公司战略和业务战略互相重叠,其业务战略就是其公司战略,反之亦然。

四、职能战略

职能战略,意指一个业务单元中不同职能部门的战略,其主旨在于为业务单元的竞争战略服务。职能战略应对如下问题:我们职能部门如何为业务单元的战略选择和实施做出相应的贡献?具体而言,职能战略通常支持业务战略,甚至在某些情况下决定业务战略的成功。比如,在业务战略层级,差异化战略的成功实施通常取决于出色的营销战略和制造或操作战略。聪明的营销战略可以从强调身份、地位和荣耀入手,帮助增进和提高企业产品与服务的无形价值。合适的制造和操作战略能够使得企业的产品与服务质量优异、工艺精良、准确一致、可靠性强。这种有形优势和无形优势的组合才会使差异化的优势真正强大持久。比如,丰田公司的雷克萨斯事业部,独立于丰田主品牌进行品牌推广和渠道建设;而其著名的柔性制造系统和严格的质量管控为其差异化优势做出了重要贡献。

第三节　战略的主要特点

每个企业都有自己的战略，无论管理者意识到与否。战略，或公开或隐含，或有意企图，或自然突现，乃企业与环境连接和沟通的根本媒介及手段。战略有一些共同的一般特点：目标导向、长期效应、资源承诺和冲突互动。

一、目标导向

战略通常具有强烈的目标导向性。战略是实现目标的方法和手段。如果你不知道你要到哪里去，什么战略都无所谓。常识告诉我们，一个战略，只有在具体的目标前提下讨论和实践才真正具有意义。否则，战略只不过是脱离实际境况的简单准则与政策，或是毫无生气的技术手段。当然，没有特定目标的战略也许不是完全没有可能。比如，无论哪种情况和游戏规则，一个企业都可以采取和遵循一个简单的准则与方法：无论怎样，在任何时候都不第一个采取行动。然而，也许这种战略本身也隐含了某种目的性。

其实，就战略的定义本身而言，作为一个实现目标的手段和方法，战略并不包括目标。如此，战略和目标是两个不同的概念，尽管它们通常密不可分。在表1.1中列举的众多战略定义中，很多学者将目标的确立归结为战略的一部分。为什么呢？一个可能的解释大概是这样的：这些学者并不只是在定义战略概念本身，而是在描述一个更广泛的过程和现象，即贯穿战略分析、选择和实施过程的整个战略管理实践，并将它浓缩荟萃，简称为"战略"。

二、长期效应

战略，更确切地说，战略管理，不仅注重目标，而且具有长期效应。战略面向未来，把握企业的总体发展方向，聚焦于企业的远见和长期目标，并给出实现远见与长期目标的行动序列和管理举措。由于战略决定大政方针和基本方向，它就不可能是短期的伺机行事和即兴发挥，不可能朝令夕改，随意更张易弦。战略对企业的行动通常具有制约和规范作用，表现出某种一致性和稳定性。然而，战略的长期效应，或者说战略决策通常具有长期影响，并不一定意味着对战略进行决策的时间拖得很长。战略可以在某一个短暂的瞬间被一蹴而就地果断敲定，也可以在选择与实施的往返交替中渐进形成。问题的关键是，可以称为战略的东西，一般都具有长期的影响和效应。

三、资源承诺

战略是一种以承诺所支持的姿态和境界。战略决策往往牵扯到大规模、不可逆转、不可撤出的资源承诺。成功则承诺成为明智投资,失败则承诺变成沉没成本。这就意味着,在企业的战略决策序列中,每一步都是有约束力的,通常朝着某个方向深入和强化。有约束力的承诺,意味着对灵活性的某种主动丧失和放弃,使得战略不可能是免费进出和轻易改辙的游戏。当一个企业决定选择某种战略方向时,它也自动和其他一些可能的方向暂时或者永远地分手。这种承诺正是战略长期效应存在的原因。承诺帮助企业创建和确定其竞争定位,并通常是持久竞争优势存在的充分必要条件。

四、冲突互动

战略主要应用于冲突与竞争之中,因此有明显的互动性,必须考虑竞争双方或者多方的动机、利益、实力和行为及其后果。如果没有冲突和竞争,战略也就没有存在的必要。各取所需,各自按照自己的自由意志行事即可。然而,在现实生活中尤其是商业活动中,由于利益的不同和资源的稀缺,冲突和竞争在所难免。战略的互动性也就不言自明。自娱不需战略,只需计划而已。打败别的对手,则需要诉诸战略。一个企业可以闭门造车,不管对手的行为,只顾自己的意愿。这种所谓的战略还不能称为真正意义上的战略,只是一种不切实际的计划甚或臆想而已。战略不可避免地要考虑对手的行为和反应,因为一个企业的行为结果注定要受其他竞争对手的行为和反应的作用及影响。

战略不是单行线,而是双边和多边的交互运动,只不过对手间直接接触的程度和互动的激烈程度随着竞争的环境不同而变化罢了。比如,足球和篮球比赛通常互动性强、你来我往、竞争激烈,而体操和跳水比赛则基本没有对手间的互动及身体接触,各赛各的,互不干涉。即使如此,在赛前准备和参赛节目的选择上,参赛选手也要关注对手的实力和选择。不可否认,一个企业可以通过战略创新而独辟蹊径,开创蓝海,在某个特定时间和空间组合,甩开对手,特立独行。即使如此,以模仿或替代等为手段的竞争对手也必定实际地或潜在地尾随其后,虎视眈眈。因此,长期而言,所有的市场和企业都是"可竞争"的或者说是具有"可竞争性"的(Contestable),冲突和竞争是不可避免的,即使对垄断企业来说也是如此。

第四节　战略的基本准则

一、独特性

战略的生命线是其独特性。一个企业独有的、难以被对手模仿的特点与资质可以帮助企业获取和保持竞争优势,是战略的可靠基础。从这个意义上讲,战略的精彩在于特色突出、性格显著、出类拔萃、卓尔不群。波士顿咨询公司创始人布鲁斯·亨德森教授曾经雄辩地声称企业的独特性乃是"战略的根源"。他如此引述"高斯竞争性互斥原理":

> 1934年,莫斯科大学的高斯教授,世称"数学生物学之父",发表了一系列比较实验的结果:他将两个同属的非常小的动物(原生物)放在一个瓶子里并提供适量的食物供应。如果两个是不同类的,它们可以共同生存和持续;如果它们是同类的,则不可能共生和持续。这种观察导致了"高斯竞争性互斥原理"。两个生存方式完全相同的物种不可能同时共存。(Henderson, 1989:第2页)

显然,作为高斯原理的派生原理,在同质化的竞争游戏中与采用同样战略的竞争对手(同类物种)争斗到死实际上是主动自杀。一个企业必须寻求其可以赖以生存和延续的利基,发现和发挥其独特性及其带来的竞争优势。

二、合法性

一个企业在拓展其独特性边界的时候,也要考虑所谓社会合法性问题,需要被对手、公众、政府、社区和整个社会所容忍及接纳。制度学派的理论强调组织的趋同性,亦即企业的特性和行为向着某种大家公认的主导规范和形态收敛的趋势。与主导规范和形态保持一致可以赋予企业必需的社会合法性,使之从容正当地获取资源,坦然自若地从事经营活动。这种合法性不仅意味着在某种法律和道德底线之上进行经营,而且还意味着,给定社会和经济生活中其他有形及无形的制度安排,比如传统规范和风俗习惯等,企业的行为和做派要显得合情合理。

合法性显然是制度层级的战略需要解决的问题,对于一个独特性突显的企业来说尤其如此。因为独特性强,就容易不合群。比如,像微软这样一个拥有独特资源和能力的企业,通常也会有强大的市场地位,往往会成为对手恐惧甚至憎恨的对象,也会受到政府和公众的怀疑,怀疑它是否依赖市场强权,采取所谓"不正当竞争手段"打压对手,损害消费者利益。实际上,在过去的几十年中,西方管理学教科书中在每一个时代所标榜和吹捧的"伟大企业"或"管理典范",基本上毫无例外地都在某个时期被政府警告、惩治或处罚过。所谓"木秀于林,风必摧之"。被警告或惩治之后,这些原先以为在所有领域都可特立独行的企业也会变得谦恭随和,刻意注重改善自己的形象,增进与政府、顾客、社区和各种相关利益集团的关系。

随着全球化的进程日益迅猛,许多跨国公司现在都逐步意识到自己在所在国当地的社会合法性问题的重要性。比如,一个财大气粗的跨国银行,可以利用它的全球资产和声誉等独特优势,对所在国本土的银行采取极端的竞争手段,从而激怒它们。这些本土对手就会集体向政府告状,要求政府对跨国银行进行限制和制裁。相反,如果跨国公司积极主动地增进其合法性,效果就会好得多。比如,当年惠普的"与中国共同成长"和诺华制药的"科技创新,承诺中华"等口号,至少从名义和形象上不使本土对手及公众极端反感。这样的跨国公司也容易被认可为本土市场上的合法一员。

因此,虽然一个企业的战略需要在竞争领域充分发掘、培育和张扬其独特性,从而不断创造和保持竞争优势,但它同时还需要保证和满足社会合法性的要求,从而成为一个既独特领先又合法合群的选手。也就是说,企业要与对手既不同又相同。最大限度的独特、最低限度的合法,这需要非常艺术性地保持一种微妙的平衡。

三、原本性

战略在商业竞争中的最终目的是赢,是为消费者创造卓越的价值。一个企业的战略要首先回答的一个根本问题应该是"我们为顾客提供什么样的价值",而不应该主要去担心"如何打败我们的竞争对手"。战略的原本性准则要求企业的战略从盯住对手转向拥抱顾客,要求企业清楚地知道谁是自己的顾客,顾客究竟需要什么,企业如何去满足他们的需要。从顾客的实际需求出发是原本性准则的核心要义。战略灵感的源泉应该来自顾客的需要,而不是对手的作为。顾客的需要是企业的终极目标和参照系。企业应该对其核心客户有深入详细的了解,建立亲切和愉悦的习惯性的长期关系,甚至达到在审美和精神层次上的交流。比如,苹果公司的忠实客户对其产品往往具有某种不可抑制的好感。

大前研一,战略思维和全球化战略的主要倡导者之一,曾经呼吁"回归战略的根源"。他观察到当企业越来越重视对手的举动时,它们也就离如何创造消费者价值越来越远。比如,在美国市场上,大多数咖啡壶制造商都在原材料、表面设计、定时遥控、容量和时间方面大做文章,打得不亦乐乎。但是,几乎没有一家厂商去问"人们为什么喝咖啡"。显然，味道是一大诱因。因此，这些厂家面临的问题实际上是"我们的咖啡壶如何能够酿造味道好的咖啡"。而这个关键顾客需求很少被考虑到。经过走访咖啡酿造高手，才知道咖啡壶中处理水的机制是影响咖啡味道的一个重要因素。有这样理解的企业和愿意花功夫去这样理解顾客需求并千方百计满足这种需求的企业，往往能在关键层面上正本清源，出奇制胜。这就是原本性准则的力量。

四、创新性

创新性实际上和独特性与原本性紧密相连。随着竞争对手的模仿和替代、顾客需求的转变和发展，最终而言，所有的战略都将会失去其独特性和原本性。创新、创造性，可以重建或更新战略的原本性和独特性，在竞争中领先一步。创新，寻求新的办法满足顾客的需求，不仅是新建企业之必需，也是成熟企业不断发展所不可或缺的。创新研究的开山鼻祖熊彼特将创新定义为"创造性地破坏"，意为打破现有常规与均衡，开发新产品、新原材料、新市场、新的组织方式等。创新性准则可以在文献中找到多种理论流派的支持。

布兰登伯格和内尔巴夫(Brandenburger and Nalebuff, 1996)以博弈论为基础，提倡"改变游戏"。企业不应该碰见什么游戏就玩什么游戏。第一阶的问题永远是："我们能不能依据我们的优势和意志改变现有游戏？"显然，改变游戏需要创新性和创造力。盖·川岐曾经劝告企业"跳到下一个曲线"，而不要在现有的市场中挑战强势企业的领袖地位。比如，在河里伐冰的企业并没有发明如何制造冰，造冰的企业没有发明电冰箱，制造电冰箱的企业大概不会去研制先进的生物技术从而使得很多食物和物品可以常温保存，不需冷藏，而是专注于如何更好地制造电冰箱。创新者、改变竞争图景者、更好地满足顾客需要者，往往在现有行业和市场的下一代技术与产品曲线上做文章。这种发展模式无疑印证了创新性准则的革命性力量。所谓"蓝海战略"，其倡导的也是对创新性准则的推崇和应用。通过对产品和服务性能进行创造性的删除、减少、新加和增多等手段组合，企业可以在自己开创的蓝海中更加准确和适当地满足目标顾客群体的需求，避免漫无目的地在同质化竞争极为激烈的红海中游弋。

本章知识要点

战略乃取胜之道。战略是连接企业内部运作与外部环境的桥梁。

战略的狭义定义：
战略是实现目标的方针政策与手段方法。

战略的广义定义：
战略一词通常被用来表示战略管理的整个过程,包括确立企业的根本长期目标并为实现目标而采取必需的行动序列和资源配置。

战略的复合定义：
战略可以从计划、计谋、定位、模式和视角等多个维度(5P)来界定及解读。

战略的层级：
制度战略、公司战略、业务战略和职能战略。

战略的主要特点：
目标导向、长期效应、资源承诺和冲突互动。

战略的基本准则：
独特性、合法性、原本性和创新性。

成功战略游走于独特性与合法性之间,通过创新,至臻原本,以获独特,因而成功。

本章思考题

1. 战略与目标之间到底是什么关系？是否可能存在没有目标的战略？
2. 不同层级的战略之间是什么关系？是否可以认为较低层级的战略是执行高一层级战略时所采用的战术？
3. 请找出一个相对复杂的战略实例,用复合定义中的"5P"对其进行多维度的全面解读。
4. 如何判定和区分好战略与坏战略？举例说明。
5. 战略与不可逆转的资源承诺是否有必然联系？
6. 你是否认同"战略就是要做到最大限度的独特、最低限度的合法"这样的说法？

第二章
高管团队：角色定位与技能组合

> 一个好的领导班子应该是一个坚强的战斗堡垒。
> 而大多数领导班子则是在堡垒里坚强地战斗。
>
> ——一个关于领导班子的传说

战略管理是企业总体管理者责无旁贷的任务。战略家的角色通常由总体管理者来扮演。总体管理者一般特指企业的 CEO 和高层管理团队。他们拥有最高的决策权力，可以合法地调配企业资源，统筹组织和人事，指挥企业运作与行动，为企业的长期生存和发展负最终责任。因此，我们有必要研究、理解战略家的特质和高层管理团队的构成与动态。谁是管理者？管理者的职能是什么？扮演什么角色？应该具有什么技能和品质？如何识别有效的管理者？高层管理团队应该由什么样的人才构成？CEO 和高层管理团队对企业的经营到底有多大的权力和影响？本章主要探讨这些问题，聚焦于战略和战略管理背后的管理决策者。

第一节　管理者的定义与要务

一、管理者的定义

什么是管理者？比较简单的回答是，管理者是从事管理活动和执行管理职能的人员。什么是管理活动和职能呢？现代管理学早期的主要贡献者和奠基人之一、法国矿业工程师出身的经理人和管理研究者亨利·法约尔（Henri Fayol）曾为管理活动与职能提供了一个经典的定义，影响了一个多世纪的管理学教育和管理概念的传播。他认为，管理是不同于生产制造、财务和销售等其他企业经营活动的一种独特的职能。管理的职能包括计划、组织、指挥、协调和控制。因此,广义而言,管理者就是那些主要活动和职能在于进行计划、组织、指挥、协调和控制的人员。

管理者通过他人的行动把事情办成。这是一个广为流传的关于管理的经典定义。这种说法给人造成的印象似乎是他人具体干事,管理者不干实事。然而,根据法约尔的见解,管理也是一项专门的职能,管理者实际上是有具体事情要干、有明确任务要执行的。他们的职能和任务就是对组织中他人在不同领域的具体活动进行有效的计划、组织、指挥、协调和控制,从而保证组织目标的顺利实现。

进而言之,无论一个人的技术角色和具体职能领域是什么,比如总会计师或CFO,只要他们日常工作中主要执行的是管理的职能和任务,他们就是所谓的管理者,是执掌某种职能领域的管理者。

二、一般管理者的定义

一般管理者,亦称为总体管理者,通常指的是那些在日常工作中几乎没有其他具体职能和技术角色的,需要从企业的总体运行和长期目标出发,专职负责从事一般管理职能的人员,比如CEO及其直接支持团队;广义而言,也包括上述的总会计师和CFO等高层管理团队人员。企业的战略管理是一般管理者的主要职责。

关于管理者的任务与职责,除了法约尔的五种职能学说,还有许多其他的解释和界定。比较具有代表意义的是哈佛商学院关于一般管理者的任务的阐述以及明茨伯格关于管理者角色的研究。

三、一般管理者的要务

在哈佛商学院关于企业政策和战略管理的一系列教材中,曾经积累和提炼了一个关于一般管理者的任务的基本框架。它的主要论断是:总体管理者应该是富于远见的战略家(Strategist),为企业设立正确的目标和方向;应该是一个有效的组织建设者(Organization Builder),缔造一个坚实的组织体系和相应的人员队伍去追求及实现远见与目标;应该是一个能够亲手做事者(Doer)、精通业务的行家里手,善于身体力行。

显而易见,哈佛学派对总体管理职能和任务的这种描述具有非常强烈的实践色彩。它所描述的是一种理想的状态,某个行业中具有远见卓识的专家和精英,通过构建强大有效的组织力量去实现自己的远见,成就梦想,建功立业。这种描述,或者说通过多年案例教学与研究所形成的某种见地甚至信念,既来自诸多案例素材及典型企业家的启示,也被当作一种独特和实用的视角在后来的案例分析中得到进一步的检验、应用和传播。

第二节 管理者的角色与特点

明茨伯格认为法约尔的管理职能说过于抽象和一般,试图通过对管理者扮演的角色进行刻画和描述,来帮助我们更深入地理解管理者工作的性质。通过对诸多行业中管理者的观察和分析以及对某些管理者的实地追踪考察,明茨伯格总结出三类共十种管理角色,并详细描述了管理者工作的特点。

一、管理者的角色

（一）决策角色

管理的核心是决策。首先,明茨伯格探讨管理者的决策角色,包括企业家、谈判者、资源分配者和镇乱者等四种具体角色。企业家角色解决企业的外部定位问题,主要是战略层次的问题,那如何在竞争图景中具有创造性地确立和适时改变企业的定位,从而保证企业与外部环境的动态契合。谈判者的角色意味着管理者在与企业内外的各种群体不断地进行各种谈判,赢得各方支持,增进企业利益。资源分配者的角色是指管理者需要在不同的经营领域与部门之间有效力和有效率地配置资源,保证企业的正常运行和发展。而镇乱者的角色,则是指管理者在企业出现突发冲击、骚乱事件和不轨行为时要及时平息事端、恢复秩序。

（二）信息角色

决策的基础是信息。沟通的实质是信息的传递。管理和应用组织中的信息是管理者的另一项主要角色,包括监控者、发散者、发言人等三类具体角色。管理者必须对企业运行的方方面面保持知情。监控组织中信息的收集、发散和传播是管理者的重要职责。信息的掌控也是管理者权力的重要源泉之一。收集哪些信息,如何收集,向哪些部门和管理层次发散,通过什么渠道传播,这些都是管理者作为信息监控者和发散者需要适度把握与实施的。管理者也同时扮演着发言人的角色,以权威的口吻向企业的所有利益相关者发布信息和公告。比如,在汽车公司因技术问题召回所产车辆时,通常由CEO亲自发布信息,以示企业对问题的重视和对顾客的尊重。

（三）人际关系角色

如果管理是通过他人完成任务的,那么与人打交道应该是管理者的基本功。管理者的人际关系角色于是显得尤为重要。这种角色包括名义首脑、领导者和联络者等三大类。名义首脑的角色主要是象征意义的,属于务虚的范畴,体现企业文化的特色。比如,总裁有选择性地参加各类剪彩仪式、表彰庆典,接见贵宾来访,慰问退休员工等。领导者的角色主要在于与下属的沟通和激励。联络者的角色,意味着管理者要与同行保持沟通和联系,互通情报,交流经验。这种角色是一个管理者和企业其他部门协调与合作的重要保证,当然,这种联络也包括与组织外各种相关人员和势力的接触及交流。

二、管理者及其工作的特点

在介绍管理者工作的特点时,明茨伯格采取的是描述的方法,尽量客观地勾勒管理者工作的实际特点,而不是妄谈所谓"应该"的特点和做法。首先,管理者并不像人们通常想象的那样,是所谓深思熟虑的计划者,他们的工作通常节奏紧张、马不停蹄,从事的活动大多比较简短、复杂多样,但缺乏连续性(经常被打断)。管理者往往具有较强的行动倾向而不喜好沉思默想。其次,管理者是有具体任务和职能的,比如参加各类仪式,进行谈判,处理各类"软"信息等。再次,与文件和卷宗相比,管理者更加喜好口头交流,比如电话和开会。最后,管理者的特点更像手艺人,而难以科学化和职业化,靠的是在经验积累与感悟基础上的判断和直觉。

第三节 管理者的技能

无论是科学、艺术还是手艺,管理者都需要某种特定的技能组合方能胜任其基本职能。关于管理者技能的一个比较简洁、系统而又颇具代表性的概念体系包括如下四种能力:感悟能力、技术能力、人际关系能力和分析诊断能力。

一、管理者的能力:一个基本框架

(一) 感悟能力

感悟能力,亦称概念能力,指的是管理者纵观大局的视野和把握企业总体方向的能力。这种能力使得管理者领悟快、识大体、概念清楚、方向感强,能够在复杂和不确定的环境中迅速地抓住实质问题与主要矛盾。盖茨在 1995 年年初曾出版《未来之路》一书,描绘以 PC 王国为中心的 IT 世界前景,对于互联网几乎只字未提。然而,当网景公司横空出世之后(1994 年建立,1995 年 11 月 IPO),网络骤然升温。盖茨及时地意识到网络即将带来的威胁与机会,并在 1995 年年底迅速改变微软航向,完全彻底地拥抱互联网。六个月后 IE 浏览器问世并与 WINDOWS 操作系统捆绑销售,盖茨把握前景和果断决策的能力使得微软成功地躲过一次几近灭顶之劫。乔布斯以 iOS 和 iTunes 为基础构建的包括 iPhone 及 iPad 等装置的苹果生态体统，则是基于对"云端加智能终端"大趋势的先知先觉。

（二）技术能力

技术能力指的是管理者在其企业所在行业或专业领域内的经验、专长、知识和能力。这种能力体现出管理者在相关行业的技术功底和实力，使得管理者熟悉企业的业务特点，能够身体力行，更好地做内行领导。比如，盖茨谙悉程序设计和 IT 产业，本田先生痴迷小型发动机，大学校长基本上都是教授出身，医院领导大多是医生本行，剧团领导至少得懂戏爱戏。马化腾和雷军等如今中国互联网时代叱咤风云的人物，除了出众的经营能力之外，本身也都是技术出身，是出色的产品经理。当年乔丹在公牛队以及篮球世界是公认的巨星和领袖人物，但当他短暂涉足棒球世界时，并非才艺超群，更不要说做什么领军人物了。在业务性非常强或者行业特点非常突出和明显的企业或组织里，技术能力对于企业管理者和组织中的领袖人物就会显得尤为重要。

（三）人际关系能力

人际关系能力，或曰人事能力，指的是管理者在组织中与人打交道的能力，比如与上下级以及同事的沟通和交流能力。这种能力可以帮助管理者获得上级的理解和赏识、同行的信任和配合，以及下属的认同与支持。人际关系能力强的管理者通常情商较高，善解人意，富于亲和力，容易与人沟通，在任务和工作中不忘人文关怀，凸显人格魅力。他们能够比较正确地认识自己和敏感地体味别人的利益及意图，懂得如何在团队中行事，如何去激励和领导他人。当然，人际关系能力也包括管理者与组织外部的人和机构打交道的能力。这种能力对组织与外部势力的互动及协调也通常具有较大的影响作用。一个大家所熟悉并经常观察到的例子是，比较成功的或者升迁较快的管理者并不一定是技术或业务能力最强的，人际关系能力非常重要。通用电气 CEO 伊梅尔特曾经说，当年在哈佛商学院读 MBA 的时候，以为财务和投资之类的课程才是硬课，组织行为学和领导力之类的课程不过是填缝的稀泥。直到自己当了高管，才知道这些所谓软性课程的重要性。

（四）分析诊断能力

分析诊断能力指的是善于发现问题和解决问题的能力，能够通过严谨细致的分析发现问题症状背后的诱因和动机，认清因果关系，从而对症下药，有效地解决问题。如果说感悟能力专注于全景和大局的话，分析能力则专注于细节和执行，重在解剖和考察。比如，耐克公司创始人奈特曾言，"我本人的最佳状态通常出现于我思考概念性问题之时"。大老板说话，往往是意向性的和框架性的。比如,奈特会说,去邀请某个篮球明星为耐克代言,不要花太多钱,但也不要让竞争对手把他抢走。而一旦方向和大局既定,奈特下面的管理团队则要负责具体的执行和实施,去实现奈特的想法。这些负责执行和实施的人,必须对要解决的问题进行具体的分析和诊断,拿出可行的实施方案,有效地解决问题,得到预期的结果。

二、管理者能力的侧重与组合

虽然上述几种能力并非完全互相独立,但它们基本上还是各有侧重。技术能力用于操作与业务,人事能力侧重于沟通与管人,感悟能力有益于把握大局和方向,诊断能力则利于分析与解决问题。通常而言,高层领导必须感悟能力强,基层管理者必须长于技术能力和分析诊断能力,而人事能力则对各个层次的管理者都非常重要和必需。当然,高层管理者并不是不需要技术能力,基层管理者也不是不需要感悟能力。具体而言,各个管理层次对不同管理能力的需求,则取决于企业的业务特点、历史传统、发展阶段和环境变化等多种因素。一个人基本上不可能四项能力皆强,这就意味着一个企业的管理团队应该具有不同能力的恰当组合。

第四节　有效管理者的特点

有效的管理者,尤其是成功执掌战略要务的总体管理者,通常具有一些共同的特点。爱德华·瑞普(Edward Wrapp)教授曾经撰文描述有效管理者的五大特点。虽是一家之言,然而甚为贴切和经典:非常知情;聚焦时间与精力;精通政治游戏;善于把握不精确性;有目的地摸索渐进。

(一)非常知情

有效的管理者通常信息灵通,通过各种正式和非正式的信息渠道捕捉及监控信息,及时把握组织内外动态,熟知人事与经营之详情。对信息的把握和掌控给予他们行为的自由度与主动权,能够积极主动地驾驭企业的组织和人事,发现机会与亮点,应对挑战与危机。

(二)聚焦时间与精力

他们善于管理自己的时间和精力,通常有选择地聚焦于少数重要并可以通过努力办成的事情,即那些所谓既出力又讨好的事情,并能够给组织和自己带来业绩与名誉。他们非常务实而注重结果,很少去贪大求多,全面出击,不分重点,平均用力。

(三) 精通政治游戏

管理通过他人行事,无权寸步难行。广义而言,政治游戏即权力的应用,包括对组织赋予的合法权力的暗中使用以及合法权力之外的权力的依靠和利用。有人的地方就有人事政治。管理者要把事情办成,不得不善用权力,诉诸政治游戏并精通政治游戏,尽量游走于"无所谓走廊"和"无障碍空间",不直接踩在别人的脚上。

(四) 善于把握不精确性

一般的教科书通常会鼓吹管理者一定要目标明确、旗帜鲜明。事实上,有效的管理者往往拒绝将自己束缚于僵硬政策的紧身衣里。他们在给出大方向之余,并不一定去精确地勾勒要实现的组织目标以及实现目标的具体路径。这样做的原因至少有三:第一,由于决策的不确定性和复杂性以及管理者本身的有限理性,管理者难以在事前和早期就清楚地预知一切。过早的精确化可能导致自绝退路。第二,由于政治原因或者企业内外的其他阻力,不能过早地暴露企业的真实意图与想法,只能以宽泛的言辞和基调来表述。第三,给出一个开放性的目标和方向,容易化解阻力、抵御攻击、团结同情势力、促成对各方承诺的争取,给大家以参与感以及发挥想象力的余地,从而增进决策执行中的支持和努力。

(五) 有目的地摸索渐进

由于人事政治、有限理性和外部环境复杂多变等诸多原因,管理者在企业中很少能够有机会或者权力去按部就班、全面理性地推行某种一揽子计划,去实现某种预先界定的、大家认可的、精确清楚的目标。事实上,大目标需要分解成适合各个部门实际操作的分目标或子目标。这个目标分解的过程通常是上下来往、讨价还价、停停走走、跌跌撞撞的过程。达到目标的过程同样如此,要试验、摸索、停顿、反复。有时,目标分解与实现的过程可能同时进行、往返互动。这就注定了管理者需要有耐心和务实的智慧,善于把握和利用"摸着石头过河"的渐进过程。

第五节 作为战略管理者的企业高层管理团队

一、企业高层管理团队的构成

在当代企业中,负责战略管理职责的总体管理者,通常是企业的高层管理团队,而不仅仅是CEO或某一个人。这个团队需要不同的人员组合和技能组合,从而达到人员角色齐全、能力互补搭配。在管理学文献中,对企业高层管理团队中不同角色的描述通常包括如下四种:战略家、管理者、企业家和领导者。

(一) 战略家

战略家的首要任务是要把握企业的远见(Vision)。战略家要高瞻远瞩,从企业的全局和总体出发,帮助企业搞清自身定位和长期发展方向,即做正确的事情,关注有效性(Effectiveness)问题。很显然,如前所述,战略家必须具有超凡的感悟能力,能够在错综复杂、瞬息万变的经营环境中看清潮流,为企业指明方向,昭示前景。

(二) 管理者

狭义而言的管理者,或曰职业经理人,类似管家,比较关注细节,注重效率,善于执行。管理者的最高境界是秩序(Order),或者说,有条不紊地实现目标、促成结果(Orderly Results)。相对于战略家对有效性的关注,管理者对效率的关注意味着用正确的方法去做事情,迅速、灵活、准确、低成本,并善于变化和调整,按照战略意图完成任务。

(三) 企业家

企业家最大的特点在于创新(Innovation)。他们往往富有激情和创新精神,不安于现状,敢于冒险,不断寻求新的技术手段和资源组合来更好地为消费者提供价值。无论是自办企业还是在大企业中创新,他们在创业旅程中锲而不舍、执着求索。他们自信心通常较强,相信自己能够有所作为,相信一定有比现行做法更好的方法。通过企业家的创新、"创造性的破坏",旧的秩序及均衡不断被打破,新的天地得以不断被开辟。

(四) 领导者

领导者,或曰领袖人物,其立身行事可以依靠人格魅力、道德禀赋、精神至上、价值优越、技艺精良,等等。而领袖人物的领导力,主要体现在对别人尤其是下属行为的影响上。真正的影响,往往并不产生于领导者有意为之的故作姿态,而是通常表现为下属的自发行为和举动:主动追随靠拢,自愿献身听命。一个具有超强价值体系的组织中的领军者不一定是,或者不仅仅是按照自己的职务权威发号施令的管理者,他们往往是组织中的精神领袖和制度的化身。领导力的关键在于感染(Inspiration)。这种领袖的感染通常是大家行动中重要的精神支撑。

二、高层管理团队的角色互补

显然,上述四种角色既有所重叠,又有所冲突,更有各自非常独特鲜明的个性。比如,战略家和企业家都注重方向的把握,管理者和领导者都要通过激励下属把事情顺利办成;战略者可以大行不顾细谨,管理者通常于小处入手去做执行。在一个高层管理团队中,一个人可以扮演多种不同的角色,比如管理者和企业家在创业初期往往集于一身,难以分割;某个具体角色也可以由多位具有不同能力和经验的人士来承担,比如大企业中的管理者们有的更具有创新的倾向,有的则更善于守成。有些团队个别角色突显,有些团队四种角色齐全。一个企业的高层管理团队是否有效,不仅在于自身的构成和动态,也在于所处的时代、环境的制约、产业的进程、企业自身的条件、下属的素质和对手的竞争。

第六节　管理者到底有多大作用

管理者到底能有多大的能动性和施展作为的空间?对于这个问题的回答,迄今并无定论。不同流派基于不同信仰和倾向的研究,不仅为我们提供了诸多理论视角,同时也积累了许多实际证据。然而,这些丰富多样的证据并没有明显地支持某一个特定学派,从而使得该学派的论断一枝独秀,尽领风骚。事实上,从完全自由意志论到完全环境决定论的各类说法,几乎都在文献中有所涉及。我们首先简述不同流派的主要论点,然后介绍一个综合的概念和框架。

一、管理者能动论:战略选择学说与理性决策假设

(一) 战略选择学说

喜好和研读战略管理的学者往往或多或少地(至少是隐含地或不自觉地)相信管理者是有能动作用的。管理者通过有意识的、积极主动的战略选择以及对组织结构等战略实施手段和氛围的选择来影响组织的运作及经营绩效。也就是说,管理者可以根据自己的意志对企业的经营产生影响,而并不是在环境的各种约束下随波逐流,被动飘移。

> 人们总是抱怨说境遇使然。我不相信境遇。在这个世界上有所作为的人,每天都在寻求他们想要的境遇,如果找不到,就去创造它。
>
> 萧伯纳

(二) 决策者的理性与有限理性假设

战略选择的说法其实隐含着某种理性决策的假设。新古典经济学的基石在于对人或决策者之理性的假设:决策者(理性经济人)按照自由意志行事并追求自己利益的最大化。新兴的行为决策学的基石则是"有限理性"假设:人处理信息的能力是有限的,因此,不可能达到完全理性的境界。尽管如此,决策者仍然企图去理性地对待决策。

二、环境决定论:组织生态学以及资源依赖说

(一) 组织生态学

组织生态学研讨组织群类的诞生、发展与消亡。它的分析单元通常是某一个组织群,或曰一个组织生态圈。它主要考察不同类别的组织在受到外部环境的压力和选择时所表现出的不同反应模式与结果,比如适应、变化、死亡、灭种等。当某一类组织群体作为组织生态圈中的某一物种,已经不能适应它们赖以生存的环境而要惨遭淘汰时,这些组织中的个体管理者们,面对环境中灭种之威胁和组织内部拒绝或延缓变化的组织惯性,基本上只能望洋兴叹,无能为力。

你别无选择!

刘索拉

(二) 资源依赖说

和组织生态学同样具有浓厚的环境决定论特色的,还包括以资源依赖为主要基础的所谓组织的外部控制论。一般而言,组织不可能自给自足,必须与外界进行交换。组织依靠其外部环境获取资源,不管是经济资源,还是社会资源,因此环境是组织的生存前提,组织必须满足其环境中那些掌控和拥有不同资源的各类相关组织与群体的需求并受之约束。资源的重要性和稀缺性使得组织对环境的依赖性增强,因此更加受制于外部环境的控制。管理者也只能在这种依赖和控制下行事作为。

三、中间路线:制度学派和产业结构学派

(一) 制度学派

制度学派关注组织间的趋同性和组织的合法性。这就意味着组织的行为必须合乎某外在的和既定的规范及要求,某种特定的制度安排,包括正式的游戏规则和各种隐含的约束。这是环境决定论的一面。同时,制度在形成和演变的过程中,也会由于参与者的意图和行为的影响,发生巨大的变化、转折,甚至"反向制度化",亦即对某种制度安排的"卸载"。可见,管理决策者还是有影响组织内外制度环境的可能性的,尤其是在组织创立初期以及组织的合法性及其生存遭到严峻挑战之时。制度是人定的,而制度一旦形成,就会对人产生约束。

我们造就我们的环境,然后我们的环境造就我们。

温斯顿·丘吉尔

(二) 产业结构学派

产业结构学派是产业组织经济学在战略分析中的一个具有典范意义的应用。它使得我们对竞争环境的分析更加系统、全面和严谨。产业结构分析的主要战略含义是,企业的战略管理者应该选择有吸引力的行业,并在该行业中发现和构筑可以长期持久地生存并保持竞争优势的产业定位。由于继承了产业组织经济学的理论范式和以产业(而不是以企业)为基本分析单元的传统,产业结构学派的理论突出地强调产业结构对企业行为和绩效的影响,颇具环境决定论的基调,但它同时也为企业的战略定位选择指出了基本方向,在某种意义上,给管理者通过自己的行动去影响、操纵企业经营环境及经营绩效留下了一定的空间和余地。

四、管理余度说:一个综合体系

综上所述,管理者是否有能动性,对企业的外部环境、内部运作、经营绩效有没有影响和作用,是不是谁来管理结果都一样,这些问题的答案是因不同的情境而改变的,其中的主要情境因素涉及组织的发展阶段、环境特点,以及管理者的素质和认知等多种层面与维度。

(一) 管理余度及其决定因素

汉布里克和芬克尔斯坦(Hambrick and Finkelstein,1987)创建了一个以管理余度(自由度)这一折中概念为核心的理论框架,意在尝试理论整合,在自由意志论和环境决定论这两个极端的视角之间架起沟通的桥梁。他们将管理余度定义为管理者能够按照自己的意愿行事的程度和空间。管理余度由企业的任务环境(比如产品的差异化程度、产业结构和增长速度、需求的稳定性等)、内部组织(比如企业的组织惯性、年龄、大小、文化以及资本结构等)和管理者个人的特点(比如野心、成就欲、权力基础、政治智慧等)三方面共同决定。

(二) 一个综合框架:不同的管理余度

基于上述三方面的因素,二人按照不同的管理余度将管理者分成8类:"行政官僚""丛林向导""作茧自缚""为所欲为""名义首脑""游击队长""第五车轮"和"催化良酶",如图2.1所示。

比如,当环境严峻险恶、组织僵化窒息、管理者个人软弱时,三方面所允许的余度都很小,管理者不过是名义首脑,或称傀儡,有名无实,无所作为;相反,当环境宽松自由、组织生动灵活、管理者个人敢想敢干时,三方面所提供的余度都很大,管理者则是真正的实权派,天时地利人和,随心所欲,为所欲为。游击队长则能在环境和组织都不利的情况下,凭一己之力,有所影响和作为。而作茧自缚者则在环境优裕和组织支持的情况下故步自封,错失良机。

图 2.1 管理余度：一个综合体系

资料来源：Hambrick, D. C. and Finkelstein, S. 1987. Managerial discretion: A bridge between polar views of organizational outcomes. *Research in Organizational Behavior*, 9: 369—406.

在组织条件良好但任务环境不利的情况下，有些管理者可能过分强调环境的威胁和制约而不去想办法上下求索，只求规避风险。这种管理者可以被视为"行政官僚"。而有些管理者可能会积极主动地去探索，为企业找出路，寻求机会。这种管理者扮演的是"丛林向导"的角色。在任务环境有利但组织僵化掣肘时，有些管理者会轻易放弃追求，崇尚明哲保身，扮演"第五车轮"的角色，没他不少，有他不多。同样情况下，有些管理者则锐意进取，成为推动变革的催化剂，为组织带来新的气象和精神面貌。

本章知识要点

作为战略家的总体管理者：

战略家的角色通常由总体管理者来扮演。战略管理是其责无旁贷的任务。总体管理者一般特指企业的 CEO 和高层管理团队。他们拥有最高的决策权力，可以合法地调配企业资源，统筹组织和人事，指挥企业运作与行动，为企业的长期生存和发展负最终责任。

管理者的角色：

决策角色(企业家、谈判者、资源分配者和镇乱者)；

信息角色(监控者、发散者、发言人)；

人际关系角色(名义首脑、领导者和联络者)。

管理者的技能：

感悟能力:洞悉大局；

技术能力:专业实力；

人际关系:沟通激励；

诊断能力:解决问题。

有效管理者的特点：

非常知情；

聚焦时间与精力；

精通政治游戏；

善于把握不精确性；

有目的地摸索渐进。

企业高层管理团队的构成：

战略家(远见、愿景、方向、大局)；

管理者(秩序、效率、细节、执行)；

企业家(创新、果敢、梦想、折腾)；

领导者(感染、激发、影响、认同)。

有效的高管团队通常具有比较全面的能力组合与角色互补，并由一人最终拍板。

管理者到底有多大作用？

战略选择学说(强调主观能动)；

组织生态学与资源依赖学说(强调环境决定论)；

制度学派(强调管理者与环境的互动)；

管理者的决策自由度取决于环境、组织和个人三个层面的制约(管理余度说)。

本章思考题

1. 总体管理者与职能管理者的主要区别在哪里？当一个职能领域的管理者被提升到总体管理者的岗位时，面临的最大挑战和潜在误区是什么？

2. 在过去的三十多年里，管理者的角色发生了哪些变化？高层管理团队的人员构成与角色侧重发生了哪些变化？

3. 私企、国企和外企高管团队的人员结构与角色定位有什么不同？对不同管理者的能力要求有何异同？

4. 企业家是否是私企的专利？你认为国企或者大型的跨国公司能够造就企业家吗？

5. 古今中外，任何行业，你能否找到一位领袖人物，在战略家、管理者、企业家(创新者)和领导者这四个角色上都同时表现得极为出色？

6. 如何判定一个CEO是否有真正的权威？

7. "战略是老板的活儿，别人练不了！"你认同这种说法吗？

8. 领军人物(战略家、企业家、领袖)是天生的吗？能够后天培养吗？

第三章
战略管理:终极目的与实践过程

> 战略。力量与知识。知之为科学;行之乃艺术。
>
> 卡尔·冯·克劳塞维茨

战略管理之要务在于帮助企业确立其根本使命和经营目标,并采用合适的战略去实现企业的经营目标,完成企业的使命。不同企业的具体使命与目标可能千差万别,但所有企业的战略管理都共享一个最终目标,那就是帮助企业不断取胜,在经营活动中创造和保持长期持久的竞争优势以及卓越优良的经营绩效。不同企业战略管理的实际过程可能各有特色,但一般而言,战略管理的过程通常包括战略分析(亦称战略诊断)、战略选择(亦称战略制定)和战略实施(亦称战略执行)三个主要构成部分,虽然这三个部分之间的顺序、关系和作用可能错综复杂、变化多端。本章主要探讨战略管理的目的与过程,首先从总体上强调战略管理的目标是取胜,然后阐述战略管理实践的一般过程和特点,并着重介绍一种以假说检验为基础和线索的战略制定方法。

第一节 战略管理的最终目的在于取胜

一、如何理解取胜

战略管理是企业经营管理的核心任务。一言以蔽之,战略管理的最终目的在于取胜,在于赢。取胜,或者说赢,根据时间和境况的不同,以及评判标准的不同,可以有不同的理解和诠释。狭义而言,赢可以被理解为战胜对手,在某一轮竞争中胜出,技压群芳,独占鳌头(比如一个企业赢得当年本行业的全球销售冠军地位);广义而言,赢可以被引申为实现既定目标(比如连续三年保持15%

的平均利润率水平),达到预期效果(比如通过产品创新和广告促销来迅速增加5%的市场份额),或者成功地应对或击败某种挑战和威胁(比如在与某行为恶劣的对手的法律纠纷中胜诉);长期而言,赢则主要指的是企业享有持久的竞争优势和卓越经营绩效(比如基业长青的百年老店在一个世纪内给投资者以丰厚的回报和奖赏)。用最为平实直白的话说,取胜即是实现既定目标,或曰"把事儿办成"。

> 我们的目的一定要达到!我们的目的一定能够达到!
>
> 毛泽东

二、取胜是战略管理的终极诉求

显而易见,在日常的经营和竞争中,企业间通常是有输有赢,即使对于常胜将军来说,大概也是如此,很难永远连续不败地称雄。然而,纵观历史,有些企业确实是胜多输少,富于韧性,经常取胜,不断地赢。如此,赢的最高境界,必定表现为企业竞争优势经时历久地存在并发挥作用,经营绩效长期稳定地保持在卓越和优良的水平。其实,对于真正基业长青的赢者来说,取胜通常不是一种偶尔躬逢的幸运之举、昙花一现的暂时作为,而往往代表着一种对待竞争的积极态度、一种习惯性的成就欲和使命感、一种勤勉自律的奋斗过程、一种甘之如饴的精神境界、一种终极的理想和追求。战略管理,正是以这种终极目标为导向的企业核心经营活动,通过战略分析、制定和实施来帮助企业提高获胜的可能性。

第二节 战略管理的评判标准:企业经营绩效

无论是在理论研究中还是在具体的管理实践中,评判战略管理成就高下的通用准绳,就是企业长期的经营绩效。

一、经营绩效指标:经济指标

企业的战略目标给企业经营绩效的度量提供了标准和基础。企业的经营绩效指标,通过不同侧面反映了企业的战略目标的实质与要务,企业作为一个经济实体,其天然使命就是创造经济价值。按照自由市场经济的著名代言人弗里德曼的说法,企业唯一的"社会责任"就是盈利,创造经济价值。最常见的经济绩效指标包括:

(一) 会计指标

在管理研究和实践中,迄今为止最常用的绩效指标应该说是会计指标,比如各种利润率指标。它的优点是,容易计算和理解,数据通常容易获取,尤其是上市公司,需要公开许多相关信息。它的缺点是通常受制于企业管理者的控制和故意扭曲,时间跨度较短,无法适当地估算与考量企业的无形资产等。

(二) 市场指标

金融市场上的表现也是战略管理文献中常用的企业绩效指标。比如,企业的股价波动与市值变化,以及企业的市值与账面价值(或重置价值)的比率等。它的优点是可比性较强,前者可以和大盘或指数比,后者可以在企业之间比。当然,企业的市值也在某种程度上受管理者的掌控和操纵。

(三) 经济附加值

除了会计指标,我们也可以用所谓的经济附加值来测量企业的绩效,着重考察企业经营所带来的经济租金,定义为税后净利润减去企业资金成本的加权平均值。采用这种指标能够促使企业考虑资金的使用代价,寻求那些回报超过资金的使用费用的项目来求得发展与盈利。

(四) 其他指标

除了上述的会计指标和市场指标外,其他绩效指标也会在不同时期被不同的企业或行业以及研究者所采用,比如净现值指标(考察企业现金流的净现值),并且有时会出现多种指标混合并用的情况。

二、利益相关者与平衡计分卡

利益相关者学说一直强调企业不仅要对股东负责,而且要对所有的利益相关者负责,包括员工、顾客、社区、合作伙伴等。这种学说以及与之相关的学者经常罗列的绩效指标体系,从直觉上讲,非常令人愉悦和满足。然而,在具体应用上,企业间的战略目标可能大相径庭,因此其绩效也不具多少可比性。即使对一个企业内部,不同的利益相关者看重的是不同的战略目标和与之相应的绩效指标,多种指标间如何协调和平衡的问题并没有得到妥善的解决。一致公认的多种利益相关者目标体系和测量标准并没有真正出现。

近几年来,随着全球范围内各类商业丑闻的不断曝光,单纯追逐经济绩效指标、利润至上的做法更是遭到多方面的质疑。采用多视角、多层面、多指标的综合绩效指标体系来考察企业经营业绩的呼声也是日益高涨。这种思潮下,最新的一种说法是所谓的平衡计分卡,强调从多维度来全面考察企业的绩效和健康状况,注重战略目标与可测量的绩效指标之间的明确匹配。其指标体系主要分为四个大类:财务方面、顾客方面、企业内部方面以及创新与学习方面。每一类分别由更具体的目标及其相应的测量指标构成。

比如，财务方面，战略目标可以是生存、成功和繁荣，相应的测量指标分别是现金流、各个部门的季度销售额和运营收入增长，以及市场份额增加和资产回报率提高。顾客方面，战略目标可以是新产品开发以及给客户供给的及时性等，相应的测量指标分别是新产品的销售占总销售额的比例，以及顾客认为的准时送货的次数。企业内部运作方面，举例而言，战略目标包括制造优势和新产品的推出等项目，分别以单位成本以及实际和计划的新产品推出的比率来测量。最后，创新和学习方面，举例来说，包括进入市场的速度，可以用新产品引入市场的速度与对手的比较作为测量指标。同样，平衡计分卡的说法并没有清楚地解决究竟如何去平衡各项指标的问题。

第三节　战略管理过程

一、战略管理过程的三个主要构成部分

一般而言，分析是决策的基础与依据，选择是决策的实质和关键，实施则影响决策的成效和结果。战略决策大抵也是如此。战略管理即有关企业战略决策的分析、制定和实施。

（一）战略分析

战略分析是对企业战略及其影响因素的系统考察、研究、考量与评估。战略分析的起点是企业的使命与目标，其重点在于考察企业内部和外部影响及制约企业行为的事务与要素，其结果表现为对不同战略备选方案的提出、对比和建议。战略分析的核心是寻求企业内部运作与外部环境的契合，从而保证企业的战略有利于实现其使命和经营目标。

（二）战略制定

战略制定的关键在于对战略分析结果的判断和具体战略决策的选择。首先，选择企业的使命定位和目标体系，要在分析的基础上判断使命与目标是否清晰明确、是否切实可行。其次，选择相应的战略来实现企业目标，要判断战略与目标是否匹配，战略与实施战略的境况是否匹配。

（三）战略实施

战略实施意味着设计和使用企业的组织体系，配置和应用企业资源与能力，通过协调的组织行动，促使整个企业向既定的战略目标迈进。战略实施或执行离不开人，需要调动企业全员的积极性，使之积极参与，并通过激励、沟通、协调、控制等方法与手段实现企业的战略意图。

二、三者的潜在关系模式

(一) 多向互动

战略分析、战略选择和战略实施前后呼应、顺序而行,似乎是自然正统、合情合理。然而,由于环境的复杂性和不确定性以及管理决策者的有限理性和其他局限性,实际的战略管理过程可能并不像人们想象和预期的那样按部就班、顺理成章、系统正规、合乎理想,而通常是在系统严谨的理性设计与灵活任意的即兴发挥之间游走和摇摆,三种构成部分同时多向互动,呈现出三者间不同的顺序、关系、组合和模式。

一些企业,尤其是新创企业,可以尽量理性地分析、选择和执行其战略,从而井然有序地实现其目标与战略意图。也有一些企业,则可能边分析边行动、边选择边实施,在实施的同时做出进一步的分析和评审。还有一些企业先动起来再说,在进行某些活动(比如执行某种在当时显得模糊不清、章法不明的战略)时,不断地在事中进行分析和事后补充分析,追认和证实先前的选择,及时在行动中调整应变、寻求意义。

(二) 不同过程的战略结果:有意图谋与自然形成

战略管理的过程可以是理性设计、有意图谋的,也可以是灵活多变、随机即兴的。因此,战略可以是制定出来的,也可以是自发形成的,如图 3.1 所示。第一章所陈述的明茨伯格关于"战略乃模式"的说法,就是自生战略的恰当诠释。这里,战略意指企业在一系列行为决策中自觉或不自觉地展现出的某种一致性。

图 3.1　战略管理过程中的理性程度:自生战略与蓄意战略

资料来源:Mintzberg, H. and Walters, J. A. 1985. Strategies: Deliberate and Emergent. *Strategic Management Journal*, 6(3): 257—272. 本书作者编辑调整。

三、战略管理的科学与艺术

(一) 战略管理中的实用理性

战略制定的科学性,不一定就意味着沉迷于各类数字和烦琐的数量分析或者系统规划。战略管理的艺术性,也不在于完全跟着感觉走,随时随地即兴发挥。在战略管理的实践中,通常情况下,战略是"蓄谋"和"权变"在某种程度上的融合。战略蓄谋必须根据情境的变化而调整。然而,无论战略管理是科学还是艺术,是手艺还是实践,有经验的战略家就像一个训练有素的科研学者,往往会使用科学方法论中的假说检验的思路,根据自己的经验和直觉,去做一些相对专注的、力所能及的、实用导向的推测和尝试,从而最终做出相应的战略选择。这种做法,既符合实事求是的科学精神,又符合"局域性搜索"的实用准则。毕竟,囿于有限理性,迫于时间和成本等多方约束,人们在决策的时候,不得不放弃全面"优化"的梦想,而去坦然地拥抱相对"满意"的现实。即使是从艺术家的角度而言,貌似一时的即兴发挥,其实也是多年积淀和感悟基础上的自然流露及展现,通常会隐含地符合某种艺术规律。战略家貌似拍脑袋的决策,往往也会具有强大的逻辑依据和经验基础。

(二) 以假说检验为线索的战略制定方法

现任宝洁 CEO 的雷富礼,曾在 2012 年与哈佛商学院、沃顿商学院、多伦多大学商学院的几位学者合作,总结梳理他在宝洁 CEO 任上的战略管理实践。其中最为精彩的一个部分,谈及"以假说为基础和主导线索"的战略制定方法。参见表 3.1 中描述的通过假说来检验和测试战略的七个主要步骤。

表 3.1 以假说检验为线索的战略制定方法

提出选择方案:	把要解决的问题转化为不同的选择方案
构建可能性:	设想可能的结局状态
明确前提条件:	确定每种战略可能性之实现所必须满足的前提条件
列出障碍:	列出阻碍前提条件被满足的各种障碍
设计测试:	设计测试来分析障碍是否能够被克服
进行测试:	根据设计来实施测试
做出选择:	最终做出战略选择

资料来源: Lafley, A. G., Martin, R. L., Rivkin, J. and Siggelkow, N. 2012. Bringing Science to the Art of Strategy. *Harvard Business Review*, September. 本书作者翻译整理。

这种实验性方法的第一步是由"问题"转向"选择"。它专注的焦点不在于所面临的问题本身及其挑战,而在于不同的解决方案及其实现的可能性。对于一个问题,要构建至少两个没有重叠的解决方案以被比较和选择。意识到需要做出选择,乃是战略制定过程的开端。

第二步,则是勾勒不同的"战略可能性",包括一系列状态指标:希望促成的结局,潜在的竞争优势,优势的适用范围,以及需要进行的活动等。

第三步,要确定成功所必须满足的前提条件。哪些条件必须满足才能使某种战略可能性成为一个好的备选方案?这一步要邀请所有相关人员充分参与,列出所有必须满足的条件。然后,进一步追问:如果所有条件均可满足,你会支持这项选择吗?如果不支持,你认为还有哪些附加条件需要满足?如此精挑细选,最终确定并列出那些绝对必须满足的条件。具体而言,需要满足的条件,包括产业分析、顾客价值分析、商业模式分析和竞争对手分析等所涉及的关键要素。

第四步,更加具体而接近实操,要列出影响满足第三步中确定的前提条件时所遇到的主要障碍。要特别关注那些认为某个条件最难满足的部门和人员。他们的顾虑代表着主要的障碍。这一阶段,要集思广益,鼓励怀疑意见,尽量识别所有障碍,事前应对。如果视而不见,企图躲避,并不能使障碍自动消失。

第五步,进入战略的检验阶段,首先要设计一些测试,考察一下上述的障碍是否能够被克服。最好是让那些认为障碍最多、最持怀疑态度的人员主持测试的设计。这样比较客观公正,亦符合常理。

第六步,进行实际测试,以先难后易的顺序排列各种相关的测试,也就是先测试那些被认为最难满足的条件。

第七步,根据测试结果,做出最终的选择。有了上述系统的假说检验过程,最后的选择实际上是水到渠成,波澜不惊。整个战略制定过程,是那些必须受命执行战略的人全程参与互动的过程,战略实施其实在战略制定的过程中已经开始。

雷富礼等通过宝洁在20世纪90年代进入护肤品市场时的战略制定过程来阐释这种方法。当时宝洁面临的选择,聚焦于三种战略可能性:内部培育玉兰油品牌,在现有档次增长或者提升档次;内部品牌拓展转型,将美容产品的Cover Girl品牌引入到护肤品;外部兼并Nivea或者Clinique品牌。经过各种测试,比如顾客偏好实验,宝洁发现,提升玉兰油的品牌档次,是一个比较令人满意而且易于实施的战略选择。如果单价定在12.99美元,大众客户渠道(比如折扣店)的顾客比较认可,他们认为这是该渠道内的高端品牌,愿意为之付出比一般产品高一些的价格。如果定价在15.99美元,用户反应最差。大众渠道的客户觉得较贵而又没有足够的品牌优势,而百货店和专卖店等中高端渠道的客户又觉得没有特色而且不够贵。当定价被提高到18.99美元时,反响最好。不仅大众渠道的顾客认为这是该渠道中最好的产品,贵肯定有其贵的理由,而且原先中高端渠道的用户也愿意通过大众渠道购买这款产品,他们认为该产品有内涵(价格不算跌份)而且性价比很高。于是,宝洁最终选择了对于玉兰油进行"大众名牌"(Masstige)定位的战略。

第四节　本书选材思路与章节预览

一、本书的选材思路

本书第一部分,也就是包括本章在内的前三章,首先简要介绍有关战略、战略家以及战略管理过程的核心素材和基本内容。下面的两个部分,分别介绍战略分析的主要方法与框架,探讨战略管理在不同层次上的应用。

需要指出的是,在战略管理领域内,有关战略分析和战略选择的部分通常被称为"战略内容",研究成果相对丰硕,系统性强,出现了诸多应用广泛的理论框架,比如产业分析、基本竞争战略和资源本位企业观等。战略实施和战略变革与调整的部分通常被归类为"战略过程",研究结果相对稀少,缺乏系统性,少有公认的理论框架。因此,表现在教材内容的遴选和编排上,通常是战略内容和实质的材料及篇幅相对多一些。尽管如此,为了弥补第一版的不足和缺憾,此次修订再版,在战略分析部分,增加了组织结构和企业文化的章节,涉及战略实施的探讨,希望对大家思考战略落地事宜有所启迪。

当然,上述简单的内容与过程两分法其实也并不十分准确合理。从理论上,我们很难将战略内容与战略过程清楚地区分开;从实践上,我们很难把战略分析和选择与战略实施清楚地区分开。但为了适应教学的需求,这种分类也许能够提供一个相对清晰、便捷的总体架构。在选材和编排上,本书力求尽可能全面完整地反映战略管理的方方面面,涵盖主要课题与重要学术流派,从而保持内容与形式的完整性和系统性。

二、本书章节与内容预览

第二部分,战略分析单元,详细介绍战略分析的主要内容。第四章介绍有关战略分析的一个基本框架,评述SWOT分析的精髓,并详细考察企业的使命定位。第五章着重考察企业外部竞争环境分析,阐释产业结构分析与竞争对手分析的主要框架及其理论背景和实际应用,彰显战略定位学说的基本含义和特色。第六章主要探讨企业内部资源与能力组合的分析以及企业组织体系的分析,求解企业内有价值资源的属性与特点,揭示资源本位企业观的主要论断,并考察企业资源与能力之应用所必须依赖的组织结构和企业文化。

第三部分,战略应用单元,重点介绍战略在公司总部和业务单元两个不同层次及境况的应用,并选介近期有关商业模式和价值创新的研究成果。第七章介绍公司总体经营战略,考察企业经营范围的决定、核心竞争力的培养与公司治理等主要课题。第八章介绍业务单元的竞争战略,考察企业在具体业务上的基本竞争战略和竞争态势以及竞争优势的主要特点。第九章介绍商业模式的应用与创新。

本章知识要点

战略管理之要务：
帮助企业确立其根本使命和经营目标,并采用合适的战略去实现企业的经营目标,完成企业的使命。

战略管理的最终目的在于取胜：
不同企业的具体使命与目标可能千差万别,但所有企业的战略管理都共享一个最终目标,那就是帮助企业不断取胜。

战略管理的通用评判标准：
在经营活动中创造和保持长期持久的竞争优势及卓越优良的经营绩效,包括经济指标和所有利益相关者的福祉。

战略管理的过程要素：
包括战略分析(战略诊断)、战略选择(战略制定)和战略实施(战略执行)三个主要构成部分。

战略管理的过程模式：
实际的战略管理过程,通常是在系统严谨的理性设计与灵活机动的即兴发挥之间往复游走、摇摆穿行,三种构成部分同时多向互动,呈现出三者间不同的顺序关系与组合模式。

不同战略过程的结果：
战略可以是制定出来的,也可以是自发形成的。前者可以被称为主动图谋的"蓄意战略",后者可以被称为"自生战略"或曰"滋生战略"。

以假说检验为线索的战略制定方法：
提出选择方案;构建可能性;明确前提条件;列出障碍;设计测试;进行测试;做出选择。

通过聚焦于对若干个行动方案的实际测试来制定战略,既有严谨的分析和比较,又考察实施中可能遇到的各种障碍。重视事实分析,重视战略实施,重视解决问题。

本章思考题

1. 战略管理到底是做战略性的管理(站在战略高度做管理),还是要对战略进行管理?战略可以被管理吗?

2. 战略注重有效性,管理讲究效率。如何拿捏战略与管理之间的冲突和张力?

3. 卓越的经营绩效是否一定意味着战略管理的成功?

4. 先开枪后瞄准也算一种战略吗？如果不是，为什么？如果是，应该在什么时候采取这样的战略？

5. 有人说，战略通常不是事先设计出来的，而往往是事后总结出来的。你如何评价这种说法？

6. 有人说，战略管理就是在大方向的指引下不断"折腾"，从而增加"歪打正着"的可能性。你认为这种说法的道理或者问题在哪里？

7. 以假说为线索的战略制定有哪些优势与不足？在什么条件下最为适用？在什么条件下最为不适用？

第二部分

战略分析:
总体范式、外部环境与内部实力

第四章
总体范式:战略分析的基本框架

> 分析,作为启蒙与文明的工具,是有益的,其益处在于粉碎荒谬的信念,化解自然的偏见,并且挑战权威;换言之,其益处在于它催生自由,精练优雅,并增进教化,赋奴隶以自由。分析也会显得糟糕,非常糟糕,其糟糕之处在于它阻碍行动,不能摆布各种重要的力量,戕害生命于根源。分析可以是一件非常令人倒胃口的事,恰如死亡。
>
> 托马斯·曼

战略分析是战略决策的信息与概念基础,也通常是企业战略的行动前提,并赋予战略行动以意义。战略分析直接影响企业战略的实际选择与实施结果。本章首先探讨战略分析的功能与作用,随后介绍起源于哈佛商学院的战略分析框架,重点评介其中 SWOT 分析部分的要点与特色,强调战略的实质在于保持企业内部禀赋及运作和外部环境要求与演变的动态契合。我们随后描述一个总体的战略分析框架,其核心在于企业的使命定位,其主要部分包括对企业内部资源与能力的分析和组织体系的考察,以及企业经营环境的分层与界定。本章最后一节着力探讨宏观环境对企业战略的影响。

第一节 战略分析的功能

战略分析的主要功能在于信息处理与实时监控(保持知情)、认知手段与思考过程(解读定性),以及行动前提与知行纽带的作用(诉诸行动)。战略分析是战略选择与实施的前提,又贯穿于整个战略管理过程的始终。因为在战略所通常面临的复杂与不确定的情况下,管理者无法在行动之前把战略的所有环节都搞清楚,所以必须在行动中思考,在战略实施中进行不断的分析与判断。

一、作为监控与知情的战略分析

信息是决策的基础,是战略分析的素材。战略分析是一种特定的收集信息、组织信息、处理信息和应用信息的机制与模式,具有对企业经营活动进行实时监控的职能。它帮助企业监控外部环境的变化,审视其内部活动,系统地为企业的运行和发展把脉,保持对企业经营活动相关要素的全面知情。比如,以竞争对手分析为例,一个企业必须了解其主要竞争对手的目标体系、战略特色、思维模式及其竞争实力,从而以此为基础,预测其行为,影响其行为。同时,对竞争对手和整个行业面临的挑战进行不断的关注与监控,也会帮助企业更好地解读发生在对手及自己身上的各类事件的含义。

知己知彼,百战不殆。

《孙子兵法》

二、作为认知与思考的战略分析

战略分析是一种认知手段与思考的过程,具有概念化定性的功能。它帮助战略管理者理解企业内外事件,有助于基本判断与观点的形成。也就是说,通过战略分析,企业的战略管理者对杂乱无章的信息和素材进行过滤、整理、分类、储存,并依此对企业的内外现象与事件做出判断,形成观点。比如,本行业中某个比较有实力的竞争对手突然遭到供货商行业中主要企业的集体刁难与打压。这一现象对本企业而言,到底是一个绝好的攻城略地的机会,还是对本企业所在行业的整体威胁?很显然,对该事件的不同解读与定性——机会抑或威胁——会引发截然不同的反应:是落井下石、借刀杀人,还是同行合谋、共御外患。

哲学思辨的过程,在我认为,主要在于从那些显而易见的、含糊不清的、模棱两可的东西,我们感觉非常有把握的东西,达到某种准确、清晰和确定的东西;通过我们的深思与分析,我们发现,这些东西原本包含于初始的那些含糊的东西里,可以说,正是所谓真正的真理,而含糊不清的东西不过是它的一种影子而已。

伯特兰·罗素

三、作为行动之伙伴的战略分析

如上所述,不同的概念、观点与判断,自然为企业的内外事物贴上不同的标签与符号,赋予其独特的意义与内涵,从而导致不同的组织行动和反应。而在行动中的反馈与分析又会进一步强化、调整或修正行动。如此,战略分析既是战略选择与实施的前提基础,又在选择与实施中不断出现、并行作用。也就是说,行动中的思考和与行动并行的分析会导致对企业战略的巩固及加强,也会导致对战略的微调及改变。比如,一个企业采取一贯坚持只关注顾客寻求而不关注竞争对手的基本战略,并且实际上能够比对手更好地生存与发展,在执行现有战略过程中的反思与分析会进一步赋予行动以意义,从而强化企业遵循先行战略的行为。再比如,上一小节例子中的企业如果对竞争者一贯采取高举高打的强硬对敌战略,当它看到对手受打击时,很可能会伺机扩张;但事态进程中的不断分析也许会使其警觉地意识到自己可能是下一个被供货商打压的对象。这时,它便有可能会调整其战略态势,逐渐倾向于采取原先根本不可想象的合作战略,与同业对手联合应对外部挑战。

分析平凡显见之事物需要极其超凡的头脑。

阿尔弗雷德·诺斯·怀特海

第二节 源自哈佛商学院的战略分析框架

一、企业政策学派的传统与贡献

企业政策的教学与研究,作为战略管理领域的前身,起源于1912年在哈佛商学院首次开设的同名课程。其主旨在于培养学生的一般管理能力,从企业全局的观点去发现问题和解决问题。该学院以安德鲁斯为代表的四位教授在1965年出版的《企业政策》教科书中,将企业经营战略作为企业政策的核心概念,并首次正式提出一个完整的战略分析框架,并在其后的版本中不断进行充实和更新,保持了其事实判断与价值判断共举、战略制定和战略实施兼顾、内部运作和环境条件并重的精神风貌、思想神髓和哲学意蕴。

二、哈佛战略分析框架

安德鲁斯等教授认为,企业经营战略的选择与制定需要认真的分析和仔细的考量,应该同时顾及四个主要方面的因素:企业外部环境中的机会与威胁,企业内部的资源、能力与组织体系,管理决策者个人的价值偏好,以及企业的社会责任与社会和公众预期,详见图4.1。前两项基本属于事实判断和技术分析层次,主要考察企业内部运作和外部竞争环境之间的连接、匹配与契合;后两项基本属于价值判断和社会伦理的范畴,主要考察决策者的偏好以及企业面临的社会预期对企业战略的影响。

图4.1 源自哈佛商学院企业政策研究与教学传统的战略分析框架

资料来源:Learned, E. P., Christensen, C. R., Andrews, K. R. and Guth, W. 1965. *Business Policy: Text and Cases*. Homewood, IL: Richard Irwin.

(一)企业的外部环境

企业的外部环境,简言之,包括企业外部所有影响企业经营与绩效的因素,至少在短期内是给定的,不受企业的控制,比如宏观经济发展状况和行业内竞争对手的多寡。环境因素既可以为企业提供机会,比如产业的高速增长为企业提供新的增长契机,也可以给企业带来威胁与挑战,比如政府管制限制企业在某个市场的扩张。因此,企业环境决定了企业的行为空间,决定了它可以做什么。

(二)企业的内部禀赋

企业的内部禀赋,是指企业内部所拥有和掌控的各类资源,比如设备、资金和人力资源,企业运行中所必需的能力,比如研发能力、制造能力和品牌管理能力等,以及这些资源与能力赖以应用和施展的组织体系。某种特定的企业禀赋,相对于具体的市场机会和竞争对手而言,可能是优点和强项,也可能是劣势与弱项,影响企业在竞争中的作为。因此,企业的内部禀赋决定了企业能够做什么。

(三)决策者的价值偏好

企业管理决策者个人的价值偏好,指的是作为战略决策者的一般管理人员的价值体系,包括道德禀赋、意识形态、是非标准和行为规范等,比如是信奉利润至上还是喜好多种目标平衡,是注重任务取向还是任务与人际关系并重。由于一般管理人员具有合法地参与和影响企业战略的权力,他们的价值体系和偏好在很大程度上影响企业战略的价值取向及特色。因此,管理者个人的价值偏好决定企业想要做什么。

（四）企业的社会责任与预期

企业的社会责任与社会和公众预期,可以被理解为企业作为一个社会实体需要对社会做出的非经济性贡献,或者说,对自己在其中从事经营活动的社会和社区所承担的必要社会责任和必须满足的预期。不管企业是否在乎或者愿意,公众、社区团体、政府等都会对企业有某种看法和期许,希望它成为一个好的企业公民,关注人类福祉,保护自然环境,增进社区利益。因此,企业的社会责任与公众预期决定了企业应该做什么。

三、战略：四种因素的动态契合

综上所述,企业战略分析的实质在于把握好上述四个方面的因素,在可以做、能够做、想要做和应该做这四个区间寻求足够的重叠,最大限度地达成协调与契合。在可以运作的空间内,机会可能很诱人,但是企业可能没有适当的资源和能力去应对（比如许多企业没来由地热衷于股市或某些所谓的暴利行业）。企业可能有能力去占领某个产品市场,但管理者可能对该产品市场非常不感兴趣（比如农村家电市场）。而管理者可能对某些项目垂涎欲滴,但迫于公众舆论的压力却不得不退缩、低调行事或"曲线救国"（比如某些危房改造项目）。理想状况的战略当然是全力以赴去做那些既可以做,又想做,也能够做,并应该做的事情。

（一）四种因素的动态契合

当企业的战略最大限度地造就上述四个方面的契合时,企业可能处于经营的最佳状态,既保持了企业内部运作与外部环境的匹配,同时也兼顾了企业的经济利益与社会责任。然而这种契合不可能是静态的均衡,一成不变。在某个时期里,四个方面因素分别的改变或者同时的变化,作为导致非均衡状态的势力,可能会打破现有的契合与均衡,迫使企业在某一方面或者几方面同时进行调整,从而向新的均衡演进。

从这个意义上讲,战略要保持四个方面的动态契合,同时保持某种内在的张力、韧性与柔性。在契合与匹配的基调上进行变革和改进,在动态发展中寻求新的契合与均衡。新的均衡是要实现的理想状态,而不均衡则是改变现状的动力。

（二）契合的关键：对度的把握

事实上,不同方面的因素,其边界也是可以扩展的。企业战略的动态发展与演变正是在不同的因素变化和互动的过程中通过调整及拓展而形成的。比如,资源与能力可以被获取或创建,从而弥补自身实力的不足；机会与威胁也会时隐时现,管理者的果敢善断可以使企业伺机而行；决策者价值偏好也不会是一块顽固僵硬的铁板,与时俱进可能渐入佳境;社会预期也会随着时代潮流而改变,既要改变或引领潮流,也要适度顺应。实际的战略可能会在某个方面有侧重点,但对四方的平衡与取舍、协调与契合,却是战略的核心要点。

企业战略四方契合的关键在于对度的把握与拿捏,在保持现有契合和寻求变革之间掌握好分寸与节奏。过于沉湎于现有匹配与均衡,可能使企业故步自封、偏于守成;过于追求新的境界与契合也可能导致事倍功半、南辕北辙。企业可以通过自己的努力去促成四种要素之间新的理想契合,也要考虑保持现有均衡的必要性,不可能一步跨越太多。比如,在20世纪80年代,一个企业想要经营当铺或拍卖业务就会很不合时宜,难以成事,因为社会预期基本上不会容许。但这并不意味着有此远见的企业不需要去努力推动社会潮流并游说政府,从而创造更宽松的条件。但是,企业自身影响社会潮流的能力以及与政府的关系,在很大程度上决定了这种努力的成效和这种努力在整体战略均衡中的优先性。因此,是把企业的主要精力放在现在自己可以做、能够做、应该做的上面,还是去推动那些现在还"不太应该"做的,抑或同时并举,不同的企业的战略可能会有不同的契合状态与均衡选择。

第三节 SWOT分析之精髓

值得注意的是,在后来的传播过程中,哈佛商学院战略分析总体框架中有关价值判断的两个方面往往被相对忽略,而相对比较客观的事实判断部分(主要在于技术分析层面)则广为传播、影响深远,以所谓的SWOT分析著称于世。其中一个主要原因在于,管理者的道德禀赋与价值偏好以及企业的社会责任通常在"商业伦理"和"企业与社会"等课程中着重探讨,战略管理的教学中则主要侧重于战略的事实判断和技术分析层面。作为战略管理精要读本,本书的主要内容选择也当然不可避免地反映这种常规趋势,或曰偏好。

一、SWOT分析的构成部分

SWOT分析主要关注企业的内部禀赋与运作、外部环境的构成与特点,并强调企业的内外匹配与契合。企业内部分析重点考察企业强项(Strength)与弱势(Weakness)。企业外部分析主要考察机会(Opportunity)与威胁(Threat)。SWOT分析框架即得名于上述四个英文单词:取每个词的第一个字母,依次组合而成。

图 4.2　SWOT 分析框架:企业内外匹配与契合

资料来源:根据 Learned, E. P., Christensen, C. R., Andrews, K. R. and Guth, W. 1965. *Business Policy: Text and Cases*. Homewood, IL: Richard Irwin 整理。

二、SWOT 分析的精髓

SWOT 框架的核心论断是,战略在于实现、保持企业内部资源与能力和外部环境机会与要求之间的匹配及契合,从而发挥强项、避免弱势、利用机会、化解威胁,达到企业内外的动态平衡,有益于实现企业的使命与战略目标。SWOT 分析并非简单的手段和机械的方法,亦非精确的理论与完美的模型。它实质上是一种基本理论框架、一种独特的思维方式,也是战略管理研究与发展过程中的一个基本指南。

（一）从 SWOT 分析看战略实践之要务

应该说,SWOT 分析对于战略管理实践与行动的指导意义是非常直观的。它强调的所谓内外匹配与契合,实质上是主张扬长避短、善用时机。这就要求企业的战略应该积极努力地去寻求、发现和创造机会;规避、化解或消除来自外部环境的威胁,比如竞争的威胁;发挥、挖掘和利用自己的长项与优势,避免、改善和扭转自己的弱势,从而最大限度地张扬自己的优势特色,有效地利用外部环境中的机会。

（二）SWOT 作为一种分析框架

作为一种分析框架,SWOT 将影响企业战略的主要因素归结为内部运作与外部环境两大类,强调企业的内部运作要合乎外部环境的要求。这种分析框架,像管理学中所有的所谓理论框架一样,通常是指导和帮助我们分析问题的一种简要的纲领和粗略的方法,并不是什么精确的理论与具体的模型,不具有太大程度的可操作性。SWOT 只是给出了考虑问题应该重视的维度、要素和方面,并不能准确精细地勾勒出外部环境与企业内部运作如何契合或者在多大程度上契合,更难预测不同程度的契合与经营绩效之间的关系模式。虽然具体的理论模型和深入研究可以去描述不同方式、类别和程度的契合与匹配,以及它们与经营绩效的关系模式,SWOT 本身作为一个分析框架,只是提供了一个非常宽广的视野和粗放的思路。

（三）SWOT 作为一种思维方式

其实,SWOT 分析框架最值得欣赏的是其背后的哲学意蕴。与其说 SWOT

分析是一种手段和方法,不如说它是一种思维方式,其核心在于内外的匹配与契合,体现了一种注重平衡、适度与和谐的内涵及精髓。如果忽略了 SWOT 作为一种思维方式的存在,就很可能主观地赋予其过高的期望。最常见的做法是将 SWOT 分析庸俗化,视之为僵硬的工具和机械的手段,将强项、弱势、机会、威胁等随便按部就班地套用一番,然后再枉自谈论 SWOT 分析的局限性如何云云。SWOT 分析不是灵丹妙药,也不是简单的例行公事以及皮毛层面的应用,而是一种基本的思路和思维习惯。

(四) SWOT 作为战略管理教学与研究的指南

从某种意义上讲,我们甚至可以将 SWOT 分析作为战略管理教学与研究的一个基本指南。战略管理过去五十年左右的发展演进,基本上是在充实、强化和修正 SWOT 分析的具体项目及内容,并检验、更新和发展有关内外匹配与契合的观点。比如,产业结构分析的发展,使得我们对外部环境中机会与威胁的理解更加清晰透彻、详细具体。而资源本位企业观的兴起则增进了我们对企业内部资源与能力组合的理解。动态能力的研究则再次回归到 SWOT 分析的主旨,在更高的层次上呼吁并尝试企业外部环境与内部禀赋及运作的契合。反映在教学上,SWOT 作为一个指导框架和内容分类与组织的基本范式(外部分析与内部分析),广泛地影响着教科书内容的编排与呈现。

第四节 战略分析的总体范式

一、战略分析总体范式一览

根据上述几节的探讨,我们可以总结出一个战略分析的总体范式,从而更清楚地梳理战略分析的整体思路并形象地展示不同分析层次之间的关系。我们不妨用一个类似洋葱的比喻来描述战略分析总体范式的不同层次:其核心和出发点是企业的使命与战略目标;然后是企业内部分析,包括企业资源与能力的分析、企业组织体系的分析;随后是企业环境的分析,包括宏观环境与任务环境的分析,其中任务环境可以再次细分为总体产业分析、产业内分析与竞争对手分析三个层次,参见图 4.3。

第四章 总体范式：战略分析的基本框架

图 4.3 战略分析的总体范式：一个形象的表述
资料来源：本书作者整理。

二、战略分析总体范式的构成部分

（一）战略分析的起点：企业的使命与战略目标体系

战略分析的起点是企业最终要达到的终点，亦即其基本使命与战略目标。企业使命昭示着企业存在的根本原因。战略目标具体体现企业究竟要成就和实现什么。有关企业使命、远见以及具体战略目标的话题，将在本章第五节详细探讨。需要强调的是，由于企业战略强烈的目标导向性，没有目标与方向的战略分析，等于兴味索然的纸上谈兵、毫无意义的智力游戏。对于不同的目标而言，同样的环境因素可能于此是威胁，于彼乃机会。同样，实现一个目标时的强项与实力项可能是实现另一目标时的局限与阻力。因此，没有方向感和评估的指标，战略分析与判断便显得任意随机、无从谈起。知道自己是干什么的，要实现什么样的目标，这是战略分析与决策的根本点。

（二）企业的资源与能力

企业是某种资源与能力的特定组合。企业的资源与能力决定了企业的强项和弱势,因此决定了它在竞争中能够有什么样的作为。企业内部禀赋的分析将帮助我们理解什么样的资源与能力能够为企业带来持久竞争优势,集中展现资源本位企业观的理论精华与主要论点。详细讨论请参见第六章。

(三) 企业的组织体系

企业的组织体系包括指导和规范企业经营活动的组织硬件(比如组织结构)与软件(比如控制体系、标准操作程序、企业文化和公司政治的应用)等。它决定了组织中人的行为模式与互动流程,以及企业资源与能力的造就、获取、分配及应用,直接影响着企业战略的实施与变革。相关讨论请参见第六章。

(四) 企业的任务环境

一般情况下,直接影响企业经营的环境因素构成企业的"内层环境",包括企业所在的产业、产业内的细分市场或战略群组,以及具体的竞争对手三个细分层次,凸显产业组织经济学对企业竞争环境分析的重要贡献及其多层次应用。详细讨论请参见第五章。

(五) 企业的宏观环境

一般情况下,间接影响企业经营的环境因素构成企业的"外层环境",如政府法规、国际事件、国民经济发展状况等。企业的宏观环境,不管它带来的是威胁还是机会,相比于内层的任务环境而言,更难以被企业直接影响与控制。详细讨论请参见第五章第一节。

第五节 企业的使命与远见

一、企业的使命与远见

战略管理的实质在于决定企业的长期发展方向(到哪里去)以及如何朝着既定方向迈进(怎么去)。企业的使命、远见及其战略目标,就是要解决企业要向哪里去的问题,这既是战略分析的终点,也是其出发的起点。简言之,企业的使命浓缩了企业存在的根本原因,企业的远见昭示着未来的理想状态,使命与远见共同决定和派生出具体的战略目标体系。

然而,在文献和实践中,对于使命与远见的定义和关系,并没有多少共识。有人认为,使命高于远见,更为长期和根本,也有人认为远见决定使命,因而使命服务于远见,还有人将二者并列使用或者干脆等同为一体,不加区分。本书无意纠缠词句上的偏好与争执,而是基于文献和常规,尽量客观地描述二者的实质内涵,在区分二者不同侧重以及了解二者之间关系的前提下,总结出一些共性,作为考察企业具体战略目标体系的基础与依据。

(一) 使命与远见的内涵

1. 使命

使命,一般而言,更注重描述企业的基本目标和存在根由。大而言之,要肩负某种责任,要达到或成就什么;细而言之,具体做什么业务,或者如俗语所言,一个企业到底是干什么营生的。比如,通用电气公司早年的使命是要推广和应用爱迪生的电器发明。再如,肯德基声称"我们做鸡最地道!",其使命定位清晰可见、一目了然。企业的使命虽然可能会随着时间的改变而调整或者更新,但它往往具有某种程度的长期稳定性,贯穿历史、今天与未来,潜移默化地影响企业的性格特点、自我认知和公众形象。

2. 远见

远见,通常来说,更注重描述企业未来一定时期内的发展方向和期望达到的一种状态及境界,因此亦称愿景。比如,比尔·盖茨在20世纪80年代的远见是每一台桌子上都将有一台电脑,每一台电脑最好都用微软的软件系统。再如,杰克·韦尔奇在1981年时关于通用电气发展前景的远见,是使通用电气成为一个传统核心业务(比如照明和运输)、高科技业务(比如医疗器械和飞机引擎)和服务业运作(比如金融和信息服务)三大类业务并驾齐驱、高速增长和高额盈利的企业,并力争使每个业务在其所在行业成为领袖,占据数一数二的地位。

(二) 使命与远见二者之间的关系

有些时候,尤其是在企业成立之初,使命和远见可能恰好重叠,清晰地给出了企业在某个阶段的基本目标。比如,耐克公司成立后之实际作为就是用亚洲廉价的劳动力生产制造高质量的运动鞋,返销北美和欧洲市场,以质量和成本双料优势,力求"打败阿迪达斯",独坐世界运动鞋乃至运动服装和器械行业的头把交椅。当时,在全球范围内"打败阿迪达斯"可以说是耐克的使命,也可以说是其创始人的远见或愿景。类似的例子还有斯坦福大学,其成立时的使命和远见,就是要成为美国西部的哈佛。

大多数情况下,一个有一定历史传统的、相对成熟的企业,其使命与远见都在随着企业的成长,尤其是随着环境的变化而调整演变,并互相影响,产生作用。这时,企业的某一代(尤其是任期较长的)战略家的远见可以被认为是企业使命的某种阶段性的表述和主要基调。随着不同战略家的远见的更替,企业的使命也会逐渐变迁和调整。从另一方面而言,企业的使命毕竟相对稳定,因而同时制约着战略决策者具体远见的形成和推进。

比如,谷歌的使命是组织全球的信息从而使它们适用易得。谷歌前CEO施密特认为,要完全整理全球现有的信息至少需要300年。在这一基本使命前提下,谷歌对未来的远见也在不断调整,从当初做最好的搜索引擎,到如今要成为互联网上无所不在的信息通道。无论是谷歌眼镜、无人驾驶汽车,还是物联网(比如智能家居),谷歌希望在信息时代与你的日常生活形影不离。但无论其远见如何令人耳晕目眩,其基本使命仍是组织和处理信息。2013 年,谷歌依靠信息搜索等应用服务获取的广告收入占其总收入的 90% 以上。

(三) 两个根本点:核心意图与核心价值

给定上述关于远见和使命的共性与歧异,关于二者实质的讨论和描述往往聚焦于两个根本点:核心意图与核心价值。核心意图揭示了企业为什么存在,市场定位如何,做什么最拿手,拥有什么竞争优势,如何去面对竞争、创造价值;核心价值则更加关心企业的形象认知,关心企业究竟希望成为一个什么样的公司,包括企业的社会形象、文化特色、意识形态、管理理念和精神追求等。不管用什么词句——使命、远见、宗旨、纲领、信条等,关于企业的最基本和长期的目标,注定要回答这两个问题:我们之所以存在到底是要干什么? 我们到底要成为什么样的企业? 第一个问题指的是企业的核心意图。第二个问题牵涉到企业的核心价值。

二、企业的使命宣言和远见陈述

企业的使命和远见通常通过某种具体的陈述得以正式宣告与昭示。企业的使命宣言和远见陈述是对企业使命与未来发展方向的准确、简洁、形象、具体的文字表述,应该清楚无误地告诉大家企业的核心意图和核心价值。具体而言,远见陈述应该强调哪些内容? 使命宣言应该包括哪些条款? 什么样的使命宣言和远见陈述最有效? 下面我们考察与上述问题相关的一些基本要素。

(一) 核心意图

一个企业的核心意图通常应该包括如下基本要素。具体的宣言和陈述中,可能有所选择与侧重,而并不一定涵盖所有要素。

- 目标市场与客户
- 经营的业务范围
- 经营的地域范围
- 独特和显著的竞争力
- 对增长和利润的预期

20 世纪初的福特欲使每一户达到普通工资水平的美国家庭都买得起汽车。20 世纪中期,波音立志在民用航空领域有所作为,要将人类世界带入喷气式时代。20世纪80年代,苹果要把计算机放入每一个家庭。后来的戴尔,其使命,不管用什么说法,实质上是直销计算机及相关产品,量身定做。茅台的远见是"成为中国的国酒"。万科则企图成为中国房地产行业的领跑者。

（二）核心价值

一个企业的核心价值通常应该包括如下基本要素。与上述核心意图一样,具体的宣言和陈述中,可能并不一定涵盖所有要素,而是有所选择与侧重。

- 意识形态
- 价值偏好
- 经营思想与管理理念
- 企业文化特色
- 社会形象

在很长的一段时期内,联想的口号一直是"肩扛民族工业大旗"。同样,索尼早年的使命是"提升日本产品和文化在国际上的地位"。通用电气宣称"我们为生活带来美好事物",诺基亚倾情高呼"科技以人为本"。从战时一直到计划经济时代,我国各级医院的核心价值,表现在其意识形态、管理理念、文化特色和社会形象与认知上,就是"救死扶伤,实行革命的人道主义",而政府的使命,一如既往地是"为人民服务"！

（三）使命宣言与远见陈述应该具有的特点

企业有关使命与远见的陈述、声明和宣言通常风格各异、繁杂多样。有的正规严肃,有的轻松活泼;有的长篇大论、空洞浮华,有的短小精悍、言简意赅。一般而言,词句越多,越难被大家理解和记忆,越说明企业自己也没想清楚究竟要干什么,往哪里去,因此,也就越没有说服力和吸引力,对内缺乏激励和指引,对外造成困惑和疑虑。下述特点常常见诸一些著名的远见陈述和使命宣言,同时在很大程度上也适用于对下一节将要讨论的具体战略目标的评判,只不过战略目标应该更加具体并具有很强的可测量性。

- 精练准确
- 清楚易懂
- 宽广深刻
- 形象鲜明
- 昭示方向
- 激励行动

陈述精练准确,自然清楚易懂。这就意味着上述要素不可能面面俱到,而是有所取舍。比如,"买手机到中复",朗朗上口,好记好说。

要做到宽广深刻,则要求企业的使命宣言或远见陈述显得足够宽泛,有发展的空间和变化的余地,同时又比较详细深入、有所侧重。比如,默克制药公司的使命是通过以科学研究为基础的药品研发和制造从而改善人与动物的健康。这里,深入细致方面,默克强调的是以科学发现为主旨,而不是依靠广告飞满天;以药品为核心,而不是兼营房地产。而宽广灵活的一面,在于药品行业中的宽线经营定位,其对象包括人与动物,业务包括制造与服务,目的兼顾治疗与保健等。

使命陈述得过于单调狭窄和仔细深入,容易作茧自缚,丧失邻近机会,影响企业发展。这种情况毕竟少见。谦虚谨慎,往往不是企业家的特质。如果陈述过于宽泛,则容易流于形式,缺乏自己的特色或者行业的特点。好大喜功,在现实中确实屡见不鲜。比如,副食店自定使命"送爱心",小饭馆儿"南北大菜"都敢练。再如,要争取创建世界一流大学,要打造某行业内超级航空母舰。都显得过于笼统,不得要领。

形象鲜明,要求使命宣言和远见陈述能够非常形象地揭示、体现和提醒大家企业的业务定位与特点及其社会形象。比如麦当劳的远见是成为世界上最好的快餐店。迪士尼坚持主打以家庭(儿童适宜)为主题的娱乐和信息业务,注重细节、创新、想象力,营造独特的魔幻感觉和快乐。

毫无疑问,远见陈述应该昭示企业行动的方向,激励相关人员朝此方向去行动、去求索。比如,佳能当年的远见和使命是"打败施乐!",挖掘机制造商小松的口号是"包围卡特彼勒!"。当然,说辞与宣言的背后需要的是努力和承诺;否则,这些大而无当的空洞口号不过是贻笑大方的见证。

第六节　战略目标体系

根据企业的使命与远见,企业可以设计和建立具体的战略目标体系,从而帮助企业向着远见所指引的方向步步逼近,促成企业使命的完成。显然,战略目标从企业的使命与远见中派生,具有比较强的可操作性和可测量性。本节首先探讨目标的作用和功效,然后选介一个比较经典和相对全面的战略目标体系。

一、目标的作用

建立和拥有比较清晰系统的目标可以增进企业战略选择和实施的效力与效率。具体而言,目标至少有以下几种作用:

(1) 目标的存在和清晰的描述可以增进企业在外部社区(比如投资者和顾客)的形象与合法性。

(2) 令人向往的目标往往可以成为激励企业人员以及邀请各方承诺、支持和努力的诱因。

(3) 目标是行动的指南。

(4) 目标是战略决策的依据。目标的确立,尤其是长期战略目标的确立,给战略决策指明了方向。

(5) 目标给经营绩效的度量提供了标准。清晰准确的目标是判断经营绩效和结果的尺度与基准。

二、战略目标体系

(一) 战略管理的基本目标

如前所述,战略管理的终极目标是赢,是在竞争中取胜。具体而言,战略的目的在于发现、造就和保持竞争优势(比如独特的资源与能力),实现令人满意的经营绩效(主要指利润率等经济指标),并在相关群体(比如员工满意度)和社会贡献(比如慈善捐款或者赞助社区活动)等方面达到某种要求。

竞争优势,指的是企业与对手间的某种差异性,这种差异性可以使企业比对手更好地创造和提供消费者价值。经营绩效通常包括会计指标(比如资产回报率)和市场指标(包括产品市场与股票市场,比如企业的市账比)。相关群体包括员工、供应商和营销渠道等。社会贡献,则指企业在社会责任、社区贡献和公众形象上的表现。

(二) 战略目标分类体系

迄今为止,一个比较全面而且比较经典的关于战略目标的描述当属德鲁克当年提出的八大战略目标。这一战略指标体系比较好地涵盖了上述四个基本方面。

(1) 相对于竞争者的市场地位;

(2) 产品与方法的创新;

(3) 生产力和效率;

(4) 物质资源和财务资源;

(5) 利润率;

(6) 管理者绩效与发展;

(7) 员工绩效与态度;

(8) 对顾客和社会的公共责任。

本章知识要点

战略分析的功能：

战略分析的主要功能在于信息处理与实时监控(保持知情)、认知手段与思考过程(解读定性)，以及行动前提与知行纽带的作用(诉诸行动)。

战略分析是战略选择与实施的前提，又贯穿于整个战略管理过程的始终。因为在战略所通常面临的复杂与不确定的情况下，管理者无法在行动之前把战略的所有环节都搞清楚，所以必须在行动中思考，在战略实施中进行不断的分析与判断。

源自哈佛商学院的战略分析框架：

事实判断：企业外部环境中的机会与威胁(可以干什么)

企业内部的资源、能力与组织体系(能够干什么)

价值判断：管理决策者的价值偏好(想干什么)

企业的社会责任与社会和公众预期(应该干什么)

战略的实质在于寻求上述四种因素之间的动态契合。

SWOT 分析之精髓：

上述哈佛框架的事实判断部分：分析企业的强项(Strength)与弱势(Weakness)以及环境中的机会(Opportunity)与威胁(Threat)。

寻求企业内部运作和外部环境的匹配与契合，从而发挥强项、避免弱势、利用机会、化解威胁，达到企业内外的动态平衡，有益于实现企业的使命与战略目标。

SWOT分析并非简单的手段和机械的方法，亦非精确的理论与完美的模型。它实质上是一种基本理论框架、一种独特的思维方式，也是战略管理研究与发展过程中的一个基本指南。

企业的使命与远见：

企业的使命浓缩了企业存在的根本原因，企业的远见昭示着未来的理想状态，使命与远见共同决定和派生出具体的战略目标体系。

使命，一般而言，更注重描述企业的基本目标和存在根由。

远见，通常来说，更注重描述企业未来一定时期内的发展方向和期望达到的一种状态与境界，因此亦称愿景。

贯穿于企业使命与远见的两个根本点：核心意图(到底干什么)与核心价值(成为什么样的企业)。

战略目标分类体系：

经济指标与社会指标的均衡考量。

本章思考题

1. 战略分析到底在什么情形下能够起到作用？跟着感觉走和即兴发挥与系统的战略分析之间是否必然矛盾？
2. 战略分析中的价值判断对事实判断会产生哪些影响？
3. 为什么说企业的使命定位既是战略分析的终点也是其起点？
4. 企业的使命定位与陈述在博大宽广和细致精准之间应该如何平衡？如何判断企业的使命宣言与其真实使命之间的差距？
5. 在你的心目中，企业的使命与远见之间到底是什么关系？请举例说明。
6. SWOT分析在实际使用中有哪些常见的误区？
7. 企业的战略目标应该具有哪些特点？如何评价战略目标的妥当性？

第五章
外部环境:宏观环境与任务环境

竞争战略制定之实质是确定一个企业与环境的关系。虽然相关的环境非常广阔,涵盖各种社会与经济因素,而企业环境中最为关键的方面是它所投入竞争的一个或几个产业。产业结构强烈地影响着竞争规则的确立以及潜在的可供企业选择的战略。一个产业内竞争的激烈,既非偶然巧合,亦非运气不佳。其实,产业内的竞争根植于其内在的经济结构,并且远远超越了现有竞争者之行为。

迈克尔·波特

第一节 战略管理的环境分析

一、企业环境的一般特点

在管理学的文献中,企业的外部环境一般可以用如下几个指标来衡量:动态性、复杂性、不确定性和资源丰富性。这些指标各有侧重,又有某些重叠,基本上能够反映和捕捉环境的主要特点。

(一)动态性

环境的动态性,通常指的是环境变化的速度,以及变化的幅度与广度。有些环境经久不变、稳定一致,有些环境瞬息万变、今昔不同。一个新型的产业,其环境可能变化迅猛而广泛,令人眼花缭乱,如21世纪初的IT和电子商务等行业;一个行业也可以处于稳定平缓的延迟阶段,其环境变化细微而有限,比如古典音乐界,潮流既定,最为流行的是历史经典。

(二)复杂性

环境的复杂性,通常指的是环境中影响企业行为的维度与要素之种类和数目的多少,以及它们之间的关系,比如行业参与者的多寡、规模、产品差异化程度,竞争对手的多样性,技术规范与标准的多样性,政府干预的程度等。比如,中国汽车行业由于产品种类众多、竞争对手多样并处于不同的发展阶段、政府多种部门插手等原因,其经营环境的复杂性远远高于社区早餐店。

(三) 不确定性

环境的不确定性,通常指的是环境变化的方向、趋势、速度与结果难以预料和把握,甚至连那些可能导致变化的要素本身都难以预知。比如,一个转型经济的经济体系中,市场不甚规范,政府政策忽松忽紧、变幻莫测、朝令夕改,令人难以琢磨,此时企业经营环境中的不确定性,与一个法律规章和信用制度健全的地方相比,要高得多。

(四) 资源丰富性

环境的资源丰富性,通常指的是环境中企业赖以生存与发展的资源的充裕程度、获得这种资源的难易程度,以及由此决定的企业的长期生存与发展的空间。比如,一个储存量丰富的油矿可以支持一个企业几十年的经营;而一个贫矿只能支撑某些游击队式企业的"打一枪换一个地方"。再如,北京中关村一带各类人、财、物的聚集使得新创企业的可能性大大高于资源丰富性相对较低的穷乡僻壤。

二、企业环境的分层:宏观环境和任务环境

企业的经营环境,依据其对企业经营活动影响的直接程度、频繁程度,以及影响深度与广度,可以被简单地分为宏观环境和任务环境两个层面。

(一) "两层"环境的区分

宏观环境,亦称一般环境,泛指企业环境的"外层"部分,由政治、经济、技术、社会、文化、国际、法律等要素构成。作为背景因素,一般而言,宏观环境影响所有的行业与企业,但通常并不那么直接与具体。宏观环境可能对某些行业或企业具有较大的影响,但对另外一些行业与企业影响甚微。任务环境,亦称竞争环境,专指企业环境的"内层"部分,包括在日常经营活动中与企业直接打交道的各类组织、实体和个人,比如客户、营销商、供给商、竞争对手、合作伙伴等。作为直接的活动空间,一般而言,任务环境对企业的影响相对广泛深入、直接具体、频繁持久。我们可以具体从三个细分层面来考察任务环境:产业的总体结构、产业内的结构特点以及企业的竞争对手。

(二) "两层"环境的关系

虽然宏观环境和任务环境可以做以上区分,但这种区分主要是概念性的。在现实中,宏观环境与任务环境的分界可能远非清晰可见、泾渭分明。宏观环境因素可能随时从外层环境跃入内层,从而直接迅速地影响企业的经营活动,比如政府的宏观调控措施可能使某些行业与企业一夜之间从创新的先锋变成违规的典型。还有,对一般行业来说的宏观环境,可能恰恰就是有些行业的任务环境。由于这些行业本身的特点,它们不得不直接、频繁、广泛、深入地与所谓宏观环境中的因素打交道。例如,受文化风潮影响的行业(如时装与餐饮)必须时常关心时尚;受政府监管的行业(如银行与航空业)需要经常与政府接触;IT业本身的任务就是做高新技术;而对跨国公司而言,必须时刻关注国际事件。

外面的世界很精彩。外面的世界很无奈。

齐秦《外面的世界》

第二节　企业的宏观环境分析

一、宏观环境分析的必要性

企业的宏观环境,广义而言,包括政治、法律、经济、技术、社会、文化、人口、国际和自然环境等多种因素,既可以为企业提供有利的契机,也可以给企业带来威胁和压力。企业宏观环境的突变,可以给企业经营带来非常巨大的变化,而这种环境突变通常难以预测,企业也基本上无法控制它。也就是说,企业的宏观环境基本上是给定的。尽管如此,企业仍然需要加强对宏观环境的了解,以期更好地应对机会与威胁。对于那些宏观环境因素通常也是企业的任务环境常见要素的行业和企业来说,宏观环境的构成与变化尤为值得关注。

二、宏观环境的构成与影响

(一) 政治

一个国家政局的稳定与否,以及政策的连续性与否,都会影响企业的经营活动。虽然作为一般背景,政治环境影响所有的企业,但不同的企业受到影响的程度可能有所不同。一个倾向于保护本土企业的政府,其政策可能对跨国公司比较不利。一个对商务活动持支持态度并急于使其经济与世界接轨的政府,可能会对外资企业格外关照。同样,国际政治的格局也会影响企业的命运。比如,美国以人权为借口,在中国最惠国待遇问题上作梗的时候,中国政府就很可能会取消波音的订单,而转向欧洲的空客,以示抗议和不满。航空业企业的经营活动因此必须在某种程度上受政治游戏的影响(比如两国之间的空港互相开放协议可能主要是政治博弈而非仅仅是出于经贸利益)。

然而，不管政体如何、政策偏好如何，一个关键的问题是一国政治活动以及政府政策的可预见性。在某种程度上，企业游说政府，可能会影响政策向企业希望的方向倾斜。然而，政府毕竟有其自身的逻辑、偏好和趋向，而且必须面对社会与公众的压力，更有人事更迭的变数，因而随时有可能违背任何由某些企业游说所导致的承诺。企业能够做到的，是尽可能地理解政府运作的模式，并揣摩其政策的连续性和突变性的可能。比如，一家国外投资银行驻中国的首席经济学家就曾经一针见血地指出："我们不关心也无须关心政府政策的对错，我们只关心我们是否能够准确地预测政府政策的走向。只要我们预测正确，我们就能挣钱。"

以此推之，可以说，任何环境因素的可预见性，而不仅仅是该因素的实际表现与状况本身，都应该是企业必须着力把握的。

(二) 法律

现代的企业，其所有权、雇佣关系以及各种经营活动，主要是以法律合同和契约来界定与维系的。企业所处国家和地区的法律体系的完善程度、执行力度及其变化速度，直接影响企业的各类交易及其终极利益。在法律允许的范围内从事经营活动是企业经营的一个底线。企业需要熟知其法律环境，既要做到自律，减少不必要的纠纷与麻烦，也要善于用法律保护自己。比如，企业对知识产权和无形资产的保护意识逐渐增强。通过法律手段维护企业自身利益的案例已经屡见不鲜。尤其是中国加入世贸组织以后，与商务相关的法律更加健全，也更加受到遵守与重视。

广义而言，政府的各类法规条令也属于法律的范畴，包括对某些特殊行业的直接监管与规制。比如航空业、银行业、博彩业等，其经营领域、活动范围、竞争手段等均受到政府有关法规的严格界定与控制。不仅如此，在很多行业里，企业都必须面对政府反垄断法规与政策的约束，遵守各类保护职工权益（比如安全生产和职业健康）的规章条款、政策法令。在遵纪守法的前提下，某些企业（或者说其背后的投资者）往往比较善于把握现有法律的缺失和漏洞，从而挖掘某些意外的合法商机。比如，对石油企业由于原油溢价而带来的额外收益，中国政府并没有通过实行高额课税的政策收归国库，这就使得石油公司的国外股东以利润分红的形式从中获利。

(三) 经济

宏观经济的走势同样决定了企业经营在微观层次上的活动空间和走向。经济周期的不同阶段——增长、衰退、滞胀等，给企业提供了不同的机会与威胁，影响企业所面对的需求与供给。在经济高速增长阶段，即使效率不是特别高的企业也会水涨船高，幸分一杯羹，尤其是能源和原材料行业的企业，比如各地风起云涌的小煤矿企业。而在经济低速增长阶段,只有那些真正具有成本与效率优势以及质量与品牌优势的企业才可能在阵地战中胜出。对于这些有竞争优势的企业而言,经济衰退可能反倒是一种证明自己实力的机会,正所谓"水落石出"。

政府对宏观经济的调控(具体而言,如货币政策和财政政策等),也会影响企业的运作空间、灵活性,甚至生存。比如,政府可能在某一个时期通过优惠的融资和税收政策及其他手段鼓励企业快上项目、大上项目、上大项目,但在数月之后,就又可能判断经济增长过热,而突然紧缩银根、削减项目、控制发展。很多实力不足、预见不力,或者根本摸不着头脑的企业,就可能会资金链条崩溃、下马关张,或者直接被勒令停业整顿。因此,给定宏观环境的状态与变化以及政府宏观调控的事实,企业必须有一定的预见能力及应变能力。

(四) 技术

技术发展的突飞猛进,尤其是信息技术的革命,是当今世界的一个突出特色。技术的发展和更新,可以逐渐向所有的行业传播、渗透与扩散,对企业日常运作产生影响,也会引起某些行业翻天覆地的变化,可以使传统的产业进入壁垒顷刻坍塌,也可以为新兴企业提供进入某个行业的桥梁与跳板。比如,《大英百科全书》曾经是同类产品中最为经典与权威的品牌,其独特的人盯人销售网络需要大批的直销人员队伍来支撑。然而,在数码技术来临之际,CD-ROM 和在线检索等全新的资料储备和查询手段使得他们营销团队的优势几年间丧失殆尽。而简便易用、搜索功能强大的替代品应运而生。

技术的发展可以为新的企业和产品提供生存与发展的机会,尽管这种产品在技术革命之前根本没有存在的可能。比如,在传统印刷时代,一个研究机构大概难以将《人民日报》历年来的报纸收集齐全。而数码技术的出现使得大量信息的储存可以集中于非常小的媒体与介质,高效、方便。技术环境的变化不仅影响与技术变革紧密相连的产业,而且会扩散到其他相关的产业。例如,互联网的出现使网上购物成为可能,这不仅意味着零售企业将与顾客在新的界面上接触,同时也意味着电子商务上游的信用卡及其他付费服务的更新与拓展,以及下游的运输和快递等业务的迅猛增长。

(五) 社会

除了法律等正式的制度约束之外,社会习俗、关系网络、人脉资源等软性的制度安排以及隐性关系与资本,同样对企业的经营产生重要影响,决定了其存在的社会合法性。企业既是经济实体,亦是社会实体,不可能在真空中生存、在纯经济领域行事,它必须顺应所在国家和地区的社会潮流,寻求公众和社区的理解、接纳、包容与支持。例如,某个全球领先的汽车厂商完全有实力在某个国家的市场上夺取最高的市场份额,但却不急于超过现时的本土领先者。这样做不仅有利于重视利润的增长,也表示了对本土企业的尊重与和气,不至于触动民众敏感的民族主义神经。

企业监管体系的构成通常也反映了企业在社会网络体系中的定位和阶层。例如,许多著名大企业的高级经理互相担任对方董事会的成员。因此,这些企业在最高管理层和企业监管层有着广泛的人脉姻缘以及深刻的社会关系。他们互通有无、互相提携,同时使得他们的企业在社会网络中的地位更加稳固、更加优越,也使得其社会合法性大大增强,易于获得资源并得到认可。企业的产品也是一样,在考虑产品本身功能的同时需要考虑其社会功能。例如,在很长一段时期内,别克车在美国的定位所要照顾到的一个主要目标消费群体,就是那些能够买得起凯迪拉克但又不愿或者不便张扬的顾客,他们需要一个体面而又实惠的替代品。

(六) 文化

一个国家的文化特色自然会为企业的经营管理打上难以磨灭的烙印,并在多个层面上潜移默化地影响企业管理者、员工,以及顾客的价值体系、感觉偏好、思维方式和行为规范。例如,员工对待工作的态度和敬业的程度、等级观念以及对权威的尊重程度、对贫富差距的容忍程度、对个人与集体关系的把握尺度,以及对各类潮流的追随与认同等。例如,前些年,韩国企业在中国某分部的老板,以罚跪的方式惩罚中国员工的做法(也许见容于该国的文化氛围),曾经一度沸沸扬扬,激起巨大民愤。再如,在中国顾客眼中,啤酒通常比较低档,而葡萄酒的档次则相对较高。而这种印象一旦形成,无论真假,便很难被改变。啤酒有时甚至卖不到瓶装水的价格。啤酒商如欲有所突破,必须像葡萄酒业一样,在健康与文化层面做文章。同样,星巴克卖的不仅仅是咖啡,而是一种文化形象。

捕捉文化特色的一个重要风向标,是时尚的变迁。而时尚的变迁对于不同的行业或企业而言,必定是厚此薄彼、抑扬不一。例如,风靡全球的健康狂潮,在许多行业内影响广泛:号召人们抵制"垃圾食品",促使消费者关注热量的摄取,迫使餐饮业注重营养搭配,使运动服装和器械行业急速增长,给健身房制造了大量的忠实顾客,等等。其实,时尚的变迁很可能是由于某些企业蓄意的推波助澜。当然,当全球化使各国文化逐渐同质化之际,比如大家都穿耐克鞋、看NBA 和世界杯、喝可口可乐、吃麦当劳,保持和净化本土文化的民族主义呼声也日益强大。这也是企业必须极力关注并适应的。

(七) 人口

人口的构成与变化趋势同样是影响企业经营的一个宏观环境因素。在我国这样一个人口大国,人口问题尤为突出,在不同程度上影响着每一个行业与企业。人口的构成特点,比如教育程度、学龄人口比例、就业年龄人口比例、生育年龄人口比例、老龄化程度等,不仅影响市场需求的总量和结构,而且影响不同行业劳动力的供给与素质。同样,城市化的步伐与进程、农村人口的迁徙、劳动力的再培训、独生子女成家等,也都会为不同企业带来严峻的挑战或无限的契机。

例如,中国的独生子女一代将要肩负照料和赡养双方老人的重担,需要社会化的支持与服务。这对我国医疗、保险、社保、养老、家政服务等多种行业的企业提供了广阔的发展空间与前景。同样,随着农民工进城而产生的农民工子女教育和成长的需求,是社会变迁和人口结构变化的必然,不仅需要政府政策引导,而且也会为某些企业带来商机。还有,随着大学的扩招,如何使大学生拓展就业出路等问题,也严峻地摆在各类企业面前。

(八) 国际

国际环境风云多变。从石油危机,到原材料上涨;从军事争端,到宗教对抗;从资金流动、自由贸易和技术传播,到外汇管制、关税壁垒和禁运制裁;从全球化的整合,到本地化的微调,国际因素时刻影响着企业的生存与发展,尤其是那些与国际市场息息相关的行业和企业。比如,远洋石油、国际货运、对外援建等业务,时刻受到国际事件的影响。

国际事件以及国际环境的波动与变化,对于企业来言,既可能是威胁,又可能是机缘。例如,若非20世纪70年代的石油危机,以制造耗油量低的小型汽车著称的日本企业,如丰田和本田,也不会那么容易地在美国打开局面并巩固战线。再如,全球性或地区性金融危机的出现,自然也会产生连锁反应,使得人心惶惶、动荡不安。

(九) 自然

企业的管理者们如今也越来越关注自然环境对企业经营的影响以及企业行为对自然环境的影响。从温室效应到厄尔尼诺现象,从热带雨林保护到清除污染,从寻求可再生能源到长期可持续发展,环境问题已经成为各国政府和民众关心的重要问题。它不可避免地对企业的经营活动产生影响。比如,对汽车尾气排放的标准日益严格。

随着全球化进程的突飞猛进,世界不同角落的企业的活动越发紧密地联系在一起。一个国家和地区自然环境中的突发事件,可能会对众多地方的企业影响深远。例如,2006年年末我国台湾地区的地震损坏了部分海底光缆,造成太平洋两岸多方互联网站不能登录。因此,如何应对自然环境中的突发事件与负面影响,也是企业的战略管理者必须面临的挑战。

第三节　广义产业分析:产业分类法

不同的产业为企业的经营管理提供了不同的环境特色和运作空间。了解和把握一个产业的主要特点以及影响和导致产业变化的主要因素,能够帮助企业更好地审视来自外部环境的机会与威胁。产业分析,尤其是产业的分类,可以揭示相似产业中的共性,为不同产业中的企业提供学习和借鉴的可能。对产业结构特点的分析则有助于判断一个产业的长期吸引力,预测其盈利潜力与发展趋势,识别该产业中的关键成功因素。下面首先介绍一些基本的产业分类方法与框架,然后着重考察以产业组织经济学为理论基础的产业结构分析,依次论述三个层面:产业总体分析、产业内分析和竞争对手分析。

一、产业的类别与特性

(一) 产业的类别分析

对于企业的产业环境最原始的分析大概应该从对不同产业的分类开始,企图在寻求不同产业之间共性的同时,展示不同产业类别之间的差异性。这样的分类法有助于企业对某类产业的总体规律与特性的把握以及对该类产业中关键成功因素的理解。

对于企业而言,产业的分类可以促使企业跨行业学习,更加深刻地理解本类产业的特点,借鉴其他相似产业中的优秀实践,从而更好地寻求机会,避免威胁。对于政府而言,产业分类可以使政府更加有效地进行监管、征税、提供信息服务以及协调产业政策等。

(二) 常见的产业分类方法

由于不同的目的和用途,产业分类的标准也不尽相同。比如,大家常见的分类标准有:第一产业(农牧矿产等)、第二产业(制造业等)和第三产业(服务业等);重工业与轻工业;工业用品与消费品行业;国家垄断行业与自由竞争行业;政府管制行业与市场调节行业;高科技行业与传统行业;技术密集型行业、劳动密集型行业与资本密集型行业;地域性产业、国际化产业以及全球化产业;朝阳产业与夕阳产业等。

在产业层面,尤其是具体业务的商业模式层面,如今更为常用的说法,则是更为简洁的缩略语,比如 B2B(商家对商家)、B2C(商家对消费者)、C2C(消费者之间的交易)、O2O(线上到线下)等。

另外,还有一些分析视角比较独特的分类法,比如,按一个产业的竞争动态及其演化速度进行的分类,以及按竞争优势的大小与获取手段进行的分类,简要介绍如下。需要提醒注意的是,这里讨论的所有分类方法,无论如何独特,它们之间通常都会有很大的相同或相似之处,只是出发点和侧重点有所不同而已。

(三) 竞争动态与产业分类

按照一个产业的竞争动态和演化速度,产业环境可以分为慢循环、标准循环和快循环等三类。

在慢循环的产业,核心资源与产品由于在技术、地域、文化、品牌和客户关系上的独特性与复杂性,难以被模仿与传播,因而某些企业的优势通常可以持久,比如高档酒店、世界著名的歌剧院、世界著名大学、高速公路建设等,其产品或服务的实际价格(通货膨胀指数调整后的价格)逐年攀升,这种产业亦被称为局域性垄断行业。

在标准循环产业,市场规模巨大,细分程度较小,技术传播广泛,消费者的知识和经验比较完备,企业在制造和营销方面的规模经济性、质量、可靠性和品牌至关重要,产品实际价格波动较小,近乎恒定,比如美国轿车行业与拖拉机制造业。这是大家熟悉的所谓传统行业。

在快循环的产业,技术创新突飞猛进,产品引进日新月异,市场渗透广泛深入,产品实际价格逐年下降,比如家用电器、微波炉、微机和芯片等。由于与创新息息相关,这类产业也被与强调创新(创造性破坏)的 20 世纪学术巨匠熊彼特的名字联系在一起,被称为"熊彼特式产业"。

通过这样不同循环速度的产业分析,企业不仅可以了解每个循环内的竞争环境特点,还可以思考如何通过实现不同循环间的转换来改变自己在本行业中的竞争地位。一个企业可以试图将标准循环的产业拉回慢循环状态,在某个细分市场上建立独特的局域垄断,降低竞争的速度,减小其力度。比如,蒙牛在普通鲜奶产品的基础上,推出了高价的"特仑苏"精品奶。同样,一个企业也可以使慢循环的产业加速,进入标准循环,甚至快循环。比如,eBay 最早将本来仅限于贵族的针对奢侈品进行的拍卖业务网络化、大众化,用于日常物品的拍卖,在更大的规模上确立了近乎垄断的地位。

(四) 竞争优势的特点与产业分类

另外一个比较有特色的分类法是源于波士顿咨询公司的以竞争优势的大小与获取手段为标准的分类体系。根据一个产业内竞争优势的潜在大小以及获取竞争优势手段与途径的多少,可以考察四种不同的组合:专业化强、胶着僵持、零散细碎和产量规模型。

专业化强的产业中可以有多种获取竞争优势的手段(因为客户需求复杂多样),而且竞争优势相对较大(专业要求高,注重精细,品牌和信誉重要),比如制药、豪华汽车、高档餐饮等行业,利润率通常很高。

胶着僵持的产业中潜在的竞争优势通常非常小(产品和服务同质化强),而且获取竞争优势的手段极为有限(竞争对手的资源与技术实力相似),比如基础化工原料、批发银行业务、大宗造纸业,利润率通常较低。

零散细碎的产业中可以有多种获取竞争优势的手段和途径(产品差异化的可能性大),但潜在的竞争优势一般较小(规模不大即可生存因而竞争对手多,技术传播充分因而对手间旗鼓相当,并且顾客的忠诚度较低),比如中低档餐饮、零售珠宝业、大众时装等,多采用连锁经营的方式。

产量规模型的产业中获取竞争优势的手段和途径通常较少(市场细分程度和产品差异化的程度很低),但潜在的竞争优势通常比较大(规模经济非常重要,垄断程度高,甚至可能赢者通吃),比如飞机引擎、计算机芯片、摩托车等行业,产业利润率相对较高。

当然,不同的产业类型之间是可以转换的,通过产业环境分析,提前感知和应对产业类型转换,可以为企业带来竞争优势和有利定位,避免和抵消威胁。比如,产量规模型产业很可能会滑向胶着僵持型,使整个行业的利润率降低。一个专业化强的产业,由于创新的停滞或减慢和差异化的减小,也可能会沦落为零散细碎的产业。反过来看,零散细碎型的产业中的企业也可以通过增加技术含量和专业化程度,将自己的产业或产业中的一部分市场转化成专业化强的类型。例如,星巴克成功地将原来普通的咖啡连锁店在质量、服务、文化、形象等方面实现了总体提升,从而增强了优势与盈利。

下面我们较为详细地介绍两个在战略管理文献中经常使用的,并有一定理论体系和实证研究支持的分类法:产业生命周期理论以及以竞争与垄断的组合为标准的产业分类法。前者注重产业的动态发展,后者强调产业的剖面结构。

二、产业生命周期

(一) 产业生命周期的一般描述

生命周期的概念在社会科学中也被比较广泛地应用。我们可以通过一个行业所处的生命周期中的不同阶段对其进行分析和了解。这样可以使处于同一发展阶段的不同产业的企业之间能够互相借鉴和启发,可以通过比较分析对某一阶段的竞争环境进行更深入的理解,也可以从动态分析的角度考察那些能够促使一个行业在生命周期的不同阶段间逐渐递进的动力和影响因素。

同产品生命周期相似,一个行业的发展(比如总销售额的增长)通常也遵从某种生命周期,从初始引入,到快速增长、成熟稳定,以及衰退消亡,参见图5.1。这里显示的是一个标准生命周期的曲线,四个阶段非常规范分明。当然,在现实中,不同的产业其生命周期可能非常不同,在不同阶段停留的时间也会大相径庭。但是,对标准生命周期的各个阶段的考察会帮助我们对规律性的东西有所领悟和把握。

图5.1　一个规范的产业生命周期中的四个标准阶段

资料来源:本书作者整理。

一般而言,在引入期,消费者往往是高收入者,是与该行业的产品直接相关职业的机构与人士,或者特别极端的爱好者。技术标准尚未定型,产品设计和功能也比较多样化,竞争者通常较少,产品创新和口碑声誉都是成功的法宝。在增长期,市场渗透迅速增强,技术标准逐渐趋向统一,产品的设计、质量和可靠性均有提高,迅速形成生产能力并抢占分销渠道是成功的关键。而在成熟期,大众消费和重复购买成为时尚,主导技术和产品标准出现并占统治地位,价格竞争趋于增强,弱势企业在产业震动中被扫地出局,过程创新和规模经济以及产品差异化乃是获取优势的主要手段。在衰退期,顾客往往非常懂行,产品非常标准化,差异化程度小,在衰退的早期通常会出现生产能力过剩,并可能伴有价格战。专业化、品牌好、服务精良、渠道畅通的企业会更有长期生存的可能。

然而,与产品生命周期不同的是:一个具体的产品可以比较迅速或者完全地走完其生命周期的各个阶段,而一个产业的生命周期往往相对久远,有的甚至几个世纪都不会呈现衰退趋势,比如教育产业。这是因为,一个产业可以同时拥有多种不同类型和特性的产品,这些产品的生命周期各自呈现出不同的发展速度和趋势与状态,并且旧的产品会被新的产品替代、补充或扩展,会被新的技术手段和运作方式推向更高层次的发展。因此,从这个意义上讲,产业生命周期可以被认为是多个产品生命周期的继起叠加,参见图 5.2。

图 5.2 产品生命周期与产业生命周期的关系

资料来源:本书作者整理。

例如,在电视机制造行业,黑白电视机被彩色电视机取代,又被数码高清电视机等新产品不断取代,电视机的功能也从简单地接收节目,到用来欣赏音像制品、玩电子游戏等,使用场所从家庭观赏到车载娱乐,再到室内广告以及户外展示与播放。因此,虽然某些产品类型已经衰退甚至消亡,整个电视机行业的生命周期仍在不断延展。再如,英特尔的芯片产品生命周期非常之短,只有几年的时间,从最早的 286、386、486,到奔腾 I、奔腾 II、奔腾 III、奔腾 IV,从酷睿双核、四核再到六核,新的产品不断蚕食现有产品,缩短其生命周期,加速淘汰,从而导致了该企业乃至整个产业的迅速增长,与竞争对手 AMD 等一道,为产业生命周期的持续更新和进一步发展提供了强大的动力。

(二) 产业生命周期的动力与变异形态

导致一个产业在其生命周期中不同阶段间渐次递进的动力可以从需求和供给两个方面来看。从需求方面,消费者对一个产业内产品的熟悉、了解程度以及收入与生活水平的提高可以拉动和增强对该产业产品的需求。消费者对产品的功能和特点越熟悉,越容易意识到潜在的需求,并引发实际的购买行为,从而促使销售的增长。随着收入与生活水平的增长,重复购买和大量消费会逐渐出现,使产品的使用逐渐普及,并有可能激发现有产品的新用途的出现,从而从多种层面促成产业总体的增长。例如,随着大家对移动互联网的逐渐了解和熟悉,也随着具有较高消费能力的中产阶级的崛起,智能手机和 iPad 等智能移动装置在中国市场得到了迅速普及。

从供给方面,技术的创新与传播是推动行业成长的强劲动力。无论是产业的兴起还是其不断再生与持续发展,都离不开创新——技术与产品的创新。创新是产业生命周期的原动力。一个企业在技术或产品方面的创新,通常招致其他企业的模仿和学习,从而使得技术得到传播,产品得以广泛地、大规模地制造、营销和消费。因此,技术的传播推动着一个行业从生命周期的一个阶段走向下一个阶段。在产业兴起和引入之初,创新全要集中在产品上面,从产品设计到实际功能。而在产品的成熟阶段,创新则主要集中在工艺过程方面,注重效率和质量。随着创新的衰退和枯竭,一个行业进入衰退期,这时的特点是产品创新与过程创新都趋于低迷。

需要指出的是,由于需求增长速度的不同和技术创新与传播速度的不同,每个行业的生命周期曲线可能特色各异。有的产业被称为果蝇产业,整个生命周期甚短,从生到死,来去匆匆;有的产业则跨越多个世纪,经时历久,至今仍存;有的则长期处于生命周期的某一个阶段,并不趋于走向下一个阶段。尤其值得注意的是,在不同的国家、地区和市场中,同一个产业可能处于生命周期的不同阶段。比如,火车客运在美国经过一百多年的发展和航空运输的替代,已经处于衰退阶段,而在中国仍处于发展或成熟期。给定不同地域的差异,产业生命周期的研究可以帮助一个行业中发展相对滞后地区的企业学习那些发展相对超前地区的企业在同一阶段的经验和教训,也可以帮助发展超前地区的企业在进入衰退期之前向其他仍然处于成长阶段的地区扩散和转移,从而延展自己的生命周期。

三、以竞争与垄断为指标的产业分类

(一) 竞争与垄断乃两个不同的现象和维度

在流行的经济学以及战略管理学的教科书中,人们通常喜欢以一个产业中企业(竞争者)数目的多少来衡量竞争的激烈程度,将垄断(一个企业独揽整个产业或市场)和完全竞争(无数个企业同时充斥市场)看成同一个谱系上的两个极端,中间依次是双头垄断(两个企业共享或主导整个产业)、寡头垄断(几个企业控制整个行业)、垄断性竞争(许多个企业竞争)。从垄断到完全竞争,产业内竞争的激烈程度渐次增强。就传统而言,单从产品数量和价格竞争的角度来看,这种简单的分类似乎可以成立,并有一定的道理,参见表 5.1。

表 5.1　产业分类与竞争激烈程度:以产业内企业数目为标准

产业类型	完全垄断	双头垄断	寡头垄断	垄断竞争	完全竞争
企业总数	一个	两个	几个	较多	众多
竞争程度	无或非常低	非常低	较低	趋高	很高

资料来源:根据 Grant, R. M. 2002. *Contemporary Strategy Analysis*. 4th Ed. Cambridge, MA:Blackwell Publisher 整理。

然而,竞争的维度与范围可以非常广泛,不仅仅局限于价格竞争,比如产品差异化的可能性与程度、信息的公开性和完全程度、进入壁垒与退出壁垒的高低。如此,竞争的焦点可以在品牌和差异化上,并不一定在价格上。同样,"垄断"在文献中和日常讨论的用法中,也并不是非有即无的界定(即严格意义上的垄断定义:只有一个企业的产业称为垄断,多于一个企业的产业都不能称为垄断),而是可以区分不同程度的,意思是"市场强权"。比如,大家经常说某个产业的垄断程度比较高,比如双头垄断以及寡头垄断,参见表 5.2。

表 5.2　以产业内企业数目为标准的产业分类:产业的基本特点

主要特点＼产业类型	完全垄断	双头垄断	寡头垄断	垄断竞争	完全竞争
产品差异化	无	适度	较高	极高	无
信息公开性	低	低	低	较低	完全
进出壁垒	高	高	很高	较高	无

资料来源:根据 Grant, R. M. 2002. *Contemporary Strategy Analysis*. 4th Ed. Cambridge, MA:Blackwell Publisher 整理。

如果我们遵从上述对竞争与垄断的定义和理解的话,我们可以发现,即使是竞争非常激烈的产业中的企业,也可以拥有某种程度的垄断和市场强权,比如基于产品差异化的优势;即使是垄断程度非常高的产业中的企业,竞争也可能非常激烈,比如品牌形象等方面的非价格竞争。也就是说,在同一个产业中,竞争与垄断可以同时并存。这样理解的前提,就是垄断与竞争实际上是两种不同的概念和现象,各自有其独立存在的价值和特点,而不再是同一个谱系上的两个极端值。

(二) 竞争与垄断组合:一个分类模式

根据一个产业中竞争程度与垄断程度的具体组合,我们可以对不同的产业进行分类。这种分类仍然以一个行业中的企业数目为依据,只是对不同类型的产业中竞争与垄断的态势进行了新的解读与阐释,参见图 5.3。

显然,完全垄断型产业垄断程度最高,竞争程度最低(至少面临潜在的竞争)或者根本没有竞争。寡头垄断产业垄断程度相对较高而竞争程度相对较

图5.3 产业分类：以垄断程度与竞争程度组合为标准
资料来源：本书作者整理。

低。少数企业之间容易意识到大家的互相依赖性并注重其整体利益的协调，这是垄断和市场强权的一面。同时，单个企业亦有某种程度的"欺诈"企图与行为，希望能够通过自己私下的活动，包括价格方面的手脚，占先于对手。因此，一定程度的竞争仍然存在。

> 垄断是一件非常糟糕的事情，除非你拥有它。
>
> 默多克

所谓垄断竞争，指的是这样一种产业，它存在一定的进入壁垒，企业的产品具有足够的差异化，因此它们具有某种程度的垄断势力和市场强权，可以通过差异化的品牌收取高价。然而，由于企业的数目相对较多，它们之间的竞争也就比寡头垄断行业要激烈一些，尤其是当顾客在不同企业的产品之间做初始选择的时候。然而，由于产品差异化以及整个产业中企业的多样性和细分市场的分散性，具体某个细分市场上的顾客可选择的范围也并不是很大，这一点与寡头垄断又有相似之处。比如，世界手表市场基本上属于垄断竞争的状态。

根据常识，最激烈的竞争往往是一对一的竞争，全面深入，长期持久。双头垄断即是这样一种状态。没有其他对手的干扰，没有联盟的助阵，没有外在的所谓产业"总体"趋势，只有两个对手间面对面，看得见、摸得着，步步紧逼、你追我赶、互相钳制、寸土必争。需要说明的是，这时的竞争主要发生在非价格领域，比如品牌和渠道。由于非常高的垄断程度，对手间没有必要诉诸价格战，自毁长城，失去双方共享的产业长期发展的平台。从传统的角度来看，双头垄断的(价格)竞争程度较低还是有道理的。而从整体竞争来看,其竞争程度是最为激烈的,竞争手段花样翻新,竞争游戏持续不断,竞争意识形成习惯。软饮料行业中近乎双头垄断的可口可乐与百事可乐的百年之战,便是该竞争方式的一个最佳注解。

这个分类法中对完全竞争的处理大概是最为引起异议的地方。首先,我们必须理解,完全竞争是一种理想状态,在现实中很难找到完全符合定义的实际例子。其次,根据定义,完全竞争状态下,产业(或市场)中有无数个企业参与经营活动,每个企业都没有大到能够左右市场,大家都是价格的承受者而不是制定者,产品没有差异化,信息完全公开。仔细想想,其实对完全竞争的经典定义和描述本身已经将任何竞争的可能消除了。由于价格与产品本身的同质化,市场交易近乎随机过程。比如,一个人开车经过机场路收费站,有十几个通道可供选择,其实它们是一个通道。长期和总体而言,每个人选择哪个通道基本上是随机的。在完全竞争的理想状态下,其实没有竞争,任何企业也不可能有竞争优势。没有竞争,也就没有战略存在的必要。换言之,战略发挥作用的前提是不完全竞争(市场不完善性)的存在与可能,战略是对市场不完善性的创造、操纵和利用。

第四节 产业组织经济学:"结构-行为-绩效"范式

一、产业组织经济学的初衷与发展

产业组织经济学是一个较早关注产业结构分析的领域,具有深厚的学术传统与系统的理论建制,并通过数十年的实证研究积累了大量的证据与经验。产业组织经济学研究的起源与初衷,乃是为了理解产业结构与竞争程度的关系,为政府反垄断政策提供理论基础和服务,意在使一个产业的平均利润率(比如投资回报率)趋于完全竞争的水平,从而达到社会资源的最佳配置和公众福利的最优均衡。

产业组织经济学早期的研究注重考察大企业的产量、质量、广告和定价等行为,以及产业的结构特点,比如,产业集中度与企业间大小的差异、产品差异化程度、需求弹性和进入壁垒等。产业组织经济学的一个比较重要的分支是所谓的寡头理论,主要研究企业的行为对其他企业的影响,以及产业结构对企业行为的影响。

自20世纪50年代至80年代,实证研究(尤其是大规模、多样本、跨行业的统计分析)占据主导地位,增进了对产业结构、企业行为、产业的平均利润,以及它们之间关系的理解。后来,博弈论的渗透和应用蔚然成风,尤其是在寡头理论方面。然而,真正对战略管理领域产生最大影响的,当数产业组织经济学早期的理论发展和实证研究,集中体现于所谓的"结构-行为-绩效"范式。

二、"结构-行为-绩效"范式

所谓的"结构-行为-绩效"范式,亦称"贝恩-梅森"范式,其理论主旨在于产业结构为企业竞争提供了特定的空间和氛围,因而产业结构的特点决定了企业的战略选择与竞争行为,而企业的竞争行为与互动(比如上述定价和广告决策,这里可以解读为企业的经营战略)则共同决定了整个行业的经营绩效,参见图5.4。尤其是贝恩等人的贡献,使我们对产业结构的特性及其影响有了比较深入的了解。其后几十年的实证研究也为我们提供了诸多行业(有关结构、行为与绩效方面)的实例与经验。

图5.4 "结构-行为-绩效"范式

资料来源:Porter, M. E. 1981. The contribution of industrial organization to strategic management. *Academy of Management Review*, 6: 609—620.

然而,虽然这一范式承认企业行为影响产业绩效,但由于企业行为本身也受产业结构的决定与制约,因此,我们可以越过或忽视企业的行为,直接得出产业结构决定其总体经营业绩的结论。同时,这一理论范式与一般的寡头理论的视角不同,并不关注企业行为对产业结构可能产生的影响与反作用。因此,这一范式在很大程度上具有环境决定论的色彩,与战略管理领域通常信奉的决策者主观能动性的观念背道而驰。

这种环境决定论的基调,加上其为政府公共政策服务的取向,以及管理学者对经济学本能的怀疑(比如假设过多、理想化色彩浓重等),曾经阻碍了产业组织经济学对战略分析的影响与贡献,直至20世纪80年代异军突起的迈克尔·波特,引领风潮,掀起一场影响至今的理论革命。

第五节 产业结构分析:波特五力分析框架

出身于哈佛大学经济系与哈佛商学院联合培养的管理经济学博士项目的波特,经济学功底扎实,素养优良,毕业后执教于哈佛商学院,深受企业政策(即战略管理前身)研究与教学传统的熏陶,关注企业经营面临的实际挑战。经过数年潜心钻研积累,将产业组织经济学的研究成果与手段引入战略管理。其主要贡献在于,对产业组织经济学服务于公共政策的初衷和价值取向进行了颠覆,反其道而行之,形成了一套旨在为企业服务的产业分析框架,用以指导和帮助企业更加全面、系统、严谨、细致地分析产业的竞争环境,硕果甚丰,影响深远。波特的贡献最集中地体现为所谓的五力分析框架(亦称五因素模型)。

一、波特五力分析框架及其特点

（一）五力框架的构成

基于"结构-行为-绩效"范式和产业经济学20世纪80年代以前的主要研究成果,波特提出了一个五力分析框架,萃取五种影响和改变产业结构的维度(即五种作用力)来涵盖产业结构分析的实质要务,勾勒产业结构的主要特点,从而帮助企业战略管理者审视一个产业的吸引力(利润前景)、关键成功因素,以及顺应、改变或操纵产业结构从而获得持久竞争优势的可能。这五种力量包括产业内现有竞争对手间的角逐、潜在进入者的威胁、替代产品供应商的威胁、供给商的谈判能力以及销售商的谈判能力。每一种力量都由多种要素组合而成,参见图5.5。

图5.5 产业结构分析:波特五力分析框架

资料来源:Porter, M. E., 1980. *Competitive Strategy*. New York: Free Press.

（二）五力框架的特点

总体而言，五力框架具有几个比较突出的特点。

首先，它比较全面具体，乃集大成者，总结和包容了影响与改变产业结构以及驱使企业间竞争的主要动力。当然，这五力中所包含的具体要素和项目，有些是经过实证研究检验的，比如对销售渠道和广告的投入所造成的进入壁垒，有些则不得不依赖常识、直觉判断，甚至猜测。

其次，五力分析的全面系统性主要归功于波特对产业的独特的定义，宽泛延展，流动灵活，不仅包含了在核心市场上角逐的现有竞争对手，而且考虑到了潜在竞争对手的进入、周边产业中的企业或新建企业所提供的替代性产品，以及本行业上下游的产业中的企业。这种产业定义和分析，将企业间的竞争及其环境背景的解读置于一个更加广阔的视野之下。

再次，由于理论背景坚实，五力分析显得严谨细致，深入具体，条理明晰，章法清楚。有些分析甚至可以量化，比如产业集中度与进入成功率的关系。总之，五力分析框架可以帮助企业非常准确具体地把握环境中的机会与威胁，使SWOT分析中的外部环境分析部分得到极大的丰富、充实和加强。

最后，五力分析极为注重所谓的谈判能力，或曰讨价还价的能力，可以解释为企业的强权，即在与其他企业打交道时占上风的强势地位。一个企业要在竞争中生存与发展，必须同时对上述五种维度的力量保持较强的谈判和应对能力，因为这些力量决定了本行业所创造的利润将被如何瓜分。

从本质上说，五力框架的核心思想仍然是"结构-行为-绩效"范式的基本结论：产业结构的特点（具体而言，即五力的组合方式），决定了企业的战略选择空间，从而决定了企业在该行业中的定位、运行以及最终的经营绩效。下面，我们分别对这五种力量进行较为详细的介绍。

二、进入壁垒与潜在进入者的威胁

潜在进入者对产业中现有企业的威胁程度，取决于产业进入壁垒的高低。一个产业的进入壁垒越高，潜在进入者成功地进入该产业并存活下来的可能性就越低，现有企业受到的保护就越大，冲击就越小。产业的进入壁垒主要包括如下要素：

（一）规模经济

规模经济意味着现有竞争对手已经超越了到达盈亏平衡点必需的最低规模。新进入者要么以小规模进入，忍受较高单位成本的煎熬，难以形成气候；要么尝试大规模进入，在逐渐增加和积累销量的过程中，必须承受生产能力不能完全应用因而成本偏高的风险。因此，规模经济的要求通常阻碍和压抑进入者的企图。

（二）资本需求

同规模经济相似，进入一个行业所需要的巨额资本也是阻碍进入者的一个常见壁垒。进入一个行业不仅需要生产设备本身的投资，前期的研发和广告方面的投入通常也非常重要，耗资庞大但风险极高，不管企业是否能成功地站住脚，都必须首先投入。因而，巨大的资本需求往往使潜在进入者望而却步。

（三）绝对成本优势

现有企业也可以由于各种原因而拥有与规模无关的绝对成本优势。比如，现有企业可以拥有某种特殊的技术或工艺，封锁或买断该产业核心原材料的供给，独家垄断那些离目标客户最近区域的生产地点从而降低交通运输等成本，享有政府补贴，或者已经通过学习和经验将创造单位增值的成本控制到最低限度。

（四）获取分销渠道

分销渠道往往被现有竞争对手把持，是防止和阻碍潜在进入者的利器。比如，超市中货架空间有限，现有企业的知名品牌通常占据重要位置和较大空间。新进入者的产品除非有很大特色或价格优势，否则很难进场或者被摆放在显眼的位置。这种歧视有效地保护着现有企业的优势地位。

（五）产品差异化

现有企业产品的差异化，意味着这些企业由于过去的产品特色、质量承诺、服务优异、广告投入或者先动优势效应，已经形成了良好的品牌形象和顾客好感，往往被视为正宗、原本和经典，觉得熟悉、亲切、方便、习惯，具有较高的知名度、美誉度和忠诚度。这种差异化使得新进入者在老牌劲旅面前显得被动。

（六）政府管制

政府管制或者法律规章的约束，基本属于人为设置的进入壁垒，有意阻止和限制对某些产业与市场的进入。例如，保险业企业必须领取政府相关部门发放的数量有限的经营牌照；国家明令禁止个人介入电信运营业务；地方政府可能出于地方保护主义而限制或禁止外地企业进入本地的某些行业。

（七）现有企业的报复

一个比较流动的但极为严峻的壁垒，就是现有企业对新进入者进行的各种方式的打击报复，目的在于遏制和驱赶新进入者。这种打击报复包括企图贬低对手和拖垮对手的恶性降价、广告攻势、促销手段、无端诉讼，甚至毁誉、破坏、栽赃陷害，也包括向第三方借力或施力，比如，向政府告状，直接威胁供给商和购买商等。

三、替代品提供者的威胁

来自替代品提供者的威胁主要取决于两个要素:替代品的性价比以及顾客的替代偏好。

(一)替代品的性价比

一个行业产品的替代品是对该行业产品定价的一种约束与限制,替代品的性价比越高,对该行业的价格上限的约束越紧。比如,管理培训业的定价就受到大学商学院类似业务以及各类企业大学相似业务性价比的约束。一般而言,替代品的种类越多,其性价比越接近该行业产品的表现,则来自替代品的威胁就越大。比如,液晶电视机性价比的提高使得传统电视机市场逐渐缩小;作为固定电话业务替代品的手机业务和电子邮件等通信手段正在逐步取代固定电话业务的空间。

当然,转换费用的高昂通常是对替代品威胁的一种天然防范。消费者不仅要替换产品,往往还需要替换配套设施与互补产品及服务,并承受技术培训、重新学习、积累经验、前后兼容等多种转换费用。比如,美国从磁带录像机到DVD的转换历时十年左右仍然没有完全实现,用户整个音像制品收藏的重置费用,远远高于DVD播放机本身的费用。防范替代品的威胁,可能还需要整个行业的共同努力、协调行动、一致对敌。比如,牛奶、果汁、矿泉水之间的替代性竞争,或者啤酒、白酒以及葡萄酒之间的替代性竞争中,每个行业都要集体强调自己独有的健康特色或者文化优势。

(二)顾客的替代偏好

消费者或者购买商对于替代产品的不同偏好,决定了替代品威胁的严重程度。一个预算紧张的学生可能会为了很少的费用节省而在替代性产品之间转换,比如白菜贵就多吃土豆,土豆贵就多吃萝卜。而一个富裕的中产阶级人士,可能无视这种价格波动而坚持一贯的选择和口味,甚至非常固定和经常地到同一家饭店坐同一张桌子吃同一道菜。同样,一个企业可能为了节省费用,在不同的原材料之间按照价格波动不停地替换,而一个注重质量和可靠性的企业则可能偏好使用特定的原材料,数百年如一日。公交车降价可能会导致一些替代偏好较强的顾客放弃走路或开车;而对于承受能力强并且替代意识迟钝的人,无论政府如何对私人轿车增课重税,或对公共交通大力补贴,都不会放弃自己开车。

四、产业内现有竞争对手间的较量

产业内现有竞争对手间的较量,直接决定了企业的行为与经营绩效。其竞争的激烈程度主要取决于如下几个要素:产业的集中度与企业规模的差异、竞争对手的多样性、产品差异化、固定成本、生产能力的利用率、退出壁垒的高低等。

(一) 产业集中度与企业规模的差异

产业集中度指的是产业中企业数目的多少以及它们之间规模大小的差异。产业集中度指标意在体现最大的若干企业在行业总体中所占的比重,通常由最大的四家企业的市场份额的总和来测量。产业集中度越高,大企业的地位就越强,它们之间勾结合谋的可能性就越大,因而高位定价的可能性也就越大。即使在产业集中度很高的情况下,企业间规模大小的差异仍然对竞争的方式和激烈程度产生不同的影响。比如,两个产业的四大企业集中度可能都是0.80,假设一个产业中最大的企业占0.5,其余三个各占0.1。这时,最大的企业的垄断势力较强,受到的挑战也就相对较小,而另外三家之间的竞争就可能相对激烈;假设另一个产业四大企业的市场份额都是0.2,它们之间的竞争就可能更有节制和自律,协调与互惠性强,虽然它们之间仍然存在互相骚扰的激励与可能。

(二) 竞争对手的多样性

竞争对手的多样性指的是不同对手的创始初衷、地域根源、发展历史、经营目标、成本结构和战略定位等方面的不同。一方面,由于对手的多样性和相对独特性,市场的细分程度就可能相对较高,这在一定程度上缓解了对手间的压力。这一可能性的前提是细分市场之间的可替代性相对较小。相反,当不同细分市场之间的可替代性或者同质性非常强时,或者市场细分程度相对较低时,竞争对手的多样性就意味着企业之间难以互相理解、忍让和协调,恶性竞争(尤其是价格竞争)发生的机会也就越大。

(三) 产品差异化

产品差异化使得不同企业的产品间的可替代性降低。一个企业可以通过建立和保持独特的品牌及产品特色,将自己从广域市场中隔离出来,享受一定程度的保护,避免与对手直接的价格竞争。管理咨询业务、高档餐饮、名牌手表等行业的产品差异化程度普遍较高,价格竞争的压力就比较小,因而利润空间较大。

(四) 固定成本与生产能力的利用率

企业间成本的差异也是影响竞争的一个重要因素。而成本结构中一个重要的指标是固定成本与可变成本的比率。当固定成本比率偏高的时候,为了降低单位成本,企业就会试图扩大产量从而提高其生产能力的利用率,这样就足以造成整个行业的价格竞争压力。比如,航空业高额的固定投入,包括燃料油价格攀升带来的固定成本增加,使得航空业的竞争大有愈演愈烈之势。同样,可以想象,在产业增长缓慢甚至停滞的情况下,降低成本、增加销售的竞争压力将会变得尤为明显和突出。

(五) 退出壁垒

一个产业的竞争强度还取决于退出壁垒的存在与高低。很多盈利低下的企业,因为无法收回各类"沉没成本",而不愿意主动承认失败并无视及时退出的必要,因而即使亏损也坚持营业。这种状况无疑会带来整个产业的竞争激烈,利润降低。常见的退出壁垒包括专项技术投资、既定长期供销关系、各种长期合同与承诺、与其他业务难以剪断剥离的复杂关系、管理者对行业的情感寄托和对过去个人成就与荣誉的怀恋,以及政府出于稳定就业等因素的考虑而对企业随意退出某行业采取的明令禁止等。

显然,一个行业的进入壁垒和退出壁垒可能是同一种要素。比如,对专用资产的大规模资本投入既构成对新进入者的进入壁垒,同时也构成现有企业的退出壁垒。然而,无论进入壁垒还是退出壁垒,毕竟都是多层面多要素的,通常有很大的不同。如果我们将产业的进入壁垒与退出壁垒同时考虑的话,至少可以做出如下猜测与推断:进入壁垒高而退出壁垒低的产业一般利润高而稳定,因为经营不利者将被淘汰,而新进入者将会受到极大的阻挠。进入壁垒高而退出壁垒也高的产业,利润率通常较高,但同时风险也较大。进入壁垒和退出壁垒双低的行业近乎完全竞争,利润率偏低。最糟糕的当数进入壁垒低和退出壁垒高的情形:企业由于贪图一时暴利,不惜铤而走险,斥巨资进入某个行业,或是发现自己没有能力生存与竞争,或是发现该行业风光不再、前途黯淡,然而,由于在退出时难以收回巨额的前期投入、固定投入和专项投入等(沉没成本)的压力,这些企业又必须咬牙硬挺,举步维艰。这时竞争的激烈程度可想而知。

五、供给商与购买商的威胁

一个产业相对于其上游产业而言是购买商,相对于其下游产业而言是供给商。因此,一个行业面临的来自供给商的威胁和来自购买商的威胁,可以被看作供求关系的两个方面,而决定买卖双方谈判能力相对大小的是同一种要素组合。知道了决定和影响供给商谈判能力的要素,也就同时知道了决定购买商谈判能力的要素。

(一) 供给商产品占总成本的比例

供给商所提供的产品占购买商产品总成本的比例,决定了购买商的价格敏感性。比如,可口可乐原浆在餐饮业零售散装饮料的总成本中比例较小,在15%左右,给餐饮业留下了足够的盈利空间。因而,饭店等餐饮业经营者对原浆的价格不是特别敏感。

（二）供给商产品对购买商产品质量的重要性

如果购买商的产品质量在很大程度上取决于其供给商产品的质量、可靠性和品牌的话，购买商对供给商产品的价格相对来说不太敏感。比如，上述饮料的例子，可口可乐的原浆（配方、口味和品牌）决定了该饮料的实质特点，因而，购买商的价格敏感度较低，购买商所做的不过是加兑些碳酸水而已。

（三）供给商产品的差异化与购买商的转换成本

如果供给商产品的差异化程度较低而同质化较强，购买商则可以在不同的供给商之间比较经常和容易地转换。较低的转换成本给供给商行业造成价格竞争的压力。购买商可以利用一个供货商要挟另外一个供给商，从中获取谈判优势。比如，沃尔玛在全球范围内不断转换供给商，从而降低采购成本。

（四）购买商间的竞争

如果购买商之间的竞争激烈、利润率低，它们会千方百计将价格压力转嫁给供货商，要求它们分担困难。如果购买商之间竞争有限、盈利可观，它们就可能不会急欲压榨供给商。比如，上述沃尔玛之例，在零售业竞争激烈、利润空间狭窄的状态下，其供给商将承受更大的成本与价格压力。

（五）购买商行业相对于供给商行业的集中度

在购买商与供给商之间，谁的行业集中度越高，谁就越有议价能力。比如，在 PC 机行业中，PC 机制造商的产业集中度远远低于其原件供给商（芯片与操作系统）的产业集中度，因而在价格谈判上占劣势。耐克等运动鞋厂商的产业集中度非常高，而劳工成本低廉国家和地区的制鞋作坊则遍布全球，因而耐克等占绝对优势。

（六）信息不对称

信息是谈判的一个重要基础。购买商与供给商之间通常存在信息不对称，尤其是买方，难以准确地（在购买之前）得知卖方产品的真实属性、质量和成本。这种信息不对称容易造成供给商具有比购买商更高的议价能力。比如，医疗、律师和管理咨询业务，即使买方知道卖方的成本和价格信息，也难以判断其质量和效果。

（七）购买商后向一体化

如果购买商可以相对容易地进入供给商的行业，通过兼并供给商或自建供给业务，实现后向一体化，那么，供给商的议价能力将会大为削弱。比如，可口可乐亲自拥有占其饮料罐装厂总数 15% 左右的罐装业务（可以广义地认为是其供给商），从而可以非常可信地威胁和警示其他罐装企业，按照可口可乐的质量标准、计划进度以及成本价格来要求自己。

六、五力框架的启示与不足

（一）五力框架的战略启示

五力框架将产业分析引入一个系统而又规范的境界，关注一个行业在更加广泛的平台上的"延展性竞争"（Extended Rivalry）。这种宽泛的产业定义使得我们能够全面地考察影响一个产业的竞争动态、竞争强度及其利润前景的所有要素或曰作用力，提高了我们对该行业中企业所面临的机会与威胁的分析和把握能力。

产业分析的一个总体的战略启示是，企业如何根据对产业结构的分析，进行适当的战略定位，力图寻求最有吸引力的行业中最强势的地位，并通过构筑进入壁垒等手段建立和保持竞争优势。一般而言，企业的绩效取决于产业吸引力的大小以及企业在产业中位置的高低。从这一视角来看，战略的首要任务是正确地定位，选择合适的产业环境。

首先，产业分析有助于判断产业的吸引力。通过产业结构分析，企业可以了解产业的主要结构特点和长期发展空间与利润前景。比如，处方药品制造业由于进入壁垒（研发成本、政府关系、批准程序）和产业集中度较高，替代品稀少甚至不存在，供应商的产品皆为基础原料因而议价能力低等原因，长期而言，具有很大的吸引力和潜在的高额利润率。

其次，产业分析有助于理解产业的关键成功因素。关键成功因素指的是在竞争中胜出所必须具备的要素，主要解决"顾客到底需要什么"和"我们如何应对竞争"的问题，比如，品牌与营销渠道是软饮料业成功的法宝。把握关键成功因素可以帮助企业审视自己在一个产业中的前景，看自己能否改变和影响产业结构的均衡，从而利用和操纵五种竞争作用力，实现自己的优势定位。

最后，产业分析有助于企业预测产业的未来趋势。产业结构的五种力量的组合、作用与变化，为不同的企业带来不同的机会与威胁。产业分析可以帮助企业预测一个产业的走势和发展方向，为企业通过自己的行为和举措而改变及利用产业的结构特点提供了可能，更好地促使企业在竞争中感知和抓住机会，并避免和抵消威胁。

（二）五力框架的潜在局限性

五力分析框架由于其理论渊源、分析手段和层次，以及在后来的传播过程中的某些问题，很自然地存在某种局限性和一些不足之处，引发一些潜在的误解，虽然这些不足和误解实际上在很大程度上已经得到改善和纠正。

首先，产业组织经济学的"结构–行为–绩效"范式，作为五力框架的理论渊源，自然地为它打上了深深的烙印。第一，它基本上属于静态分析，主要从横切面的角度来考察产业结构的影响因素,对于产业的动态发展相对言之较少。第二,与静态分析相关的是其环境决定论的特色与倾向,注重产业结构对企业战略的影响,而较少考虑企业的行为与企业间的竞争动态对产业结构的影响及反作用。第三,五力框架主要从现有企业或产业中的既得利益者的角度出发,帮助它们保持竞争优势,相对较少涉及挑战者如何选择产业并成功进入和生存的问题。第四,五力框架从产业组织经济学所继承的分析单元是产业,而不是企业,因此过分强调产业层面的因素,而对企业层面的要素与战略选择鲜有论及,战略管理学者对此颇有微词。第五,来自当代经济学界的批评也主要是针对其理论渊源与基石的,因为"结构-行为-绩效"范式和实证研究传统主要是20世纪80年代以前的产业组织经济学的主流。而其后至今占主导地位的是以博弈论为基础的所谓新组织产业经济学。它所推崇的以数理模型为基础的动态理论并没有在五力框架中得到应有的反映。

其次,五力框架问世以来,备受青睐,影响广泛,为企业界、金融界以至于政府机构等的产业分析提供了强有力的理论基础与方法支持,做出了非常重要的实际贡献,在战略管理研究中引领潮流,影响广泛,也在商学院以及相关领域的课程中占据重要地位,成为战略管理学科的标准与时尚。然而,在其传播与应用的过程中,上述的一些基本缺陷也被有意无意地放大,尤其是其环境决定论色彩。随着五力分析在战略管理的研究、教学与实践中占据主导地位,大家对战略分析的重点过分地聚焦于企业的外部环境,在很大程度上及许多情况下以牺牲企业内部分析为代价,严重偏离甚至违背了SWOT分析总体框架所强调的内部运作与外部环境契合的基本宗旨及准则。其后兴起的资源本位企业观以及动态能力研究对这种偏离进行了必要的纠正,并对其进行了有意的补充与整合。

很显然,一个行业并不是对所有企业都有吸引力。过分强调产业定位的影响,无视自己特定的资源与能力,容易导致战略管理者不切实际的幻想以及不合时宜的轻举妄动。实证研究的结果也并没有产生明确支持"产业归属决定经营绩效"的证据。相反,一个业务的公司归属(属于哪个母公司)以及业务的内在特点在很大程度上决定了其利润水平。

其实,波特本人在建立五力框架之初,就已经清楚地意识到了上述理论建制本身及其产业组织经济学渊源的不足之处,并寄希望于产业组织经济学与战略管理领域的进一步融合。然而,以博弈论为主导的新产业组织经济学,由于其过于简单和理想化的假设,以及其过于复杂和精致的数理模型需要非常专业化的解读,并未对战略管理学界产生实质性的影响。虽然战略管理研究的模型也在日益动态化,但像当年与"结构-行为-绩效"范式那样的沟通、借鉴和融合,并未真正发生。

毫无疑问,每一理论和学说都有自己的假设与适用范围,有其天然的局限性。同样,我们不能,也不应对近三十年前、在IT革命以及"超级竞争"出现之前所提出的一个理论框架寄予无限的期许。毕竟瑕不掩瑜,作为一个竞争分析的基本框架和思路,五力框架第一次使企业竞争战略的分析规范化和理论化,使SWOT分析中对外部环境中的机会与威胁的分析具有系统性和具体性。然而,由于其过分的主导地位和广泛深入的影响,以及某些人士对其不假思索地顶礼膜拜,有关其潜在缺陷的善意提醒和警示,可能会有助于匡本清源,有利于进一步发展战略管理的理论,减少实践中的盲从与误区。

第六节 产业内结构分析:细分市场与战略群组

一、产业内结构分析的必要性

(一)作为中观层次的产业内分析

五力分析框架所考察和揭示的是一个产业整体的结构特点。而在同一个产业内,一般而言,除非是几乎完全竞争的环境,产业的结构不可能是完全同质性的,不同的企业面临的具体产业结构特点是不同的,长期发展空间、行为自由度和利润前景也是不一样的,关键成功因素也可能有很大的区别。只考察产业总体的结构而忽视其具体的图景变异,可能会显得大而无当、泛泛而谈,或者以偏概全、张冠李戴。

比如,同在汽车行业,奔驰和宝马所面临的具体竞争环境与吉利和夏利所面临的具体竞争环境是大不相同的。因此,为了更加详细深入地了解企业所处的具体竞争环境,我们有必要采用精度更高的镜片,从更微观的角度,近距离地审视产业内(Intra-Industry)的结构特点与竞争动态。如果我们将产业的总体结构分析视为宏观层次,将具体竞争对手的分析视为微观层次的话,那么产业内分析可以认为是对竞争环境的中观层次的把握与解读。

(二)中观层次分析的必要性:北京申办奥运会的两次经历

我们可以通过一个大家熟悉的北京两次申办奥运会的经历——一个多国竞争的案例(如表5.3所示),来简要和粗略地展示这种中观分析的必要性,因为中观的要素在很大程度上决定了竞争环境的具体图景。

表 5.3　北京申办奥运会的两次经历:竞争环境的中观分析的重要性

2000 年奥运会(表中为国际奥委会投票轮次与各申办国得票数)					
投票轮次	北京	悉尼	曼彻斯特	柏林	伊斯坦布尔
1	32	30	11	9	7
2	37	30	13	9	
3	40	37	11		
4	43	45			
		胜者			

2008 年奥运会(表中为国际奥委会投票轮次与各申办国得票数)					
投票轮次	北京	多伦多	巴黎	伊斯坦布尔	大阪
1	44	20	15	17	6
2	56	22	18	9	
胜者					

注:每轮投票总数并不完全相同。
资料来源:报刊公开报道资料。

申办者之间所争夺的其实是奥委会委员的选票。2000 年奥运会的申办,如果我们只看游戏的总体结构,是"双头垄断",紧盯的只是最大的对手悉尼。我们唯有将不同的申办国细分为不同的群组和阵营,才可能真正重视和关注对手间的共性并对之加以利用。因此,从一定程度上说,中国 2000 年的失利,也许并不在于悉尼,也不在于某些偶然事件,而在于与我们比较相似的国家的阵营中只有伊斯坦布尔。同情伊斯坦布尔的委员应该倾向于同情中国。这从投票分布来看,虽然不能具体证实,但也可窥端倪。争取那些铁定同情另外阵营的奥委会委员基本上效果不会太大。想办法增强自己阵营的势力反倒可能出奇制胜,比如,鼓励或联合其他亚洲友好国家参与申办,从而帮助造势。北京取得了 2008 年奥运会的主办权,除了自己的努力之外,中观层次竞争结构的变化,比如东方国家阵营的壮大大概也不无作用。

谁是我们的敌人,谁是我们的朋友,这是革命的首要问题。

毛泽东

具体而言,产业内分析可以从需求和供给两方面来入手:从需求方面,产业内分析意味着对细分市场的考量与把握;从供给方面,产业内分析意味着对战略群组的归类与研究。

二、细分市场:理解顾客需求特点

(一) 细分市场分析的目的

一个企业并不在一个(定义空泛的)产业里竞争,而是在一个产业的某个(些)具体的细分市场上经营。比如白酒市场,从不同的顾客群体及其消费需求特点而言,我们可以看出这些细分市场纷繁复杂,有的紧密相关,可以互相替代,有的毫不搭界,井水河水互不相犯。有些人喝酒是为了排场炫耀,有些人喝酒是为了独特味道,有些人喝酒纯粹是为了解压浇愁,有些人喝酒则是个人嗜好。显然,买几块钱散酒就能醉上一次的消费者基本上是不大可能花三百块醉一次的。

因此,不同细分市场上的关键成功因素是不一样的,有的看品牌和形象,有的看口味和特色,有的看价格或渠道。对市场进行细分的主要目的,就是为了进一步考察企业面临的具体中观层次竞争环境的结构特点,即产业内不同区域(即细分市场)顾客的消费特点、企业间的竞争动态及关键成功因素,以及产业内不同区域之间的可替代性。这种考察有助于企业确定在产业内不同区域的市场定位和资源配置。

(二) 细分市场的分析

细分市场的分析通常包括如下几个步骤:识别关键细分变量,构建细分图表,分析细分市场内的结构特点与吸引力,分析细分市场内的关键成功因素,确定细分市场的定位组合。

第一,我们需要确定市场细分的基础,即识别和确定比较关键与重要的细分变量指标。细分市场的主要差异通常取决于不同的产品和顾客需求的组合。因此,细分变量的选择,需要从顾客需求特点(比如目标用户构成、地理区位差异、购买场所与频率、客户生活方式等)和产品性质特点(比如产品材料、性能、设计、外观、包装、价格、服务、保证等)两方面来考虑。

第二,根据所选择的细分变量,对产业内的不同区域进行甄别划分,并以图表方式来显示。由于三维以上的细分结果可能过于细碎并且难以比较简单地表述,细分市场的划分通常采用两种或三种变量,而最常见的则是二维矩阵。比如,前述的中国白酒市场可以按照地域广度和价格高低两个变量来简要粗略地细分,如表5.4所示。

表5.4 中国白酒市场的细分:地域范围与价格水平

		价格水平			
		高	中高	中低	低
地域范围	全国或接近全国	茅台(飞天) 五粮液 国窖1573 洋河(梦之蓝 M6) 郎酒(青花郎) 水井坊 舍得 酒鬼洞藏	茅台汉酱 五粮液1218 泸州老窖(90年窖龄) 洋河(天之蓝) 郎酒(红花郎) 汾酒(青花瓷20年) 西凤(凤香经典20年) 剑南春	茅台王子酒 五粮春 泸州老窖特曲 洋河(海之蓝) 老郎酒 老白汾酒 西凤(国花瓷12年) 古井贡(5年)	茅台醇 尖庄、浏阳河 泸州老窖(名酿) 洋河大曲 如意郎、贵宾郎 汾酒(玻瓶) 西凤(绿瓶高脖) 红星二锅头(普通)
	局域或本地	衡水老白干1915 宋河粮液(国字九号) 武陵(上酱) 四特(15年陈酿) 董酒(特级国密) 习酒窖藏1988 一品景芝尚品 文君酒(新)	衡水老白干20年 宋河粮液(国字六号) 武陵(少酱) 四特(东方雅韵) 董酒(国密) 宝丰(国色清香藏品) 杜康国花(高贵经典) 黄鹤楼(15年密酿)	衡水老白干10年 小糊涂仙 武陵酒 口子窖5年 全兴大曲(老字号) 双沟珍宝坊君坊 酒祖杜康 黄鹤楼(10年原浆)	衡水老白干(绿标) 鹿邑大曲 绵竹大曲 四特(普通玻瓶)沱牌大曲 牛栏山(普通) 板城烧锅 老村长

资料来源:本书作者根据公开数据整理。

第三,在细分市场内应用五力框架,分析不同细分市场的结构特点与吸引力,可能更具有针对性、具体性和相关性,因为这时的竞争焦点和对手分布更加清楚。比如,在整体行业中处于竞争关系的不同细分市场之间的企业,从中观层次看,实际上是一种替代关系。一个细分市场内的对手才是直接竞争关系。还有,与产业整体五力分析中的进入壁垒相似,不同的细分市场之间也存在"流动壁垒",比如质量、品牌与渠道。这种流动壁垒可以阻止产业内低端品牌企业向高端细分市场的跃迁。当然,根据实际需要,一个细分市场还可以再细分下去。比如,就全国平均水平而言,30元以下的酒可能算是低档,而在某一个地域,30元左右的酒已经属于中档,10元以下的酒才真正是低档。具体到某个地方市场的特点,再次进行细分也是可能的,比如低档酒细分市场内,可以进一步细分为本地品牌(鹿邑)和全国品牌(洋河大曲)。细分的方法和道理是一样的。

第四,细分市场分析最重要的作用,也许是对各个细分市场内具体的关键成功因素的探究和把握。笼统地讲白酒行业的关键成功因素是不准确和不全面的。比如,在全国范围内的高价优质酒市场,茅台和五粮液等企业的成功靠的是历史悠久的品牌、独特醇美的口味以及对高端渠道(比如专卖店)的把持。低端市场上,酿造成本控制、占有低档餐馆等大众渠道则非常重要。而当年秦池借风央视广告标王而横空出世,则在很大程度上证实了如下的说法:卖的什么酒本身可能无所谓,全国知名度本身就可以使之逞一时之强。秦池之意不在酒,酒只是借口和托词,是被送来送去或者只送不喝的礼品或代金券。

第五,根据对细分市场的分析和解读,企业可以更好地在不同的细分市场上定位,比如对产品线宽窄以及地域市场的选择:或专注本地市场经营,像湖南的武陵上酱,在本地市场做高端;或像五粮液的宽线系列,在全国范围闯荡,涉及所有地域市场与价格档次,从几块钱的尖庄到几千元的珍藏年份酒,四处出击,当仁不让。当然,市场细分的另外一个潜在的启示是可能发现被忽视的细分市场,无人占据,要么因为大家暂时还没有意识到其潜力或没反应过来,要么说明其潜力可能真是微不足道。

总之,市场细分为企业的战略定位提供了有益的基础。而具体考察企业的战略定位和特色,以及其战略与哪些企业相似或相近,因而更直接地打交道,则需要我们从供给方面来进行中观层次的分析,也就是战略群组的分析。

三、战略群组:企业战略的相似性

（一）战略群组:概念与证据

有关战略群组的理论发展与验证曾是产业组织经济学的重大课题。战略群组的研究在战略管理领域中仍在继续进行。战略群组的发现和概念提出,始于20世纪70年代有关美国白色家电业和啤酒业的研究。所谓战略群组,指的是一个产业中采取相同或相似经营战略的一些企业,它们在重要的战略维度上彼此相仿,比如纵向一体化程度、产品系列宽度、销售渠道组合、技术和质量选择、广告力度等。同组内的企业非常相似,不同组的企业之间差异较大。

由于战略的不同,不同战略群组的利润率也与预期有很大的差异,但是实证研究的结果并没有明确地支持"战略群组间的利润率差异大于战略群组内的利润率差异"的猜想。其中原因之一可能是,属于同一个战略群组的企业,可能面临不同的市场条件和对手。比如,在全国范围内,我们可以把各个省本地的单一品牌低档酒厂归为同一个战略群组(例如,长春洮南香和呼市武川纯良),但它们在当地市场所应对的对手的多样性、可替代产品的多寡、顾客消费水准和竞争激励程度是不一样的。因此,同一个战略群组内的企业之间利润率差异可能会很大。还有一个原因,就是同一个战略群组内企业之间资源与能力的差异决定战略实施的成效,但在通常的战略群组划分时并未被考虑进去。因此,战略群组更应该说是概念上的群组,而并不一定是实际存在的物理现象。

为了说明细分市场与战略群组视角的不同,我们可以聚焦于企业的"产品线跨度"和"经营地域范围"这两个战略选择维度,来看企业的战略分类。我们注意到有些企业只专注一个或极少数细分市场,而有的企业则企图染指所有可能的角落,参见表5.5。

表5.5 地域范围与产品线跨度:中国白酒市场战略群组浅析

地域范围		产品线跨度	
		宽广	狭窄
	全国或接近全国	茅台 五粮液 泸州老窖 洋河 郎酒 汾酒 西凤	剑南春 水井坊 酒鬼
	局域或本地	衡水老白干 古井贡酒 沱牌 宋河 杜康	文君(高端) 小糊涂仙(中端) 老村长(低端) 闷倒驴(高度) 金门高粱酒(地方特色)

资料来源:本书作者根据公开信息整理。

在全国范围内经营并有多种产品线(品牌与价位)的战略群组包括茅台、五粮液、泸州老窖、洋河和郎酒等,从其产品的价格跨度我们可以看出其采取的宽线产品战略,涵盖了多个细分市场。原来只有五粮液和尖庄两个品牌的五粮液通过自主开发及兼并,引领产品系列化的潮流,从年份酒、1618、水晶装,到五粮春、五粮醇。通过系列兼并与并购,不但拥有全国性中低档品牌浏阳河、金六福,也拥有某些地域性较强的品牌,如京酒。其老对手茅台、泸州老窖等也不甘落后,先后推出多档次系列产品。茅台从高端年份酒,到主打的"飞天系列",再到中端的汉酱,从中低端的茅台王子酒到低端的茅台醇、贵州醇,阵容齐整。21世纪初,泸州老窖通过国窖1573迅速提升其品牌价值,成为真正能够与茅台、五粮液比肩的一线高端品牌。其他核心品牌包括中高端的百年窖龄系列和中低端的泸州老窖特曲。泸州老窖的低端品牌更是遍地开花,以量取胜,从老泸州到革命小酒。中国白酒第一阵营中另外两家年销售收入超过百亿元的洋河与郎酒同属这一群组,通过多产品线向全国扩张。汾酒和西凤紧随其后,跃跃欲试。超高端带形象,中低端固基础,以量取胜,全线通吃。此乃这类企业的立身之本。

很多尚未达到真正全国范围销售的著名白酒企业也试图通过多品种、多价位的战略大肆扩张。采用多品牌地域性经营的厂家包括衡水老白干、古井贡酒、沱牌、宋河、杜康等。虽然这些企业曾经入选全国名酒榜单,抑或它们的某些品牌已经在全国范围内具有影响,比如沱牌的舍得,但其主要势力范围仍然局限于一些相对固定的地理区域。深耕本地市场,全面渠道渗透,这是此类企业每日必练的功夫。

一些全国性的品牌,独辟蹊径,选择比较专注的战略。剑南春,由于没有跟进年份酒的概念,其产品缺乏纯高端的定位,主要定位在中高端。水井坊,被外资企业迪亚吉欧全资收购,脱离全兴大曲。其主要定位在高端,但缺乏超高端和较低端的产品,渠道狭窄,总量堪忧,近年来在全球免税店的销售也不尽如人意。酒鬼由于独创馥郁香型而名噪一时,但由于塑化剂风波和基金炒作而一时遭遇挫折。在整个白酒企业以量取胜,以超高端赚取眼球、提升价位之际,这一战略群组的企业,处境略显尴尬。

当然,在地域性的品牌中,也有不少企业坚持特色,拒绝过分多元产品线扩张。文君酒是四川的另外一个知名品牌,被路威酩轩集团收购之后,试图在免税店渠道走高端路线,但至今在国内主流市场尚未形成品牌优势和渠道规模。走中端路线的小糊涂仙和走低端路线的老村长也都是采取有限产品跨度的战略。当然,这一群组也包括高度酒专家"闷倒驴"和地方特色品牌"台湾金门高粱酒"。这里,取胜的关键在于定位精准、特色鲜明。

(二) 战略群组与移动壁垒

同细分市场的情形一样,五力分析同样可以被用来考察作为中观层次的战略群组,如群组间的替代、流动壁垒、供给商与购买商的议价能力,以及群组内企业的竞争手段、关系与模式等。然而,最为引人注目的分析则聚焦于战略群组之间所存在的移动壁垒。进入壁垒阻碍外来企业进入某一个行业。移动壁垒则阻碍一个行业中某个战略群组的企业进入该行业内另外一个战略群组。移动壁垒的存在是战略群组稳定性的前提。移动壁垒通常是单向的和不对称的,一个低端群组的企业很难跃入高端群组,一个高端群组的企业可以随时堕落,而被甩入低一级别和层次的群组。广义而言,产业的进入壁垒其实也是一种移动壁垒,因为一个新进入者不是进入一个行业,而是进入一个行业内的某个(或某些)细分市场和战略群组。比如水井坊所在群组的进入或移动壁垒就比"老村长"要高得多。

第七节 竞争对手分析:对手肖像

一、竞争对手分析框架

对企业任务环境的第三个层次的解剖,也是最为微观层次的分析,是确定具体的竞争对手,并试图对其进行详细的了解与把握。竞争对手分析的目的和作用在于理解对手的意图与实力,预测其行为特点与态势,并试图影响其行为与反应。波特对竞争分析也做出了重要贡献,具体反映在他所总结的竞争对手分析的四种要素框架上,参见图 5.6。

图 5.6　竞争对手分析的四种投入要素以及竞争分析的目的与作用

资料来源:根据 Porter, M. E. 1980. *Competitive Strategy*. New York: Free Press, Chapter 3 整理改编。

竞争对手分析的四种要素分别归属两个大类:一类是驱使对手行动的动力,即对手想什么或者有什么意图,包括竞争对手的目标和假设;另一类是对手实施其意图的战略行为与实施的可能性,即干什么、能否干成,包括竞争对手的战略与实力。根据这两大类四种要素,我们可以为每一个竞争对手勾勒一幅肖像,帮助我们判断和把握其主要特征。

(一) 竞争对手的目标

任何企业的战略行为,从长远来看,都是为其意欲实现的目标服务的。就像我们在讨论 SWOT 分析时强调的,使命和目标的分析是战略分析的出发点。对竞争对手的战略分析也是一样。对手间的目标在很多情况下是不对称的,比如,有的企业看重市场份额,有的企业重视利润率,还有的企业则专注于净增长率。因此,有必要了解对手的核心目标与动机,从而避免无的放矢,误解对手的意图,陷入无谓的和不必要的争斗。了解对手目标的多样性,有助于对其有选择地施加影响、对症下药。不触及竞争对手核心目标的攻击行为往往不被其重视与反应,因而,了解竞争对手对其目标系列中不同项目的排序偏好,可以帮助自己的企业避实就虚,伺机而入。还有,一个企业在一个业务上的竞争通常受到其母公司总体目标的影响,因此,同时考察竞争对手在某个具体行业的目标以及其母公司的总体目标都是非常必要的。比如,通用电气在韦尔奇时代要求公司的每个战略业务单元在其行业都数一数二,母公司的目标非常清楚地界定了具体战略业务单元的子目标。

> 真正的分野在于有些人根据现实调整自己的目标而有些人按照自己的意图塑造现实。
>
> ——基辛格

(二) 竞争对手的假设

竞争对手的假设,指的是一个竞争对手对自己及竞争情形做出的基本假设与判断,影响其对各类信息的收集、处理和解读,更是其在竞争中行动的基础与前提。竞争对手的假设包括对自己的假设、对其他竞争对手的假设以及对整个行业的假设。假设可以是对实情正确的捕捉和概括,也可以是盲点和误区。首先,对自己的假设包括对自己的认知,比如自己的市场地位、成本优势、顾客忠诚度。一个竞争对手可以错误地以为自己的成本比其他企业有优势,于是采取降价措施争取市场份额,结果却发现别人的成本优势并不低而且顾客忠诚度可能更高,因而造成自食其果的局面。一个竞争对手对其他竞争者的假设也影响该竞争对手对其他竞争者所采取的态度和倾向,或傲慢轻视,或畏惧躲闪。当然,这种假设是可以在竞争实践中不断修正和改变的,比如老虎之于黔之驴的故事所揭示的。竞争对手对产业总体的假设包括其增长速度与模式、产业未来的集中度、技术创新的前景、产业历史对未来的影响等。比如,照相机行业中不同企业对产业未来走势的判断,决定了它们全面拥抱数码照相机市场的早晚以及在传统照相机市场上耽搁的时间。

> 现实不过是一个持久的幻觉。
>
> ——爱因斯坦

> 每个人都把自己眼界的尽头当作世界的尽头。
>
> ——叔本华

(三) 竞争对手的战略

观察和解析竞争对手的战略,可以帮助企业更好地了解竞争对手到底在干什么、怎么干。比如,竞争对手的战略特色是以价格取胜还是速度与灵活性,是形象与地位还是质量与可靠性,是保守从众还是永远先动等。值得注意的是,公开昭示于大众和媒体的战略,并非就是实际上实施的战略。一种可能是对手故意制造烟幕弹,掩人耳目,声东击西,说一套,做一套。另一种可能是战略制定与战略实施之间的差距,达不到所声称的或企图的境界。还有一种可能是,战略转型正在潜移默化中展开,对手实际在尝试或推行的战略已经与原来设想的战略发生了重大的偏离,而已经被弃置的战略在纸面上或者公开的场合并未得到及时改变和废止。因此,对竞争对手实际实施的战略的把脉有助于预测其未来行为以及对威胁的可能反应。

> 对一个主意的分析,通常的做法,是剥去使之变得熟悉的形式,仅此而已。
>
> 黑格尔

(四)竞争对手的实力

战略的实施和目标的实现终究要靠行动。而支持行动的基础则是企业的实力,亦即企业的资源与能力、运作流程、组织体系以及在市场上的地位和名声,一句话,企业应对各种竞争力的总体能力。没有实力的支持,任何企业的言论和威胁都是不可信的,其战略也难以得到有效实施。分析竞争对手的实力,能够帮助企业理解竞争对手到底能干什么,因而更准确地预测它在市场上的作为。企业实力的考察主要包括产品的地位以及产品线的宽度与深度,销售渠道的覆盖面和可控程度,研发、制造、销售和服务等重要环节的能力,成本结构,财务实力,组织管理能力,对突发事件的反应速度和应变能力,以及长期生存和抗过持久战的能力与资源储备。比如,微软在任何时候都预留能够支撑 18 个月正常运行的现金储备,另外还要有足够的现金以保证有实力进行冒险,并支撑可能随时需要支取的应对诉讼的费用。这便是总体实力和长期生存能力的体现。

> 枪杆子里面出政权。
>
> 毛泽东

竞争对手分析的主要目的与作用在于了解对手的主要特点,预测对手的行为与应激反应,并试图通过市场信号和博弈互动等手段影响及操纵对手的行为。

三、了解竞争对手

如上所述,战略分析的首要目的是了解对手。而对竞争对手的了解和分析,是建立在竞争情报基础之上的。通过对相关竞争情报的收集、编辑、整理、分析和解读,我们可以对决定竞争对手肖像的四种要素进行单独和总体的判断及解读,从而达到对竞争对手充分理解和知情的目的。下面,我们首先讨论关于竞争情报收集的一些基本要点,然后阐述了解对手时所必须考虑的两个基本问题。

(一) 竞争情报

首先需要说明的是,竞争情报的收集以及分析判断通常是一个点滴积累、细水长流的过程,需要通过长期的监控、获取、详细分析与综合归纳,才能比较准确地勾勒出竞争对手的肖像。急功近利,往往难以奏效。因此,使竞争情报收集制度化,建立一套竞争情报收集机制通常是一种比较有效的方法。它有助于信息和情报的储存、整理和分享。当然,这并不意味着只为强调正规化和系统化本身而做表面文章,而是要保持多种信息渠道和情报来源的畅通,包括隐蔽的、非正式的和应急的,从而可以及时地了解竞争对手的行为动态。

一个企业的战略并不存留在纸上,而是分散在不同部门和人员的脑子里,反映在企业的各种经营活动中,是一个社会化的概念和现象。同样,一个企业对其竞争对手战略的了解和判断也存在于不同的部门与人员之间,是一个共享的印象和判断。因此,使竞争情报迅速地到达需要它们并应该获得的部门与人员那里,并得到及时的共享,是竞争情报收集中的一个重要功能。同样,保证竞争情报不会流入不该获取的部门和人员手中也是一个必要的准则,尤其是不能流入竞争对手的手中。你非常了解对手,而对手不知道你对它的了解,这时,你才较为可能出奇制胜。

竞争情报的收集,包括一手材料的实地收集以及通过查询各类出版物和数据库的二手材料收集。有用的情报可能散落于各种角落和渠道,因此,多层面和多渠道的情报采集以及综合编辑与归纳整理通常十分必要。实地收集渠道包括直接登门"拜访求教",现场观察和记录,雇用对手人员,参加行业会议,咨询政府监管机构,走访供应商、客户与分销渠道,以及其他的第三方实体与利益集团等。二手资料的收集渠道包括报纸杂志、政府公文、统计数据、分析报告、行业年鉴、专利记录、竞争对手的年度报表、内部网站、人员招聘广告、向政府机构提供的报表,以及企业领导人的公开演讲与言论等。

> 我们只相信上帝。其他任何人说话必须亮出数据。
> ——流行于实力派主流科研社区的一个说法

> 他对统计的应用就像一个醉鬼对电线杆的应用一样——只是寻求支持而不是为了照亮。
> ——安德鲁·朗

(二) 关键问题

如上一节所展示的,为竞争对手勾勒肖像时所做的四种要素的分析与考

察,有助于我们判断竞争对手的所思所为。这种了解和把握最终体现在两个基本问题上:

- 竞争对手对其目前定位是否满意?
- 竞争对手在哪里最容易受到攻击?

如果竞争对手对现在的地位满意,一般情况下会保持常态,持续现有的目标和战略,也就很有可能忽视一些潜在的挑战与威胁。比如,当年在美国城市零售市场中遥遥领先的凯玛特,对自己在零售业的地位充满自信,对沃尔玛在农村的扩张熟视无睹,不以为然。直到后者规模逐渐壮大,兵临城下,大肆开发城市周边的郊区市场时,困守城中的凯玛特便开始不断地挂起白旗,其分店一家接一家地关闭。沃尔玛不战而胜。感觉最满足与安全的地方也许是最脆弱和被动的地方。有人说,最安全的办法是永远不要感觉安全。在超级竞争中,所谓的"只有惶惶不可终日者才能生存"说的也是这个道理。问题是,当一个企业成功之后,骄傲自满是正常的,不骄傲才是反常的。

当敌手正在犯错误的时候,千万不要打断它!

拿破仑

四、预测竞争对手

(一) 关键问题

如果竞争对手对现在的地位不满意,一般情况下,它很可能要诉诸某种行动及举措,希望改善自己在竞争中的地位。预测竞争对手潜在与可能的行为,通常主要考察如下两个基本问题:

- 竞争对手将采取什么行动或做出什么战略转变?(自拟行动)
- 竞争对手将对什么样的攻击和挑衅做出最强烈、最有效的报复?(应激反应)

严格说来,所有的行动都是反应,是对某个(些)特定刺激的反应,尤其是在初始状态(比如初次交锋)以后的日常竞争过程中。然而,企业的竞争行为毕竟有某些主观能动性,甚至盲目性,并非都是由于对手的作为或某些能够说得清楚的原因。因此,竞争对手的某些活动可能属于一种自拟行动。另外一种情形,是竞争对手遭遇你的企业或者其他企业某种竞争行为(比如降价)的刺激后,做出反应,更加强烈地降价。这种行为可以称为应激反应。而对企业间竞争动态的分析,恰恰由这种"行动-回应"或者"攻击-报复"单元构成,可以是阵发性的,打一个回合,然后间歇好长时间;也可以是家常便饭,循环往复、连续不断。当然,为了分析的方便,我们有时也可能需要人为地设定一个起点,使竞争中的某一方的某个(次)行动成为自拟行动。下面我们具体探讨如何预测企业的行动与回应。

(二) 预测竞争对手的行动

预测竞争对手的行动,首先要看其对现状产生不满的原因,其次要看它放出什么口风,有什么尝试性的前兆。不满通常来自理想与现实的差距。竞争对手的不满可能由于自己的市场份额或者利润率没有达到预期的指标,某一项业务长期不能实现设想的目标定位,业界、顾客偏好的变化使得产品滞销,人员流失过快影响组织的稳定性,新出台的政府政策造成一些限制并提高运营成本,等等。通过分析竞争对手的四个要素,观察和分析究竟哪些内部因素和外部事件可能造成竞争对手的不满,而哪些不满直接与其核心目标相关。一般来说,竞争对手往往会在与核心目标相关的不满方面做文章,因此,抓住主要矛盾有利于预测其可能的行为动作,并判断其含义以及对自己和其他企业的潜在影响。

比如,如果竞争对手的CEO在不同的场合抱怨成本上升太快,已经无利可图,难以生存,那就要判断他到底是在哭穷,还是在暗示同行,试探政府,正告顾客,为即将出台的涨价方案造势升温,抑或是要打压或兼并供给商?如果一个来自欧美的大型跨国公司在其坐落于日本的亚洲总部连续不断地裁员,而同时在北京、上海大规模招兵买马,是否意味着其亚洲总部很快将向中国转移?如果转移,对其亚太地区的业务中心有什么影响?对整个行业又有什么影响?如果一个竞争对手不断强调它对某个业务仍然会保持最积极的态度,但整个企业的经营重点却大幅度转移,这是否意味着它实际上已经希望剥离该业务,并想从侧面试探一下相关企业对该业务的兴趣?

(三) 预测竞争对手的反应

当然,我们在预测竞争对手的行动并解读其含义的同时,也需要考虑我们的行动(攻击)可能招致或迫使竞争对手所采取的反应(报复),因为竞争是一个互动较量的过程。我们需要预知,什么时候在哪里采取行动,才不至于招致竞争对手的报复,抑制其报复的冲动,延迟其报复的紧迫感,消除其报复的速效性,减低其报复的程度,缩小其报复的范围,或者诱导其报复的方向。这种对竞争对手反应的预测,可以帮助我们决定在竞争中是否采取某种行动或者行动组合,避免两败俱伤的恶性厮杀。

也就是说,竞争行动的有效性最终取决于竞争对手是否回应或者回应是否迟缓。而影响对手回应的主要因素是攻击行动本身的特点以及竞争对手的主要特点之组合。在波特等人早期工作的基础上,后来的战略管理学者对竞争动态分析文献的发展做出了重要贡献。比如,陈明哲与其导师及其他合作者的研究,主要关注对手在遭受攻击之后回应的可能性、时滞、顺序和力度。攻击的不可撤回性(承诺程度)越高,通常竞争对手回应的可能性越小;而竞争对手对被攻击市场的依赖性越高,则其回应的可能性越大。另外,竞争对手对价格方面攻击的反应通常比对其他类型攻击的反应可能性要大。还有,攻击的高调性或显见性以及被攻击市场的关键性更容易引发竞争对手的反应,而竞争对手反应的难度则会限制其反应与报复。同样,竞争对手对某个市场潜在战略性的重视、情感依赖(比如现任CEO曾经发迹的地方),以及对攻击者的敬畏程度、攻击活动种类的不同(价格、广告、新产品开发、新市场建立等)都会影响竞争对手的反应模式。

五、影响竞争对手

(一)关键问题

了解对手,预测对手,其最终目的在于影响竞争对手的认知与行为,通过利用、修正和改变其假设,引导和操纵其行为,向对我们有利的方向转变。影响、利用和操纵对手需要解决两个方面的关键问题:

- 我们如何在对手最不可能反应的地方采取行动?
- 我们如何在竞争中改变竞争对手的假设与行为?

(二)博弈论的贡献

当博弈论成为产业组织经济学的主流研究方法之后,战略管理研究仍然沉浸在对"结构-行为-绩效"范式和五力模型的欣赏和改进中,虽然对二者的批评和抱怨一直断断续续,不绝于耳。新产业组织经济学的发展对战略管理领域影响甚微。尽管如此,自20世纪70年代以来,博弈论在产业组织经济学中的一些应用,仍然以各种方式零星地出现在战略管理的文献中,对竞争动态分析的研究做出了一定的贡献。

就方法论而言,博弈论可以帮助分析者相对简单明了地界定对手,识别各方可能的行为选择及其导致的"获益"(Payoff),预测可能的均衡状态,并昭示竞争对手之间长期的序列决策选择。从内容来看,博弈论的应用主要表现在承诺、威慑、竞合互动,以及各类市场信号的选择与应用等方面。

竞争动态由对手间的博弈互动构成,一个企业的决策结果不仅取决于自己的行动选择,同时也取决于竞争对手的行动选择。博弈论研究的恰恰是竞争中对手间的互动选择。因此,博弈论及其在新产业经济学中的理论发展和应用,为竞争动态的研究以及对上述两个关键问题的解读提供了一些有益的思路和线索。

（三）选择性的战略承诺

大规模的不可逆转的资源投入，作为在某个市场上对某种战略定位的承诺，通常被认为是企业实现持久竞争优势的充分和必要条件。在一个产业的竞争中，某些战略方向具有较高的不确定性。一个企业在这种不确定性尚未解除之前的资源承诺，往往会对后来的竞争产生长期的影响。通过一系列的决策，一个企业逐渐向某种战略方向做出承诺，在对手之前形成规模，掌控标准，建立信誉，因而造就企业独特的战略定位和竞争优势。承诺同时可以威慑和遏止竞争对手，使对手明白后动的进入者已经没有挤入并盈利的空间，因而打消它们模仿和跟进的意愿。作为一种进入壁垒和移动壁垒，承诺使企业的竞争优势得以持久。

> 如果通用电气在中国的投资战略是错误的，它意味着十亿甚至数十亿美元的损失。如果它是正确的，它将是本公司在下一个世纪的未来。
>
> 杰克·韦尔奇

沃尔玛早期对美国农村市场的承诺，表现在它所选择的定位上。它所选择的乡镇、人口和需求规模，通常大到足以支撑一个沃尔玛店铺的规模，小到不能容忍第二家店铺同时存在并盈利。一旦进入这种市场并站住脚，它便是本地的垄断，其他对手难以插足。这种定位战略既促成了沃尔玛的竞争优势，又导致了竞争优势的持久。同时，由于它并没有对当时的业界巨头凯玛特构成直接威胁，因此并没有遭到凯玛特的打击和报复。没有竞争优势之处，不要直接与强势对手交锋；拥有竞争优势之处，则通常不战而胜。在现有对手最不可能回应的领域进行有选择的和创造性的承诺是竞争优势的基础。同样，本田摩托车最初进入美国市场时，靠的是小型摩托，并不对本土市场老大"哈利-戴维森"构成直接竞争威胁或替代。本田不仅没有遭到后者任何强烈的回应，甚至还受到其傲慢的轻视和嘲笑。随着本田对自己新创微型摩托细分市场的不断开发，并按部就班地推出大型摩托车、微型轿车及豪华轿车，其在美国市场上的承诺逐渐开花结果，不仅在摩托车市场上独树一帜，而且在轿车市场上也与老牌劲旅分庭抗礼。

（四）可信的威胁与威慑遏止

对某个市场和某种战略的承诺，对潜在的进入者通常具有威慑和遏止的力量，因为它代表着所谓"可信的威胁"。与虚张声势不同，可信的威胁背后有资源承诺和企业实力做保证。一旦威胁诉诸行动,便很难收回或者不可能收回,因此这种威胁是可信的。如果威胁是可信的,那么它将对潜在进入者产生威慑和遏止作用。比如,菲利浦曾与索尼共同研制开发 CD 技术,菲利浦对于市场前景判断迟缓、行动犹豫,因而举棋不定。而索尼则大刀阔斧,争取先动优势,在市场前景尚未明朗、标准尚未确立之际,快速于欧洲和北美多处建立远远高于当时全球市场需求的 CD 盘和播放机生产能力。成则独领风骚,败则自食苦果。其他潜在进入者面对这种威慑与遏止,犹豫不决,不敢贸然跟进,因而错失良机。

破釜沉舟的故事说的也是可信的威胁。断了自己的退路,对自己和敌人表明的只有一个信息——誓死一拼,志在必得。然而,从古今中外战史的案例来看,以牺牲自己和殊死搏斗作为承诺时,其后果基本上胜负参半。对手双方实力的对比、领军者的实际理性程度与情感控制、环境条件的突变等,都会影响最终的竞争结果。因此,在实际竞争中,结果并不一定符合博弈论的均衡预测。博弈论的模型不可能穷尽所有影响博弈结果的要素,其假设与前提已经将复杂多变的现实处理得过于优雅而简单。当然,可信的威胁,其有效的威慑遏止作用应该说还是不鲜一见的,比如冷战时期"保证互相摧毁"的"恐怖"均衡,双方同时都将刀架在对手的脖子上,可以互相毁灭若干次。这种威慑使双方最终归于理性,避免了人类的毁灭。

(五) 市场信号的应用

无论是有选择的承诺从而不直接威胁对手,还是基于可信威胁的威慑遏止,企业的意图需要明确地传达给竞争对手,使对手明白企业的目标和假设。市场信号的应用是影响和操纵竞争对手的一个重要的手段。通过市场信号的交换增进对手双方对"聚点"和"公共知识"的理解,可以帮助双方正确地理解自己和对方的位置与选择范围,证实、修正或改变竞争对手的假设、观念与目标。

公共知识指的是博弈中对称的信息和知识,即大家都知道而且都知道别人也知道的知识。比如,降价促销不利于品牌形象。这个常识,企业甲知道,企业乙也知道,双方也都知道对方知道。那么这个常识才真正成为两个企业之间的公共知识。而这种公共知识以及其他相似的背景经验、历史记忆、文化同源,通常情况下会使双方不约而同地采取行动自发地在某个"聚点"上实现均衡。对于两个都视品牌如生命的对手,在选择竞争武器的时候,双方很可能在"拒绝使用降价促销"这一聚点上达成共识,行动一致。在不断的交锋中,这种共识可能会得到证实和增强,使聚点均衡得以维持。

同样,对手间也可以通过公共知识的传播和提醒,修正或改变竞争对手的假设和行为。比如,企业 A 预先知道政府将出台一套新的法规,企业 B 也同时知道这条信息。如果企业 A 认为企业 B 不知道这条信息,那么它很可能会在政策出台之前采取某种行动抢占先机。如果企业 B 也做出类似的抢占先机的行动,可能最终的结果对双方来说都比双方什么都不做所导致的结果更恶劣。如果双方互不知情,则结果基本上应该是囚徒困境中的无效率均衡。如果此时 B 知道 A 已经知道这条信息,那么,它应该向 A 发出某种信号,比如在行会和其他行业媒体上公开讨论该政策在出台前和出台后对本行业内所有企业的影响与含义。如果 A 意识到"B 已经知道 A 知道了",那么 A 就可能克制自己,不去采取有损双方共同利益或者整个行业利益的行动。

在实际中,通过市场信号的传递来影响甚至操纵对手行为的案例也经常存在。比如,《纽约邮报》与《纽约每日新闻报》之间在 20 世纪末的较量。由于印刷成本上涨,《纽约邮报》从每份 50 美分提价到 60 美分。同样售价 50 美分的《纽约每日新闻报》拒绝跟进,以期趁机增加销售量。《纽约邮报》非常生气,决定在曼哈顿主战场之外的长岛市场将价钱降到 25 美分。之所以没有在整个市场全面降价,一是自己受的损失太大,二是对整个行业的负面影响太大,三是达不到"信号"和"威胁"的作用,难以收场。《纽约每日新闻报》得到信号以后,明白了对手的意图,这样打下去会两败俱伤,于是很快也将自己的报纸提价到 60 美分。一次成功的集体提价就这样实现了。

市场信号的发送和传播有多种方式。一个比较常见的方式是建立某种声誉和形象,比如海尔的张瑞敏当年砸冰箱的例子,就是在向市场传送海尔重视质量的承诺。再如吉列在剃须刀市场上对历年来挑战者的严厉追杀塑造了它"不好惹"的剽悍形象。企业也可以通过在行动之前发布某种信息威慑和遏止对手。比如微软 Windows 95 刚出台后就开始大肆为 Windows 98 造势,其后又提前宣传 Windows 2000。当然,企业也可以在某种行动和既成事实之后才宣布,达到出其不意的效果。对行业和对手在公开场合下的品头论足,也是市场信号的一个重要的传递方式,可以示好、规劝、迷惑、激怒,甚至直接挑衅对手。

企业也可以对自己的目标与行为进行解释和宣扬,昭示于众。比如,一个企业可以重复强调"只求最精,不求最大",虽然它也有做最大的可能。它所发出的信号(比如超高价和窄渠道)是没有争夺行业市场份额第一的企图。这对企图做行业最大厂家的企业是一种安抚甚至礼让、一种表示无威胁的善意姿态。一个企业也可以通过偏离自己的既定目标和行事常规,或者偏离既定行业传统与惯例的行动,来发送市场信号,或试探或承诺。比如,万科剥离其他业务而专做房地产业,对相关的对手与顾客都清楚地表明了自己的承诺。而五粮液涉足汽车配件业则可能是多元化经营的一个前奏。当然,企业可以通过(通常是可以随时撤回的)诉讼等手段来拖垮对手或者警告对手,从而逼其就范。

总而言之,市场信号在很多情况下可以有效地传达竞争者之间的意图,帮助企业对竞争对手施加影响。然而,需要注意的是,在一些情况下,市场信号会失灵,或者因为信号本身不够清楚,或者因为竞争对手太多从而难以与目标对手直接对话,或者传送渠道噪音太多而无法准确传递。因此,及时、准确、清晰地将市场信号发送给目标对手是影响其行为的一个关键基础。

本章知识要点

企业环境的一般特点：
动态性、复杂性、不确定性和资源丰富性。

企业环境的分层：
企业的经营环境，依据其对企业经营活动影响的直接程度、频繁程度以及深度与广度，可以被简单地分为宏观环境和任务环境两个层面。

企业的宏观环境分析：
政治、法律、经济、技术、社会、文化、人口、国际、自然等一般性因素。

任务环境分析：
三个层次：产业分析、产业内分析、竞争对手分析。

产业分类法：
第一产业、第二产业、第三产业；
产业生命周期；
业内竞争与垄断程度；
竞争动态与演化速度(快，标准，慢)；
竞争优势的特点(潜在优势的大小与获取优势方法的多寡)；
交易模式(B2B,B2C,O2O 等)。

产业结构分析：
产业组织经济学的"结构-行为-绩效"(S-C-P)分析范式。

波特五力框架：
业内企业之间的竞争；
潜在进入者的威胁；
购买商的议价能力；
供给商的议价能力；
替代者的威胁。

五力框架的特点：
使得 SWOT 分析中的 OT 全面具体、精细严谨；
对产业的定义宽泛延展、流动灵活，将企业间的竞争置于一个更加广阔的视野之下；
注重所谓的谈判能力，或曰议价的能力；
以产业为基本分析单元，在一定程度上具有环境决定论的色彩。

产业内结构分析：
细分市场：精准市场定位，研讨具体细分市场内的五力动态与关键成功因素。

战略群组:采取相同或相似战略的企业的集合;移动壁垒阻止企业在同一产业内不同战略群组间的流动。

竞争对手分析:

竞争对手的目标、假设、战略和实力。前两者涉及其行为的驱动因素(想干什么,有何企图);后两者决定其行为的表现方式与实施可能(怎么干,能否干成)。

根据这两大类四种要素,我们可以为每一个竞争对手勾勒一幅肖像,帮助我们判断和把握其主要特征,从而能够理解对手,预测对手,影响甚或操纵对手。

本章思考题

1. 企业的宏观环境与任务环境的边界如何去确定?
2. 企业的战略是应该追求顺应环境还是应该注重改变环境?
3. 不同的产业分类法对企业的战略分析有什么具体影响?一个企业是否应该或者能够同时采用多种产业分类法?
4. 如何判断一个行业是否具有吸引力?一个有吸引力的行业是否对所有企业都有吸引力?
5. 波特五力框架的优点和局限性是什么?在互联网时代,五力框架仍然适用吗?
6. 战略群组是真实的存在还是行业观察家头脑里的概念?管理实践者如何看待产业内的结构?
7. 竞争对手分析的常见盲区在哪里?如何通过市场信号影响对手的判断和行为?

第六章
内部实力:资源能力与组织体系

> 对于企业而言,资源与产品是同一个硬币的两面。大部分产品需要多种资源的应用,而大多数资源可以用于多种产品。通过确定企业在不同产品市场上活动的规模,可以推测所需要的最低的资源承诺;相反,通过勾勒企业的资源概貌,可以寻求最优的产品与市场活动组合。
>
> 博格·沃纳菲尔特

企业的资源与能力是实施企业战略的必要基础,同时在很大程度上也是制定和选择战略的依据。资源与能力决定企业在竞争活动中的强势和弱点,决定了企业在竞争中的作为。独特而有价值的资源与能力是企业持久竞争优势的基本源泉。显然,企业可以被看成是一个产品与市场活动的组合,也可以被看成是一种资源与能力的组合。前者所体现的是产业分析与战略定位所依据的外向型取向,后者所昭示的则是资源本位企业观之强调企业自身分析的内向型视角。本章首先系统地考察企业的资源与能力的定义、种类与特点,然后介绍资源本位企业观的理论渊源及其关于独特资源与持久竞争优势的主要分析框架,重点探讨企业资源的可替代性与可模仿性的决定因素及其对竞争优势的影响,最后阐释企业资源分析与产业分析之间的关系。

第一节 资源与能力

一、资源与能力的定义和区别

我们可以首先对资源与能力这两个概念本身进行定义和区分。广义而言,任何可以被称为企业强项或弱点的事物,任何可以作为企业选择和实施其战略的基础的东西都可以被看成是企业资源,比如企业的资产组合、属性特点、对外关系、品牌形象、员工队伍、管理人才、知识产权,等等。依据这种宽泛的理解,企业的能力自然也可以被看成是某种企业资源,一种能够帮助企业发现、获取、组合、应用与更新企业资源的某种高层次的资源。事实上,在管理文献中,企业资源与能力通常在许多情况下并称通用。

狭义而言,资源与能力有着较大的不同。前者主要从企业所拥有的各类资产的角度来看,后者则主要从解决企业经营问题的角度来解释。一般而言,资源可以被看成是相对静止的资产、项目、属性、关系和存在;能力可以被理解为组合和应用资源的技巧与手段,以及在经营活动中所表现的具有行动导向的某种功能性的运作水准。比如,先进的厂房和技术设备是企业的资源,而企业员工有效率地应用设备,管理者制定、实施、协调和监控系统的管理流程,从而增进企业灵活性,提高应变速度,并增强其生产力的综合技能,便是企业的一种能力。

二、资源与能力的企业特定性

严格说来,经济学讲的资源和管理学讲的资源是有根本区别的。大家知道,从亚当·斯密古典经济学、马克思主义政治经济学,到新古典经济学,社会的经济资源一般都被笼统地称为"生产资料"或者"生产要素"。而我们通常说的企业资源,虽然指的也是生产资料或要素,但通常具有某种企业特定性,难以轻易地与企业分离,与那些可以在公开市场上能够随便买到的资源(生产资料)在可流动性方面具有根本的差别,因而对企业的竞争优势的持久性来说具有不同的意义。根据企业资源与能力的不同程度的企业特定性,由低向高,我们可以对企业的资源与能力序列做一个阶梯性的描述:可以在公开市场上获取的生产资料、具有企业特定性的企业资源、企业竞争力、核心竞争力、重组资源与更新核心竞争力的所谓动态能力,参见表6.1。

表6.1 企业特定性:企业资源与能力的阶梯形描述

资源与能力的类别	企业特定性	竞争优势可能性	案例说明(苹果公司)
基本生产资料与要素	无或非常低	无或低	资金、清洁工
企业资源	稍微较高	较低	工程师队伍
竞争力	相对更高	较高	研发实力
核心竞争力	非常高	很高	产品设计
动态能力	极高	最高	开发新的技术与市场

资料来源:根据 Teece, D. J., Pisano, G. and Shuen, A. 1997. Dynamic capabilities and strategic management. *Strategic Management Journal*, 18:509—533 整理改编。

(一) 生产资料与要素

生产资料——土地、资本、劳动力、技术等——广义而言,恰如经济学家所描述的,可以在公开市场上获取。比如,在世纪之交 IT 行业骤热的时候,一个想创业的人可以比较容易地就获得融资、招募人员、租房赁地、购置仪器、披挂上阵、开门营业。而这种可以在公开市场上得到的资源和要素,由于谁都能够获取并且没有什么差异化特点,并不能为企业带来独特的优势。泡沫出清之后,大多数企业倒闭关张。活下来的企业必定是那些由于运气或远见而拥有或形成某种独特资源和能力的少数。

(二) 企业特定资源

什么是企业资源或者说有企业特定性的资源呢?简而言之,如果某种资源在企业内的价值高于其在企业外公开市场上的价值,那么这种资源通常具有企业特定性。比如,某企业总裁办高级行政助理,在该企业工作近三十年,服务于五任总经理,熟知企业历史沿革,珍藏组织制度记忆,内部运作如鱼得水,对外联络周到伶俐。如果该助理临近退休,企业新雇一个人接她的班,即使付两倍的工资,新人也很难在短时期内(甚至长时期)达到她的效果和效率。反之,如果让这位行政助理到市场上找新的工作,她也可能拿不到她现有的工资。她的独特价值都沉淀在现有的企业内;她的主要资源和能力,比如企业内部制度记忆,对现有企业来说比对其他企业更有应用价值和吸引力。显然,这种企业特定资源不是随时都可以轻易获得的。

(三) 竞争力

更高一个层次的企业资源,往往是一些企业特定资源的组合,跨越小组和部门,贯穿于企业的运作体系,这种组合使得企业可以在某方面有特色,更好地与对手竞争,可以被称为企业的某种竞争力,或曰"组织动态定型",凸显其常规的实力。比如,丰田公司的柔性制造系统、索尼公司的产品微型化能力、苹果公司的产品设计能力等。

(四) 核心竞争力

一个企业的某种竞争力可能会非常突出和显著,结晶于不断的组织学习和知识积累过程,广泛地渗透于企业的技术运作和组织系统,共享于多种产品组合和终端市场,以至于能够在很大程度上界定企业的核心业务和形象认知,并且通常难以被对手模仿和复制。这种独特显著的竞争力,往往被称为企业的核心竞争力。比如,本田公司制造小型发动机的能力、佳能公司的图像处理能力、戴尔公司的产品量身定做能力、宝洁公司的品牌管理能力,以及上述索尼公司的产品微型化能力,等等。

然而，核心竞争力如何有效和强大，并不是一劳永逸的事情。环境在变，对手在变，企业自身也在变。昨日的核心竞争力很可能会成为今日的"核心包袱"或"核心僵硬性"，阻碍企业对环境变化做出准确的判断，对自身实力进行正确的估量。希腊神话伊卡拉斯悖论这样说道，一个男孩，凭借一双蜡制的翅膀，飞跃天空，驰骋翱翔，踌躇满志，随心所向，越飞越高，几近太阳，最终蜡翅被太阳融化，男孩不幸摔落地上。这个故事说明，导致过去成功的法宝良方，很可能是导致今日故步自封的天然毒药。

比如，美国柯达公司——传统化学成像技术时代的巨擘，在其核心业务（传统成像）中，无人与其匹敌。昔日的百年辉煌及其在传统业务中的利益承诺，使得它对于数码成像技术的威胁认识不足。比如，它错误地判断传统成像在中国和印度等发展中国家市场仍将占主导地位。而事实是，竞争对手在数码成像产品市场上高歌猛进，改天换地。困囿于其传统核心竞争力的柯达疲于应付、措手不及，虽然该公司在数码技术发展的早期就已经有很多发明和专利。

（五）动态能力

如何避免核心竞争力变成核心包袱呢？答案和出路可能在于所谓的"动态能力"。动态能力，意指企业整合、创建、重构企业内外资源，从而在变化多端的外部环境中不断寻求和利用机会的能力，也就是企业重新构建、调配和使用企业核心竞争力从而使企业能够与时俱进的能力。这种高层次的能力、重组资源和能力的能力，保证企业既不随波逐流，一味地寻求外部机会，也不作茧自缚，盲目地自满于过去和现在的显著实力，而是不断地保持外部环境机会和内部资源与能力的动态契合。

比如，大家熟知的无限通信设备企业诺基亚，其母公司前身的核心业务是造纸、橡胶和电缆。卓越的动态管理能力使得诺基亚积极地拥抱了新兴朝阳产业。而诺基亚在智能手机时代的行动迟缓、判断失察，又使其错失良机，最终被微软收购。英特尔在自己原先的核心业务（记忆储存装置）即将四面楚歌之际，及时果敢地转入了新的业务领域（CPU），迅速更新其核心竞争力。3M公司从第一产业采矿，到第二产业制造，到第三产业高科技研发设计咨询服务，百年创新，屡建辉煌，堪称动态能力应用和展现的典范。

（六）企业特定性与竞争优势

新古典经济学假定资源是可以自由流动的。这是关于自由市场经济的一个根本假设。如果企业战略赖以出台与实施的资源和能力可以自由流动的话，那么任何企业的战略最终都可以被模仿，于是任何企业的竞争优势和卓越经营绩效便都不可能持久存在。至少长期而言，在市场的均衡状态下，是没有企业可以获得超额利润的。应该说，这里对所谓长期的定义和理解，实在是一种奢侈的理想化期许。果真如新古典经济学所言，则战略管理研究与实践也就没有存在的空间和必要了。

> 长期而言，我们全都死绝了！
>
> 约翰·梅纳德·凯恩斯

事实上，上述假设通常是不成立的。我们经常看到的实例是，资源的分布在不同企业间是不均等的，而这种不均等，或曰企业间资源分配的异质性（因而企业特定资源存在的普遍性）才是常规状态，往往可以，并且实际上是长期持久地存在的。如果资源异质性可以持久存在，某些企业的竞争优势也就可能持久存在，其卓越经营绩效也就可以持久。例如，可口可乐软饮料、吉列牌剃须刀、宝洁的象牙牌肥皂等，一百年前就是第一品牌，如今仍然在市场中领先。

三、企业资源的种类和特点

企业的资源多种多样，可以是某种资产或实物，也可以是某种关系或属性；可以是一个单一的要素，也可以是一个复合的网络。同样，对资源的分类也是多种多样，并没有统一的标准。比如，常见的基本资源类别包括财务、实物、人力、技术、组织等。这里，我们采取一个折中的做法，介绍一些比较有代表性的资源类别。首先，我们将企业的资源粗略地划分为有形资源与无形资源。然后，我们可以更加详细地考察具体的资源类型。这里的资源泛指企业的资源与能力，参见表6.2。

表6.2 企业资源的分类

有形资源	财务资源	• 现金储备和其他可以迅速变现的资产 • 内部生成财务资源的能力 • 外部融资与举债能力
	实物资源	• 厂房设施与技术设备 • 生产地点与土地占有 • 原材料储备

(续表)

无形资源	知识产权	• 商标、品牌、执照、资质鉴定、许可合同 • 版权与技术专利 • 技术诀窍与商业机密
	人力资源	• 素质、技能与经验 • 忠诚度和对企业的承诺 • 团队合作、人际关系、应变能力
	管理资源	• 管理团队素质与技能组合 • 社会关系网络与社会资本积聚 • 管理者的内部威信与业界声誉
	组织资源	• 企业文化与精神风貌 • 企业形象与名声信誉 • 组织协调能力、学习能力与应变能力

资料来源：根据 Grant, R. M. 2002. *Contemporary Strategy Analysis*. 4th Ed. Cambridge, MA: Blackwell Publisher 整理改编。

（一）有形资源

有形资源是最容易识别的企业资源，主要体现在财务资源和实物资源上。财务资源包括企业的现金储备与其他类似于现金的资产。财务资源还体现为企业的对外筹款和举债能力，以及自己通过盈利等途径创造资金的能力。企业的实物资源则体现在其地理位置、基础设施、厂房车间、机器设备等方面。例如，中国移动的基站设施与网络覆盖，保证了其信号的质量和接通率。企业对原材料的拥有与获取也是企业实物资源的一个重要组成部分。例如，茅台酒厂等因为地理位置独特而对酿酒必需的优质水源的使用与控制。

我们对这些有形资源的考察并不仅仅是为了罗列一个资源清单，而主要是为了考察这些资源的价值和对企业竞争优势的潜在贡献。问题的关键在于如何更有效地利用这些财务与实物资源，实现多种经营用途，并且切实地增加这些资源的盈利能力。例如，一个企业运输车队的名义资产可能是 20 辆卡车，但由于车龄老化、保养维修、调配无方、人员懒怠等原因，实际上在运行的可能只有 10 辆车，而且这 10 辆车中，空车返回的现象甚为普遍。这时的企业实物资源难以得到正常和充分的利用，更谈不上什么竞争优势了。"钱袋"优势并不一定保证对现金资源高回报的应用。石油巨头埃克森当年斥资进入自己既无技术优势又无管理能力的 PC 行业，便是一个烧钱的败笔。

（二）无形资源

企业的无形资源，指的是那些通常难以从资产负债表上找得到的企业资源，那些或无形或隐形，既看不见也摸不着，但又确实存在的资源。这些资源可以是技术方面的并且受到法律保护的资源,比如知识产权;也可以是没有法律含义的一般企业资源,比如组织资源。人力资源与管理资源,应该说,介于有形资源与无形资源之间,但更多地倾向于无形资源,因为它们的重要性并不主要表现在可以轻易观察到的人数和出勤上,而主要在于它们所拥有的那些难以系统明白地观察到的知识与技能及其有效应用。

知识产权,泛指企业的商标、品牌、资质与实力的鉴定和认可,特殊的经营执照与许可,企业所拥有的版权、技术专利以及技术诀窍和商业机密等。广义而言,也包括支持和创造这些知识产权的技术创新与研发能力。以技术为基础的知识产权可以帮助企业影响或制定产业标准,增强自己产品的功能和生产过程的质量,从而实现产品设计和制造本身的优势。以品牌为主导的知识产权,可以使企业在众多的竞争对手中脱颖而出,赢得顾客青睐,获得销售与价格方面的优势。2013 年最有价值的全球品牌和中国品牌参见表 6.3 和表 6.4。

表 6.3 2013 年最有价值的全球品牌

排名	品牌	国家	行业	品牌价值(百万美元)
1	苹果	美国	计算机和通信	98 316
2	谷歌	美国	信息技术	93 291
3	可口可乐	美国	饮料	79 213
4	IBM	美国	计算机服务	78 808
5	微软	美国	计算机软件	59 546
6	通用电气	美国	多元化	46 947
7	麦当劳	美国	餐饮	41 992
8	三星	韩国	家电	39 610
9	英特尔	美国	计算机硬件	37 257
10	丰田	日本	汽车制造	35 346
11	梅赛德斯(奔驰)	德国	汽车制造	31 904
12	宝马	德国	汽车制造	31 839
13	思科	美国	计算机服务	29 053
14	迪士尼	美国	传媒/娱乐	28 147
15	惠普	美国	计算机硬件	25 843
16	吉列	美国	个人养护用品	25 105
17	路威	法国	奢侈品	24 893
18	甲骨文	美国	信息技术	24 088
19	亚马逊	美国	电子商务	23 620
20	本田	日本	汽车制造	18 490

资料来源:http://www.interbrand.com/en/best-global-brands/2013/top-100-list-view.aspx

表 6.4　2013 年最有价值的中国品牌

排名	品牌	行业	品牌价值（百万元人民币）
1	中国移动	电信	196 491
2	中国建设银行	金融	118 428
3	中国工商银行	金融	112 760
4	腾讯	互联网	90 071
5	中国银行	金融	82 830
6	中国平安	金融	75 733
7	中国人寿	金融	68 595
8	中国农业银行	金融	63 137
9	招商银行	金融	39 066
10	茅台	酒类	29 721
11	百度	互联网	24 459
12	交通银行	金融	22 287
13	联想	电器	22 243
14	太平保险	金融	21 071
15	浦发银行	金融	14 791
16	民生银行	金融	13 868
17	五粮液	酒类	13 109
18	青岛啤酒	酒类	11 385
19	兴业银行	金融	10 437
20	中信银行	金融	8 940

资料来源：http://www.interbrand.com/zh-CHT/best-global-brands/region-country/best-china-brands-2013.aspx

显然，知识产权的核心是知识，是增强企业经营活动有效性和效率的知识与能力。这种知识与能力，可以帮助企业了解客户、研发产品、改进过程、管理品牌。之所以被称为无形资产，一个很重要的原因是它们往往是所谓的隐形知识，隐匿于企业的运作流程中，共享于企业不同部门间的经营活动中，难以被量化、外在化、指标化。因此，这些在经营活动中有机流动的、既鲜活生动而又难以捕捉和察觉的隐形知识与能力，不仅难以被企业自己系统正规地加以管理，也很难被对手模仿和复制，因而为企业带来持久竞争优势。在如今所谓的知识经济时代，资源的竞争已经不再是资本、土地和一般劳动力的竞争，而是知识资本的竞争和创造知识与应用知识的能力方面的竞争。表 6.5 可以为我们提供一些启示。

毫无疑问，企业的知识靠人来传承，能力靠人来应用。因此，管理资源和人力资源是企业许多无形资源的载体,包括各种知识体系、技能、经验、工作热情、对企业的忠诚与承诺等诸多因素。管理者与员工的素质良好、技能扎实、勤勉敬业、忠诚努力是企业人力资源管理的主要目标。根据企业人力资源的水准与对企业的贡献程度,某位企业家形象地将企业的人员分成四大类别:人财、人才、人在、人灾。可见,并非所有的人力都是资源。有些人力可能是负资源,有些有用的人力资源也可能由于不被重用,不能充分发挥作用,或者被错误利用而成为企业发展的阻碍。

表 6.5 知识的价值

产品	价格(美元)	重量(镑)	价格(美元/镑)
奔腾 III 芯片	851.00	0.019 84	42 893.00
一粒伟哥	8.00	0.000 68	11 766.00
一盎司黄金	301.70	0.0625	4 827.20
爱马仕围巾	275.00	0.14	1 964.29
Palm V 掌中宝	449.00	0.26	1 726.92
《拯救大兵瑞恩》DVD 影碟	34.99	0.04	874.75
20 只香烟	4.00	0.04	100.00
畅销书:《谁动了我的奶酪?》	19.99	0.49	40.80
奔驰 E 系列 4 门轿车	78 445.00	4 134.00	18.98
畅销书:《国家的竞争优势》	40.00	2.99	13.38
雪佛莱骑士 4 门轿车	17 770.00	2 630.00	6.76
一吨热卷钢	370.00	2 000.00	0.19

资料来源:We're worth our weight in Pentium Chips. *Fortune*. March 20, 2000, p.68.

另外,一个相对稳定的管理层与员工队伍是持久竞争优势的一个重要前提,因为如果优质资源可以随便在企业间移动的话,任何一个组织都不可能长期地保持其竞争优势。比如,随着交通与通信的发达,世界主要交响乐团之间主要演奏员的跳槽与换位,尤其是著名指挥家同时在不同洲际的多家乐团任职,并更加频繁地到更多的乐团客座指挥,每个乐团的表现都在很大程度上走向趋同,特色与优势逐渐消失。管理者必须在自己的地盘有足够的权力和威信去影响员工与组织。同时,他们在社会网络中的地位以及在外界的声誉也在很大程度上决定了他们的社会资本积累、对各种信息的掌控,以及对其他资源的获取。

企业的组织资源是企业在总体水平上的资源与能力指标,是个体资源的应用与整合,主要体现为企业文化与精神风貌、企业形象与名声信誉、组织的协调能力、学习能力与应变能力。其实,有关显著竞争力或者核心竞争力的说法,指的不仅是一个企业在技术方面高人一筹,有独到之处,而且包括这些企业强大的组织能力、价值趋向、文化内涵和管理哲学与逻辑,使得企业的知识流、技术流和组织流浑然一体,促成并支撑企业在顾客、社会与公众面前的良好形象。这种形象与公众好感,不仅可以增进企业产品与服务品牌的亲和力,而且可以使企业更加从容和顺利地获取企业经营活动所必需的其他资源,比如优质的人力资源。表 6.6 和表 6.7 列举了一些这样的企业。

表 6.6　世界上最受尊敬的公司, 2014

1. 苹果	2. 亚马逊	3. 谷歌	4. 伯克希尔·哈撒韦公司	5. 星巴克
6. 可口可乐	7. 迪士尼	8. 联邦快递	9. 美国西南航空公司	10. 通用电气
11. 美国运通公司	12. 美国好市多公司	13. 耐克	14. 宝马	15. 宝洁
16. IBM	17. 美国斯诺斯特龙	18. 新加坡航空	19. 强生	20. 美国有机商品超市

资料来源:World's most admired companies. *Fortune*. 2014.

表 6.7　美国 MBA 毕业生最愿意为之工作的公司, 2013

1. 谷歌	2. 麦肯锡	3. 苹果	4. 亚马逊	5. 波士顿咨询公司
6. 贝恩咨询公司	7. 耐克	8. 迪士尼	9. 德勤	10. 高盛
11. Facebook	12. 摩根士丹利	13. IDEO	14. 微软	15. 星巴克
16. 强生	17. 佰仕通集团	18. 宝洁	19. IBM	20. 通用电气

资料来源:100 top MBA employers. *Fortune*. 2013.

最后,组织的协调、学习与应变能力,正是其所谓动态能力的核心基础和实质内容。动态能力是企业作为一个整体不断调整、组合和更新资源,从而应对市场变化的能力。显然,上述管理资源与能力以及员工个人的学习和应变能力,与这里讨论的组织资源与能力一样,对于企业总体的动态能力而言,都是必不可少的重要构成元素。

四、资源与能力分析的两个基本方法

组织的资源与能力毕竟要应用于具体的产品制造或服务提供过程中,才能为顾客创造价值,为企业带来竞争优势。下面,我们在上述资源分类的基础上,以价值创造和在竞争中的角色为主要线索,分别考察资源与能力分析的两个基本方法:价值链分析和相关实力分析。

(一)价值链分析

产品的制造与服务的提供通常需要一系列企业活动来完成,从原材料的获取,到半成品与成品的生产,再到销售与服务,经历多个环节。这些前后相关的

价值创造环节通常被称为企业经营活动的价值链。一个价值链所能创造的总体价值取决于价值链中不同链条或阶段所分别创造的价值,有些链条附加值高,有些链条表现平平。通过价值链的分析,企业可以发现自己在不同价值创造阶段的资源与能力的实际水准,发现自己的不足和改进方向,并找出更好地利用现有资源与能力的突破口,降低成本、增进效率,或者改善产品与服务功能,提高产品质量与服务水准及其差异化的程度,从而增强自己的竞争力。迈克尔·波特总结了一个非常典型的价值链分析方法,参见图6.1。

图6.1 价值链:波特的企业内部活动分析方法

资料来源:Porter, M. E. 1985. *Competitive Advantage*. New York:Free Press.

波特将企业的经营活动分成基本活动和支持性活动两大类。前者与价值创造活动直接相关,后者在价值创造中主要起辅助与支持作用。

基本活动包括原材料投入物流、生产制造、产品出货物流、市场营销与服务等环节。每个环节对企业的资源与投入都有相应的特定要求。在原材料投入物流环节,配送中心的位置与容量、库存管理能力、进货质量检测与控制等至关重要。在生产制造环节,厂房的设计与安排、生产线的合理设置与先进性、员工操作效率、质量控制体系等,都是影响价值创造的主要方面。在产品出货物流环节,快速高效的运输方式与精确可靠的发送能力非常关键。在市场营销环节,畅通的分销渠道、训练有素的营销队伍、灵活适用的销售手段等是制胜的法宝。最后,售后服务与保障的质量、对顾客反馈的重视程度与反应速度、及时解决顾客难题的技术与组织能力,亦是整个价值创造过程中不可忽视的重要环节。

支持性活动包括企业的基础设施、人力资源管理、技术开发与原材料的采购和资产购置能力等。这些支持性活动为基本价值创造活动的进行提供了必要的基础与辅助。企业的基础设施主要在于保持有效的计划与评审能力,预见前景并随机应变的能力,与各方利益相关者的关系,协调多种经营活动的能力,以及维护企业文化、价值体系和制度传承的能力。人力资源管理主要在于人员的雇用、培训、激励、评审与奖励,为员工队伍创造良好的工作环境。技术开发是企业创新与正常高效率运作的基础。而采购与购置能力,包括保障企业投入与资产购置过程中的质量标准的保持、成本的控制和削减,以及应对突发事件的本领等。

显然,清楚地理解价值链中基本活动和支持性活动之间的关系,以及两类活动内部各个环节与领域的关系,是企业充分认识和利用自身资源与能力的一个重要手段。比如,沃尔玛的成功在于它对整个零售经营过程的价值链的各个环节了如指掌、严格控制。在基本活动中,从进货采购、仓储管理、物流配送、店铺设计、货架管理、操作流程、销售定价到售后服务,运作流畅,简单高效。在支持性活动中,其高度集中的总部管理能力与店铺经营自主权的适当平衡、在不同的国家和地区以及经营种类上发现及捕捉新增长点的能力、吸引和应用低成本劳动力的能力、卫星技术支持的管理通信系统,以及全球采购的规模与议价能力,共同保证了沃尔玛的持续高速增长及其世界零售业龙头老大的地位。

(二) 相关实力分析

在不同的竞争环境中,对企业的资源与能力的评估会有不同的标准和结果。对一个企业的资源与能力的评判和把握,通常情况下是要放在企业经营环境以及具体经营活动的参照系下来进行的。根据资源在经营活动中的重要性以及企业在该资源项目上的强弱程度,我们可以考察和评估企业资源与能力的价值及状态。罗伯特·格兰特为我们提供了一个相关实力分析的基本方法。

首先,我们需要根据价值链分析、关键成功因素分析和其他相关的分析方法与手段,来识别企业具体经营活动中最为重要的资源与能力、那些对于企业竞争优势来说不可或缺的资源与能力。我们前面在讨论企业资源的特定性的时候谈到,有些资源或者生产要素是可以在公开市场上买到的,有些能力是大家基本上都有的而且随处可以借用,因而应用这些能力的活动可以外包。竞争中能够使企业胜出的往往是那些不可能轻易拥有或者难以购买到的资源与能力。比如,在汽车制造行业,信息系统和 ERP 技术可以很容易买到,而产品研发能力和品牌推广能力则难以在短期内获得。

其次,我们需要根据自己企业的分析以及与竞争对手的比较,找出我们在重要资源与能力方面的强项或差距。企业间的"对标"学习,主要目的之一就是为了发现自己在资源与能力方面的真实水准。剖析自己通常是一件困难的事情,昔日的辉煌、今日的误区、明日的臆测,都会使企业脱离实际,或者自以为是,或者妄自菲薄。20 世纪 80 年代,当中国唱片社为自己的薄膜唱片技术和垄断地位自我陶醉的时候,盒式录音带产品载着邓丽君的甜蜜情歌异军突起,全面改变了中国唱片业的格局。中国唱片社从此风光不再。当年,美加净是来自上海轻工业的一个全国著名品牌,它被外企收购以后曾经销声匿迹若干年。当人们意识到它的价值和号召力的时候,上海家化斥巨资回购美加净品牌,决计使之再度辉煌。

根据资源与能力重要性和企业的强项与弱点两个维度,我们可以对企业的各种资源与能力进行评估,参见图6.2。那些既重要而又是企业强项的资源与能力可以被称为关键强项。比如,一个汽车公司卓越的研发能力、发动机制造能力以及销售渠道管理能力。那些对企业经营与竞争非常重要但企业处于明显弱势的资源与能力项目,可以被称为主要弱点。比如,上述汽车公司的品牌形象欠佳,技术设备落后,员工素质低下。还有一种情形是,企业的强势凸现于并不十分重要的领域,可以被称为多余的强项。比如,一个企业可能汽车造得很一般,但工会活动水平高,出了许多文艺骨干,大批进入演艺圈。最后一种情形是,企业的弱点表现在不是特别重要的资源与能力项目上,可以被称为无关紧要的弱点。比如,职工食堂没有当地员工们喜欢的酱肘子,职工浴室没有奢侈豪华的盆浴。而重要程度一般、企业表现也一般的方面,多半是我们上面讨论的企业特定性较低的普通资源,可以被称为无所谓区间。比如,可以临时雇用的非熟练工的储备和关系。

图6.2 相关实力分析方法:资源与能力的重要性与企业的强项弱势

资料来源:根据 Grant, R. M. 2002. *Contemporary Strategy Analysis*. 4th Ed. Cambridge, MA: Blackwell Publisher 第五章中相关图表与论述整理改编。

显然,这些资源与能力不是一成不变的。关键强项可能在产业巨变中变成主要弱点或者多余的强项。比如,中国唱片社的垄断使之缺乏竞争意识,其强大的薄膜唱片技术和生产能力阻碍了对盒带技术的尽快采用并最终被取代。再如,一个零售银行的关键强项可能是支行网点广泛。然而,随着在线银行业务的普及和 ATM 的覆盖率增强,这种优势可能不再那么重要了。还有,像工会活动水平高这样看似多余的强项也可能成为一个重要亮点,比如凸显人文特色,提升企业形象,在公关推广、政府关系或者与合作者谈判等领域打开局面,对企业的经营活动和绩效起实质性的关键作用。

五、增强企业能力的基本途径与方法

(一) 自创与复制

发展与增强企业的能力无外乎两种基本途径:自我发展与创新以及复制与传播。自我发展与创新通常艰难而相对缓慢,但能够为企业造就属于自己的特定实力。比如,索尼公司实现产品微型化的设计与制造能力,这种能力为它的产品提供了差异化优势,很难被对手轻易迅速地模仿。当然,在某些情况下,模仿与复制并不是没有可能,不仅包括模仿别人,而且包括复制自己。比如,麦当劳和星巴克在通过连锁经营不断复制自己的同时,也在应用、传播、巩固自己的能力,并发展和增添新的能力,比如在国外开店所必需的与当地顾客、社区以及政府打交道的能力。

(二) 企业发展早期历史对企业能力发展的影响

一个企业在开发自己能力的时候,免不了要受到环境和特定历史阶段的影响,尤其是企业发展早期的历史事件、企业战略和经营方向、产业中的竞争动态等,都可能会对企业以后的能力开发与积累打上深深的烙印。比如,沃尔玛早期的农村市场定位要求它必须拥有自己的仓储和配送体系才能保证对其店铺的及时供货,因此仓储配送及相关物流管理成了沃尔玛的看家本领。埃克森石油公司的前身是洛克菲勒石油王国的控股公司,因而财务管理能力相当出名;而同在石油业的英国石油公司则以勘探能力著称。从成立之日起就通过不断兼并其他企业而增强自身能力和扩大业务范围的思科公司,管理兼并的能力可谓熟练专精。

(三) 企业能力发展的主要方法

格兰特对企业资源与能力的分析可谓范本。他总结了企业能力发展的五种基本方法:开发所需能力的单个组成要素、企业兼并、战略联盟、单独孵化以及在产品更新换代中学习积累。

第一,企业可以通过积累某种能力的构成要素来构建这种能力。比如,一个企业可以逐渐积累某种研发能力所必需的资源,如创造力强的工程师;知识新颖的新人;既懂技术,又懂市场,还善于管理的牵头者等。企业需要使不同的

要素逐渐建立、积累、磨合,形成研发实力。显然,企业所积累的能力要素之间必须相互匹配。

第二,企业可以通过兼并迅速获取某种急需的能力。比如,思科通过不断的兼并和发展,积聚了网络基础设施建设的多种技术实力;同样,联想兼并IBM的PC业务,使之获得了国外市场的营销能力以及一定程度上的技术研发能力。但是,在兼并过程中和兼并后的整合过程中,很多能力会因为冲突、内耗以及忽略与遗忘,而迅速或者逐渐地丧失。

第三,企业可以通过战略联盟,获取和发展自己需要的知识与能力。比如,索尼通过与菲利浦的战略联盟与合作,增强了自己在盒式录音机与CD播放机等产品上的技术实力;通用汽车公司在20世纪80年代耗巨资与丰田等多家汽车制造厂商联盟,以期增进其微型和小型轿车的设计与制造能力。

第四,企业可以通过在常规组织之外实行单独孵化和培育来形成某种能力。比如,施乐的PARC研发中心创造了许多数据处理以及计算机技术的知识与能力。但这种方法面临的巨大挑战是如何将孵化的技术能力应用到企业或组织的主流经营活动中去,而不是被弃置或者流落到其他对手企业那里。

第五,企业可以通过不断的产品更新换代,学习先进,积累能力,追赶潮流。本田公司从早期的代步车,到小摩托车、大摩托车,再到汽车、豪华车等,逐渐掌握并改进了小型引擎的设计与制造技术。同样,现代汽车公司从为福特散件组装,到开发自己的小车、中型车、豪华车,逐步提高了自己的技术实力。松下公司有一套独特的能力复制与发展方法。比如,所有的家电产品基本都要用到电池,所以松下公司每到一地,首先建立电池制造厂,训练员工掌握先进技术以及适应自动化生产的能力,然后逐步开展生产制造过程复杂程度较高的业务,按部就班地提升总体生产与制造能力。

第二节　资源本位企业观

一、资源本位企业观的历史背景与焦点定位

(一) 历史背景与传统回归

资源本位企业观将企业视为一个独特的资源与能力组合,把企业的资源与能力看作战略制定和实施的基础。它的主要分析单元在于企业层面,注重考察企业内部的资源禀赋与运作能力的构成、组合及特点。波特的产业分析理论风靡于世之际,资源本位企业观的兴起与壮大,为战略管理领域的研究与发展提供了必要的平衡力量,使我们再一次清醒地意识到,战略的实质和精髓在于企

业外部环境与内部要素的契合。毕竟,企业独特的优质资源如果不能构建和导致强势的外部产业定位,便不能充分地实现自己应有的价值;而强势的外部产业定位的获取及其持久占据,通常离不开企业独特资源与能力的支持。

(二)焦点与定位

从SWOT的总体视角来看,资源本位企业观应该是对产业分析理论的一个必要补充,甚至提供了某种理论整合的可能与契机。然而,作为对战略分析一时独领潮流现象的一种反动,资源本位企业观很自然地要刻意突显企业层面而不是产业层面的分析焦点,强调内部资源与能力的作用而非外部产业定位的作用。其主要贡献在于为企业资源与能力的分析提供了强有力的理论基础和研究方法,尤其是在资源与能力的独特性和企业竞争优势的持久性之关系的分析方面,贡献良多,成就斐然。

下面我们简单回顾资源本位企业观的理论渊源与发展沿革,分别探讨一些主要理论观点和比较有代表性的贡献。

二、资源本位企业观的理论渊源与主要流派

现在所谓的"资源本位企业观",或曰"以资源为基础的企业理论""基于资源的企业战略学说",其实涵盖了诸多研究领域不同理论流派的论断和观点,有的强调资源的获取,有的强调资源的组合与应用,还有的强调资源的流动与更新。这些不同的侧重点也表现在常用的术语中,如资源的异质性、核心竞争力、动态能力等。但是,这些不同理论流派的共性,则是它们在解释企业的行为与绩效时不约而同表现出的那种对企业内在独特性的关注及欣赏。大致说来,资源本位企业观的理论渊源与基础可以从以下几个研究领域来考察:企业政策研究传统以及关于显著竞争力的学说、彭罗思有关企业增长的理论、早期有关垄断性竞争的经济学研究、芝加哥学派产业组织经济学理论、熊彼特创新理论以及演化经济学的研究,参见表6.8。

表6.8 资源本位企业观的理论渊源

理论渊源	基本概念	主要观点
企业政策与显著竞争力	强项和弱点 显著竞争力	企业战略应该有效地利用企业的强项 企业的显著竞争力造就其竞争优势
彭罗思有关企业增长的理论	企业资源组合 管理资源	企业是独特的资源与能力组合体 管理资源是决定企业增长的主导力量
垄断竞争经济学理论	市场不完善 资源异质性的持久	资源要素市场的竞争是可能不完善的 企业资源与能力的差别可能持久存在

(续表)

理论渊源	基本概念	主要观点
芝加哥学派产业组织经济学理论	企业效率 效率租金	企业自身的效率是企业增长壮大及其强势市场地位的基础与利润的源泉
熊彼特创新与演化经济学理论	不确定性下的创新 组织学习与动态定型	企业家决策与创新决定资源的未来价值 组织的实际竞争力反映于其动态定型

资料来源：本书作者整理。

(一) 企业政策与显著竞争力

沃纳菲尔特(Wernerfelt) 1984 年在资源本位企业观的奠基性的文章《资源本位企业观》("The resource based view of the firm")中(尤其是对"资源本位企业观"名称的首次提出)，强调了资源分析与产业分析的地位至少同等重要。从本章开篇的引言中，我们可以看到，他所倡导的资源本位企业观是对产业分析与外部定位的一种补充和整合。他的主要论点和所提供的基于资源的分析手段与思路，强烈地反映了对哈佛商学院企业政策研究传统及其 SWOT 分析精髓的欣赏和遵从。十年后，在该文获得《战略管理学刊》最佳论文奖时，沃纳菲尔特应邀撰文回忆当年的写作初衷。资源本位企业观与企业政策研究传统所表现出的默契与一致，并非无端巧合，而是根据设计有意为之，因为他发现对外部产业环境的选择本身并不能令人信服地解释许多令人困惑的战略问题。比如，如果大家都去选择和追求有吸引力的行业，那么谁能进去？为什么能进去？问题很自然地要转移到企业自身来。与企业政策研究传统相一致，恰恰是资源本位企业观具有强大生命力的一个重要原因。

另外一个与企业政策研究相关的早期学说，是赛尔兹尼克(Selznick)所谓的显著竞争力(Distinctive Competence)的概念与应用。显著竞争力指的是某个组织或企业所拥有的某种独特、突出和明显的竞争力。它不仅包含了一个组织的技术和竞争方面的特殊能力，而且通常具有某种制度化的色彩、价值趋向和文化意蕴，能够界定和昭示企业的形象认知及战略定位。比如，早年惠普之道所彰显的人文关怀和创新精神。显然，这种显著竞争力的说法与哈佛企业政策传统对企业强项和弱点的分析不谋而合，都强调企业应该以自己的优势资源取胜。资源本位企业观的文献中后来所谓核心竞争力的说法，与早期的显著竞争力概念可谓一脉相承。不同的是，核心竞争力特指的是多元化经营的企业中集体学习与智慧的结晶，尤其是指企业不同业务部门共享的那些与协调不同生产技能和整合不同技术体系及组织体系有关的独特知识与能力。

（二）企业增长理论

彭罗思(Penrose)作为一名经济学家,为企业增长理论做出了杰出的贡献。然而,其主要成就并没有得到主流经济学界的高度重视,反倒对战略管理理论的发展功勋卓著。彭罗思的理论贡献及其作为资源本位企业观主要理论渊源的地位,得到了大家的一致公认。她的企业增长理论将企业资源组合,尤其是企业的管理资源,奉为决定企业盛衰成败的王牌。她认为,管理资源在企业的增长和发展中既可能是促使加力快跑的油门,也可能是导致减速掣肘的刹车。很显然,管理资源的匮乏限制了许多企业的增长与发展。比如,当一个连锁店快速扩张而不注重内部管理时,我们会发现在其系统中某个店铺才干了几个月的伙计都有可能被派到别的新店当经理,这时的管理素质与能力的低下通常是企业失败的前兆。

在战略管理领域,资源本位企业观继承了彭罗思的衣钵,强调企业资源和能力是企业可持续竞争优势的主要来源。具体而言,某些企业资源是有价值的、稀缺的、难以被模仿的,并且流动性低、企业特定性强,不可在公开市场上买到,也没有替代可能。这样的独特资源将为企业带来可持续竞争优势和长期卓越经营绩效。根据资源本位企业观的解释,企业经营战略的首要任务,在于发现和寻求独特的资源并以之为基础构建其他企业不可能模仿和替代的战略。与产业结构分析学派对进入壁垒概念的倚重相似,资源本位企业观主要通过"资源实力壁垒"和"隔离保护机制"(那些限制和阻止对手模仿某个企业资源与能力组合的机制)来解释可持续竞争优势的来源。

（三）垄断竞争经济学理论

垄断竞争经济学的早期发展,也为资源本位企业观的形成提供了必要的理论素养与前提。比如,张伯伦、罗宾逊等对垄断性竞争特点的考察,在解释产品市场垄断的时候,自然地将分析的起点落在企业资源组合的不同上。企业间资源分配的异质性是导致市场垄断和某些企业竞争优势的起因。企业之间资源的不同可以表现在技术诀窍、声誉与品牌、管理者合作的能力等,尤其是企业的专利与商标方面的差异上。这种持久的资源差异可以导致产品与服务市场上的差异,使得某些企业的竞争优势和超额利润得以持久。

受垄断竞争理论的启发,杰伊·巴尼进一步将"市场不完善"的分析引入到企业间资源分配状态的考察上,为资源本位企业观的形成提供了重要的理论基石。产业分析学派强调的是产品市场结构的不完善(或非完全竞争),而资源本位企业观所强调的则主要是资源和能力获取市场的非竞争性特点。这种不完全竞争导致企业间资源分配的差异性极其持久,因而导致企业间战略的差异、执行战略的能力的差异以及最终经营绩效的差异。

沿着资源市场(亦即生产要素市场)竞争不完善这条思路,在资源本位企业观的文献中,后来又产生了一个有关持久竞争优势四大基石的说法(Peteraf,1993)。首先,竞争伊始,企业间资源分配的不同为某些企业提供了竞争优势。其次,事后对资源竞争的限制使竞争优势得以持久。再次,资源的不完全流动性将持久竞争优势锁定在拥有独特资源的企业内部。最后,追溯到企业获取独特资源之时,对资源竞争的前向限制(当时竞争的有限性)保证了企业获取该资源的费用不会完全冲抵未来的经济收益。

(四) 芝加哥学派产业组织经济学理论

产业组织经济学中的所谓芝加哥学派,与以哈佛为阵地的、强调市场强权的产业分析学派不同,它坚持认为企业之所以发展壮大,主要靠的是它们的效率。该学派的主要贡献在于对寡头垄断的研究与理论发展。虽然芝加哥学派学者比如斯蒂格勒与德姆赛茨等并不否认垄断利润的存在,但他们认为企业的卓越经营绩效所反映的主要是效率租金,而不是垄断强权本身。从这个意义上讲,当一个企业可以更有效率地服务整个市场时,自然垄断是完全可能的,而该企业所享有的卓越经营绩效可以被看作对其效率的奖赏。

这种说法实际上强调的是某些企业在增长过程中的独特性使它们的效率远远高于竞争对手,因而具有竞争优势、良好的经营绩效,以及随之而来的市场地位。比如,微软的快速发迹并非来自政府支持或者依靠打压对手,而主要是靠自己快速捕捉技术潮流的眼界与超凡的营销能力。对于战略管理学领域的学者来说,芝加哥学派这种对企业自身能力与效率的欣赏,对企业行为可以改变产业结构和竞争动态的可能性的肯定,可谓正中下怀,暗合心意。无怪乎这种注重效率的说法成为资源本位企业观的又一个重要理论源头。

(五) 熊彼特创新与演化经济学理论

约瑟夫·熊彼特对企业家角色的贴切描述以及对创新机制的精辟论断,在经济学与战略管理领域至今仍然影响深远。熊彼特认为,以追逐利润为天职的企业家将不断地通过创新来打破经济发展中现有的均衡。创新是带动市场经济的引擎。熊彼特型竞争,由于创新性破坏的特质,根据定义,不可能稳定,而且更难预测。然而,正是不确定性才使战略成为必需。在以不确定性、复杂性、革命性为特色的快速多变的熊彼特型竞争中,正是企业家在战略运作中的远见、判断和冒险,使一批又一批的新兴企业后来居上,推进着经济的不断发展。显然,对资源的获取和利用正是战略运作的一个核心要务。而资源的价值往往难以在获取或使用之前预知。企业家对不同资源的判断与承诺导致企业之间资源配置的不同。至于那些独特而又有价值资源的获得,远见与运气可能都需要。

以熊彼特理论为基础的演化经济学,注重考察企业作为一个组织不断学习和应对环境变化的过程。在这个过程中,企业对知识资本尤其是"隐性知识"的重视,以及它所拥有的"组织动态定型"(Routine),即可以预见的、规律性的,协调个体和部门活动的主导模式与组织流程及"日常实力",在很大程度上决定了企业的竞争优势与经营绩效。隐性知识通常难以被系统地编码、储存与传播,因而需要整个组织体系拥有良好的机制与能力去积累、传承和应用这种能力。企业间在这种知识与能力上的差别决定了各自的竞争优势和劣势。同样,组织动态定型说的是企业在日常运营中所能达到的并表现出的实际能力水准,而不是超常发挥时的实力。这种实际能力决定了企业在竞争中的表现。

与组织动态定型相关的一个概念和现象是资源、能力的流量及存量的区别。我们不能只看企业对资源的当期投入(流量),还必须考察该企业至今已经积累的资源和能力以及它们的组合与整体实力(存量)。正是这些存量指标在任何一个时间点上定义一个企业实际是否具有竞争优势。比如,一个企业每年的研发投资力度并不能精确地代表企业在创造性和当年技术创新方面的实际水准。较大的研发投资力度并不必然意味着较高的竞争优势,也不一定在当年就会影响企业的经营绩效。还有,流量的投入由于组合不利、应用不当、浪费流失等原因,并不一定导致存量的增长。比如,通用汽车公司在长时期内每年的研发费用数倍于本田,这并不意味着其研发实力比本田更加雄厚。显而易见,流量指标可以比较容易地被及时调整,而改变存量积累却不是在短时期能轻易办到的,往往需要按照某种战略模式始终如一地进行资源的流量投入。对于流量和存量之间关系的全面了解,以及它们对企业竞争优势与经营绩效的不同作用模式的探讨,为资源本位企业观的发展做出了一项重要贡献。

在近期的资源本位企业观的文献中,戴维·蒂斯(David Teece)等人关于动态能力的说法和理论发展可以说是熊彼特创新理论的又一次成功的应用及拓展,并继承和发扬了演化经济学的理论传统。这时的企业动态能力主要应用于重复的熊彼特竞争风暴之间。熊彼特竞争风暴(或冲击振荡),可以被定义为由某些企业的创新而引起的具有革命性和破坏性的竞争环境变化。熊彼特竞争风暴通常能够改变企业的相对位置,重新定义不同的企业资源在新游戏中的相关性和有效性。一个企业如欲在连续的熊彼特风暴之间生存,并更新自己的资源与能力组合从而构建新的竞争优势,就必须拥有强大的动态能力,及时调整、重组、更新自己的现有资源组合,成功地实现战略变革和转移。

第三节 资源与能力分析:一个基本分析框架

一、理论共识与基本分析框架

(一)资源本位企业观的理论共识

资源本位企业观为企业持久竞争优势的分析提供了一个重要的观察视角与理论体系。资源本位企业观的基本论点在于企业独特的资源与能力乃持久竞争优势之根本源泉。要获得持久竞争优势,企业的资源与能力必须是极具价值、特性突显、罕见稀缺、供给有限、不可流动、难以买卖、不可模仿、难以替代的,牢固地镶嵌于企业复杂的技术和组织系统中,具有较高的企业特定性。资源本位企业观的形成与发展,为理解企业资源与能力特性和持久竞争优势之间的关系做出了重要的理论贡献。

(二)一个基本分析框架

应该说,在过去二十多年的研究工作中,许多研究者为资源本位企业观的形成和发展做出了重要贡献。杰伊·巴尼的工作建立在沃纳菲尔特和儒梅尔特奠基性的论著之上,使资源本位企业观的表述趋于范式化、清晰准确、全面系统。他所总结的关于企业资源与能力的"价值-稀缺-模仿-替代-组织"分析框架,被公认为资源本位企业观的标志性分析框架和最有代表性的理论体系,集先学之大成,为后学之典范,承前启后,广为流传,在管理学和其他相关的领域中得到日益增强的重视和广泛深入的应用、检验与发展,与产业分析中的"结构-行为-绩效"范式遥相呼应,与波特的五力分析框架争相媲美。

巴尼分析框架的主要构成要素在于他对资源与能力的价值性、稀缺性和难以模仿性的详细论述。在不同的场合,他也分别对资源与能力的难以替代性,以及企业是否有意识、有组织地配置和使用其有价值、稀缺而又难以模仿复制的独特资源与能力进行了详细的阐释和说明。实事求是地说,价值性和稀缺性是经济学分析的标准概念,对不可模仿与复制方面的研究才是资源本位企业观的实质性贡献。这一方面的研究恰恰也是所有信奉资源本位企业观的学者集体贡献最大的地方。对于资源的不可替代性的研究后来也日益得到重视。而对企业是否有组织地利用其独特资源与能力的讨论,则超出了资源与能力本身的考察,有意将着眼点放在了以持久竞争优势为主旨的更大的分析范围与视野。因此,根据散见于巴尼论著中的不同论述,可以总结出资源与能力分析的五项关键要素,我们不妨称之为"另外一种五因素分析"。"价值-稀缺-模仿-替代-组织"分析框架,参见图6.3。

图6.3 巴尼分析框架:价值-稀缺-模仿-替代-组织

资料来源:根据 Barney, J. B. 1991. Firm resources and sustained competitive advantage. *Journal of Management*, 17: 99—120; Barney, J. B. 1997. *Gaining and Sustaining Competitive Advantage*. Reading, MA: Addison-Wesley 整理改编。

(三) 巴尼资源与能力分析框架的主要特点

首先,巴尼分析框架系统地给出了一套对资源与能力的评估准则,层层递进,披露资源与能力为企业带来竞争优势的可能。相对于波特五力分析框架之于企业外部环境机会与威胁分析的贡献,巴尼分析框架使得企业关于自己强项和弱点的分析严谨而又扎实。

其次,巴尼分析框架的核心基础与前提在于企业资源的独特性(异质性)和不可流动性(企业特定性)。从这个角度来看,其分析层次在企业这一层面,分析单元在于具体某项资源或能力。

再次,巴尼分析框架的另外一个特点,类似于波特对产业的宽泛定义,是巴尼对资源的广义定义,任何可以被企业选作战略制定与实施之基础的资产、要素、关系、属性等,都可以被称为企业资源,并且他通常将资源与能力并称,不做细分。基于其资源定义,巴尼分析框架的主要目标,不是为了指出具体的企业资源项目,而是旨在帮助企业严格审视任何可以被称为企业资源的项目的盈利潜力,详细考察其与持久竞争优势的关系。可以说,其最终标尺和准绳牢牢地锁定于企业的持久竞争优势,这是企业资源与能力分析的终极使命,也是战略管理的核心问题。

最后,这一框架不仅考察资源与能力本身的独特性和盈利潜力,而且关注企业在组织方面是否能够正确地识别和妥善地应用这些独特而有价值的企业资源与能力。

(四) 巴尼资源与能力分析框架的主要论点

资源与能力是否能够为企业带来持久竞争优势取决于其特点是否能够满

足一系列具体而又比较苛刻的要求。这些要求反映在下面的问题中:价值性、稀缺性、不可模仿性、不可替代性、组织性,参见表6.9。对上述五大问题中不同要求的满足程度,决定了资源与能力为企业提供竞争优势的潜力,参见表6.10中的主要论点总结。

表6.9 巴尼资源与能力分析框架的五个基本问题

价值性问题:	这种资源与能力是否能使企业挖掘、利用外部环境中的机会并抵御和化解威胁?
稀缺性问题:	这种资源与能力是否被控制在少数企业手中?
不可模仿性问题:	其他企业是否可以相对容易地模仿复制这种资源与能力?
不可替代性问题:	其他企业是否可以相对容易地获取这种资源的替代性资源,从而提供同样有竞争性的产品?
组织性问题:	企业是否有组织地利用了这种资源与能力的全部潜能?

资料来源:根据 Barney, J. B. 1991. Firm resources and sustained competitive advantage. *Journal of Management*, 17: 99—120; Barney, J. B. and Hesterly, W. S. 2005. *Strategic Management and Competitive Advantage*. NJ: Prentice Hall 第三章相关内容整理。

表6.10 巴尼资源与能力分析框架的主要论点

有价值	稀缺	难以模仿	难以替代	有组织性	强项与弱点	竞争优势潜力
否	否	否	否	低	弱点	竞争劣势
是	否	否	否	↑	强项	与对手持平
是	是	否	否		显著强项	短期竞争优势
是	是	是	否	↓	持久显著强项	持久竞争优势
是	是	是	是	高	绝对持久显著强项	绝对持久竞争优势

资料来源:根据 Barney, J. B. 1991. Firm resources and sustained competitive advantage. *Journal of Management*, 17: 99—120; Barney, J. B. and Hesterly, W. S. 2005. *Strategic Management and Competitive Advantage*. NJ: Prentice Hall 第三章相关内容整理。

缺乏价值的资源通常被认为是企业的弱点,是企业的竞争劣势。价值较高的资源通常被认为是企业的强项,可以使企业在竞争中至少与对手保持平手、势均力敌。如果该强项资源既有较高的价值,又非常稀缺,只有少数企业掌握,那么这种资源往往是企业的显著竞争力,能够为企业带来竞争优势,至少是短期的竞争优势。如果该强项资源不仅价值高、稀缺性强,而且难以被对手模仿,则可能为企业带来持久竞争优势。如果该强项资源,不仅价值高、稀缺性强、不可模仿性强,而且其功能难以被对手的其他资源替代,那么这种资源通常可以为企业带来绝对的持久竞争优势。

应该说,前两个问题主要考察的是资源与能力为企业带来竞争优势的潜力,接下来的两个问题主要考察的是竞争优势的可持久性。而前四个问题加起来只是考察了这些资源本身能够为企业带来竞争优势的潜在可能性。最后一个问题,企业是否有意识、有组织地开发和利用这些独特的优质资源,最终决定了持久竞争优势能否出现。拥有这些有价值、稀缺、难以模仿、难以替代的资源与能力的企业,只有组织有序地挖掘和利用这些资源的潜力,才能真正使自己的竞争优势得以持久,并获得优异的经营绩效。

下面,我们进一步比较详细地探讨巴尼资源与能力分析框架的五大问题。

二、巴尼资源分析框架的五大问题

(一) 价值性问题

首先,价值性问题考察的是某种资源与能力是否能够帮助企业获取和利用环境中的机会,并化解或抵御各类威胁。这里的论点主要根植于商业政策传统以及 SWOT 分析中对企业的强项与弱点的分析和界定。有价值的资源通常是企业的强项,能够帮助企业更好地满足顾客的需求,在竞争中立足。如果某种资源,尤其是关键竞争领域所需要的资源的价值较低,那么这种资源显然是企业的弱点,在竞争中呈劣势。比如,某些零售银行的信息管理与营业数据处理能力低差、效率低下,每到月末员工都要加班加点,人为错误较多,严重影响了结算速度和准确率,给自己的运行与顾客服务造成了诸多不便。

> 古董,富人嫌新,穷人嫌旧。
>
> 俗语

资源的价值最终要体现在其受顾客欢迎的产品与服务上,体现在为顾客创造的价值上。因此,资源与能力的价值必须在特定的经营环境中考察才显得具体而有意义。比如,百威啤酒的品牌在中国市场可能是一个非常有价值的品牌,是其强项,而在美国市场上只是一个大众品牌,与主要对手的品牌价值相差无几,在欧洲市场上,其形象则近乎"啤酒味儿的水",是其主要弱点与劣势。如何发现企业资源与能力的价值并创造性地将其利用于价值最高之处,显然是对战略管理者的一个巨大挑战,或点石成金,或使千里马骈死于槽枥之间。从经济价值创造的角度来讲,考察资源与能力价值性的最明显的指标,在于对企业收入增加的贡献以及对企业成本降低的贡献。

(二) 稀缺性问题

资源与能力的稀缺性决定了其是否能够为企业带来竞争优势。假设一个企业拥有某种有价值的资源与能力,比如携程旅行网,其免费电话服务系统和网上客户服务系统,给顾客计划旅游或公务行程提供了极大的方便。如果许多对手同样广泛地拥有这种资源与能力,则这种资源与能力顶多能使企业和主要对手持平,或比没有这种资源与能力的企业稍显优势。进一步而言,有些有价值的资源与能力可能相对比较稀缺,比如,携程网与各大航空公司和酒店的良好关系及交易渠道,以及管理这种关系与渠道的能力,并不是许多对手都能拥有的。这种稀缺性的资源与能力,便可能为顾客提供其他对手无法提供的产品与服务,因此创造独特的顾客价值,为该企业带来竞争优势。

> 经济学的第一课就是关于稀缺性:从来没有足够的任何东西可以用来满足所有需要它的人们。政治学的第一课就是去忘掉经济学的第一课。
>
> 托马斯·索维尔

稀缺性是经济学的基本概念与常识。资源的稀缺往往来自供给的固定性或者说供给的无弹性。比如,全世界大城市中固定的土地供给、对新增建筑的抑制,通常是造成房地产升值的关键因素。有些资源则属于有限供给,比如移动通信公司经营业务所必需的政府牌照,同样具有不同程度的稀缺性。对这些供给缺乏弹性的资源的拥有与控制,尤其是在它们价值暴涨之前获取它们,无疑会使企业享有竞争优势。能力的稀缺性则主要靠企业自身的作为,以及其特定的发展轨迹。比如,许多产业发展有不同阶段间的连续性。如果一个企业在一个阶段出局后,很可能长期被锁定在外,无法在后期再进入该产业或其中某项业务。这是因为,一直连续参与的企业在其发展过程中积累了参与后期竞争必需的技术能力或知识储备,而中途退出的企业无法掌握这种能力。总之,稀缺性问题说明了一个简单的基本道理:大家都有的资源不可能是竞争优势的源泉。

(三) 不可模仿性

资源的不可模仿性决定了企业资源独特性与异质性的持久存在。如果这种独特的资源能够为企业带来竞争优势,那么其独特性的持久将使企业的这种竞争优势得以持久。一个企业如果依靠其某种有独特价值而又稀缺的资源获得了竞争优势,必定吸引竞争对手对其资源的模仿与复制,尤其是在知识产权意识低下、法律保护不够健全的经济环境中。虽然模仿者可能后来居上,但在通常情况下,模仿者很难直接通过模仿本身获取(比被模仿者更强的)竞争优势。然而,模仿者至少可以通过模仿先进企业的资源与能力来改变自己的竞争劣势,降低被模仿者的竞争优势。比如,当年IBM与柯达曾经模仿施乐的技术模式,在大型高容量复印机市场上与施乐小分一杯羹,但终究难敌施乐在该领域里复杂多样而又相当持久的强大优势。

模仿即自杀。

爱默生

那些不愿意模仿任何东西的人,创造不出任何东西。

萨尔瓦多·达利

再看吉列的例子。其竞争对手由于受到吉列的强势攻击,生存空间日渐缩小,不得已向政府告状,引用反托拉斯法案条款,请求政府迫使吉列向竞争对手公开其产品研发与制造的技术资料,从而帮助提高整个产业的技术水平与制造质量。吉列听命照办,但结果竞争对手发现吉列的技术体系如此先进复杂,既无法非常经济性地模仿复制,也不适宜自己的现有条件与经营目标,于是放弃模仿的计划,甘拜下风。吉列在剃须产品领域的研发与制造能力无疑是价值高、稀缺性强而又难以模仿的,因此,与具有同样特点的品牌管理能力和营销渠道管理能力一起,为吉列提供了持久的竞争优势。

(四) 不可替代性

资源与能力的不可替代性,进一步取消了竞争中其他游戏类型或游戏规则的可能性。虽然某个企业拥有某种有价值、非常稀缺、难以模仿的资源与能力,并通过其明星产品为顾客提供了卓越的价值,相对持久地为企业提供了竞争优势(相对于同种产品提供者),然而,如果其他对手可以通过替代性的资源组合,向顾客提供同种产品或者功能相似或相近的产品,那么,该企业的竞争优势虽然非常持久,但不可能是绝对的。比如,上述吉列的例子,虽然它在传统剃须刀市场上技术精良、产品优质,但菲利浦等其他企业可以在电动剃须刀市场上通过不同的技术实力与产品价值来满足顾客同样的需求。

如果一个企业的资源与能力不仅能够为其提供持久竞争优势,而且难以被替代,那么,该企业所参与的游戏则成了其行业中唯一的或主导的游戏,该种游戏也就只有一种规则,而该规则下取胜的资源与能力只为该企业一家拥有。因此,该企业的持久竞争优势则成了绝对的持久竞争优势,因为其他企业由于资源弱势几乎没有机会和可能去竞争。比如,De Beers 对钻石资源的控制。钻石显然属于价值较高、相对稀缺、难以模仿、不可替代的资源,而对这种资源的控制,显然为 De Beers 提供了近一个世纪的持久竞争优势。

也就是说,在既定的竞争空间内,资源的分布如此异质化,某些企业或组织独占优质资源,因而处于不败之地。比如,在迈克尔·乔丹率领芝加哥公牛队勇夺 NBA 总决赛两次三连冠的时代,其他球队和球员的使命就是争夺第二,而且最好不要作为乔丹扣篮的对象尴尬地出现在"飞人精彩瞬间"的招贴海报上。

这里需要说明的是，由于资源与能力的不可替代性和不可模仿性是巴尼分析框架乃至资源本位企业观总体文献中的主要研究重点，因而在过去的二十多年间积累了丰富的理论观点、概念体系和各种解释变量。有关影响企业资源与能力的不可模仿性和不可替代性的要素及变量，我们将在第四节专门进行更为详细的讨论与总结。

> 胜利没有任何东西可以替代。
>
> 道格拉斯·麦克阿瑟

> 言辞应该是交流的工具，而不是行动的替代。
>
> 俗语

（五）组织性问题

组织性问题要解决的是对企业资源的正确认识与合理使用的问题。我们经常听到的一个说法是，管理者通常不知道怎样去创建有价值的资源与能力，但他们在摧毁这些资源与能力的时候一个比一个在行。如果企业的资源与能力有价值、稀缺、难以模仿、难以替代，那么这种资源与能力只是提供了持久竞争优势的潜在可能性。如果企业的管理者不能清醒地认识这些资源的价值，或者不能将它们用于最能创造价值的经营领域和环境机会，那么持久竞争优势的实际出现和真正发挥作用可能就会值得怀疑。虽然优质资源本身通常能够自动发挥作用，但长期的冷落忽视，或者有意无意的摧残，都会造成资源的闲置浪费或者流失外逃，使之不能充分发挥作用，甚至成为竞争对手借以发动攻击的武库与实力后盾。

> 组织管理学的实质在于回答一个基本问题：为什么聪明人在组织中故意办傻事？
>
> 鲁宾·麦克丹尼尔

对独特优质资源懈怠不管的案例虽然并非比比皆是，却也不鲜一见。比如，施乐的 PARC 研究中心，虽然发明了许多像图形用户界面（GUI）那样的现代 PC 业所必需的关键技术，但并没有为自己进入 PC 业提供任何优势。反倒是这些资源与技术在硅谷地区其他企业之间的流传，成全了别人的竞争优势，比如苹果公司对 GUI 的采用。相反，休斯公司则成功地将自己独特的优质资源从军工领域转向了民品市场。休斯的卫星技术处于全球领先地位，许多技术资源与能力不仅有价值、稀缺，而且难以模仿、难以替代。通过与索尼等公司合作，学习控制成本,借力品牌效应,使其 DirectTV 项目成为家用卫星电视服务的先锋与主力,充分挖掘了其优质资源的盈利潜力,拓展了其利用空间。

三、企业资源与能力和竞争优势的可收益性

(一) 可收益性问题的提出

其实,与巴尼资源与能力分析框架中的组织性问题相关的,还有更深一层的意思。就是说,谁从竞争优势中获得主要收益? 在通常情况下,从企业经营的角度来看,应该是组织驾驭资源与能力,而不是资源与能力要挟组织。问题的核心不仅在于资源与能力能否为企业带来持久竞争优势,而且在于企业能否从竞争优势中真正获益,从而实现卓越的经营绩效。这种考虑通常被称为竞争优势的可收益性问题。说白了,也就是具体资源与能力的提供者和作为其雇用者的企业之间如何讨价还价及分账的问题。到底什么决定了企业资源与能力所提供的竞争优势的可收益性呢? 常见的因素大概可以分为如下几种:资源之于组织的镶嵌程度、产权的界定,以及双方的议价能力。

(二) 资源与能力的组织镶嵌性

有些资源与能力和组织的关系密不可分,或深深地镶嵌于组织体系中,或对组织的依赖不离须臾。因此,这些资源项目难以独立为计。于是组织大于资源本身,资源价值属于集体。这种情况下,资源所带来的竞争优势以及基于竞争优势的收益主要由集体(企业或组织)获取。比如,大家对迪士尼公司前景比较有信心的一个主要因素就是巴菲特所说的"米老鼠没有经纪人"。也就是说,迪士尼最优质的资源(以及创造这些资源的能力)属于企业整体,而不是某个(些)有极强议价能力的资源提供者。

当然,其他一些资源本身就是企业组织不可分割的一部分,沉浸于、弥漫于、作用于组织复杂网路体系中的方方面面、各个角落和大小节点,水乳交融、血肉相连,比如组织的标准操作程序、企业文化、制度传统、应变能力、声誉形象等。显然,这些资源与能力所支持的持久竞争优势的收益是属于组织的。比如,3M 公司崇尚创新的企业文化及其卓越的业界形象,都是与整个公司密不可分的,属于其 DNA 的一部分。

有些资源虽然可以有很高的流动性,但自愿地对某个雇主或组织进行承诺,并将自己的资源与能力投资和增长方向主动地镶嵌于组织体系中。比如,前面提到的资源本位企业观理论渊源之一的所谓芝加哥学派,便是一大批志同道合的优秀学者由于共同的学术兴趣和信奉自由市场制度的价值趋向而形成的对某一个机构及学派的归属与认同。同样,作为战后新凯恩斯主义主要阵营的麻省理工学院经济系,也是一个相似的例子。当然,这些为学校做出了巨大

贡献的学者也得到了学校给予的良好待遇。

> 麻省理工学院造就了我们,我们也造就了麻省理工学院。
>
> 保罗·萨缪尔森

(三)产权界定

某些资源虽然独特稀缺,难以模仿与替代,但仍然有某种程度的可流动性,无论其可流动性程度如何有限。比如,一个在本企业供职20年的高级管理人员,可能突然出走加入对手的阵营。他所带走的知识、能力和社会关系,到底是属于他个人的资源,还是组织的资产?如何界定个人资源与组织资源之间的关系?你的"核心竞争力"今天下班,明天不来了,你该如何处理?显然,这类资源相对于企业雇主有很强的议价能力,可以通过提高自己的酬金而分享企业的利润,更多地从它们所提供的竞争优势中直接地获取更大的收益。

在咨询公司、广告公司、经纪人公司等业务类型中,由于客户主要跟人走而不是跟公司走,这些公司员工个体资源(客户网络、人脉关系)的价值就相当高。企业的显著竞争力可能就是几个明星雇员的电话本。这种公司常见的产权制度是合伙制。其意图在于希望将企业最重要的资源(人力资源)作为雇员的利益和同时作为股东的利益紧密地结合在一起。这种产权的界定,使得合伙人有足够的激励去为企业整体的长期利益考虑,而不是在每年的结算中,都将自己认为该拿的报酬全部吃净。当然,这种产权的界定也名正言顺地给合伙人提供了大肆分红的权利和法律保障。

> 我是国王,我现在想吃饺子。
>
> 费迪南德(奥地利国王)

产权界定得越清楚,资源与能力提供者作为产权拥有者,相对于雇用它们的企业和组织而言,议价能力就越强,从企业中分得的收益也就越多。比如,由IBM所推出的PC,界定其产品核心与标准的操作系统及芯片是分别外包给微软和英特尔的,因此,IBM只是享有了微软和英特尔产品的虚拟优势,并不真正在法律意义上拥有提供这种竞争优势的资源与能力。相反,拥有提供这种优势背后的技术资源与能力的微软和英特尔,则借IBM在终端市场上的品牌声誉及其对产业标准的推广,收益甚多,获利颇丰。

(四)资源与能力提供者的议价能力

当然,除了产权之外,还有许多其他因素影响双方收益分成时的议价能力。比如,资源提供者的分散程度,是否有自己的组织,是否能够左右社会舆论、影响政府决策等。工会可以代表员工与企业谈判,帮助员工提高工资福利待遇。比如,沃尔玛一直反对员工组成工会,并且用各种措施保持了较低的劳动力成本。而美国的汽车行业工会势力庞大,因而企业劳动力成本相对较高。还有,职业行会可以帮助职业人士维护自己职业的利益。同样,资源提供者的团结程度与互相支持也可能提高自己的议价能力。1989年,当指挥家巴伦博伊姆因薪酬与工作量问题的纠纷遭到巴黎巴士底歌剧院解职时,与巴伦博伊姆分属不同流派与阵营因而竞争激烈的卡拉扬,也不计个人恩怨,通电谴责该歌剧院,声援自己的同行。

当然,影响双方议价能力的还有诸多环境因素。比如,在一个注重集体主义的文化氛围里,大家可能不太勇于为自己的利益做公开的争取。而在个人主义盛行的环境下,人们可能更有机会争取更大的收益。比如,在计划经济时代,许多发明创造是集体进行的,个人很难质疑组织对自己的贡献所给予的报酬是否合适。同样,在国有企业创业的企业家,究竟能在创业过程中为自己实现多少利益,一是靠自己的产权意识、资本运作的能力、个人名声和胆识,二是看社会舆论与政府政策所决定的时机,正确处理国家、企业和个人三者间的关系。

(五)资源的价值:最终的判断

从企业角度考虑,什么才是最有价值的资源呢?最终的判断,应该是千里马的标准:吃得多,干得多,并且干得多的程度远远超过吃得多的程度。干得多,能够为企业带来竞争优势,干得多的程度超过吃得多的程度,则保证了雇用者的剩余。雇用者在很大程度上得到了竞争优势的收益,而千里马本身并没有把自己超额的贡献全部吃完。所以,对于企业来说,有价值的资源与能力具有这样一个特点,那就是,当企业为之支付高于同类资源市场价几倍、几十倍,甚至更高的价格时,其对企业的贡献仍然高于企业所支付的价格。如果某种资源与能力,干多少,吃多少,贡献多少,拿走多少,那么无论它多能干,也不具有比一般资源更突出的价值。

> 我们付给他的工资超过他的价值了,但他确实值这么多。
>
> 萨缪尔·高德文(米高梅老板之一)

一个企业之所以是一个组织,就在于它为资源的提供者提供了资源应用的长期性和稳定性,降低了其交易费用,拓展了其发展和升值的空间;否则,就成了完全的自由市场交易。拿人力资源来说,如果每个人都完全是自由职业者,每天与雇主签合同,打短工,那么一分价钱一分活儿,企业不会从这种资源中获得任何优势，干活者也不觉得被剥削或者给得太多。一切正好。这种现象，类似于当年北京天桥一带的日工，每天扛包卸货，然后吃饭、洗澡、睡觉、看戏、听相声。第二天从头再来。

NBA 篮球联盟是一个引人注目的产业。球星是最值钱的资源。许多球队花了大价钱得到某些球星但却成绩平平。真正有价值的球星在于无论你给他多高的工资，他的出场本身与其贡献都能够为球队带来比他的工资更高的收益。从理论上说，每个球员在与某个球队的合同期满后，都可以与任何一个他认为最能实现他价值的球队签约。如果真是那样的话，人员的频繁流动就使得球队成了个体户组合，观众没有了忠诚度，集体运动成了个人争风吃醋的舞台，NBA 离昔日的天桥也就不远了。NBA 有限自由人的制度，通常意味着能给一个球员最高工资的组织是他正在效力的球队。这在某种程度上增加了双方互相承诺的机会与激励。唯其如此，球队才称其为组织，阵容才可能稳固，特色才可能形成，持久竞争优势、卓越经营绩效、强势王朝（如赛尔特人队、湖人队和公牛队）才可能出现。

总结而言，正如本章至此所一直强调的，资源与能力的企业特定性是持久竞争优势的必要条件，也是企业能够从竞争优势中真正获益的秘诀。

第四节　资源独特性的进一步探讨：模仿与替代

一个企业之所以能够获得长期卓越的经营绩效，往往是由于它拥有某种持久的竞争优势。而竞争优势之所以能够持久的一个最主要的原因，就是导致和保持该优势的企业经营战略无法被对手轻易复制和模仿。而经营战略无法被成功模仿的关键原因通常在于所需要的企业资源与能力无法被模仿和复制，或者极其高昂的复制成本使得竞争对手不得不望而却步。因此，独特的企业资源与能力是战略制定和实施的基础、持久竞争优势的源泉以及长期卓越经营绩效的保证。这便是资源本位企业观的主要论断。

总体而言，资源的独特性如果持久存在，那就意味着它不可被模仿或复制（以下统称模仿），并且通常不可被替代。如果可以被模仿，那么资源和能力的独特性就会打折扣；如果可以被替代，那么资源和能力的独特性所具有的价值就会降低。不可模仿性可以导致拥有这种独特资源与能力的企业在某些依赖这种资源与能力的游戏中胜出。不可替代性可以导致该游戏对上述独特资源与能力的排他性依赖，并可能使该游戏成为在某一个特定空间和时间组合中的唯一游戏或占主导地位的游戏。在该时空中，拥有该种独特资源的企业将享有持久竞争优势而不受任何大的威胁和挑战。

下面我们详细探讨为什么某些企业的独特资源和能力可以经时历久,或者说,为什么资源在企业间的异质化分布可以持久存在。是什么造成资源与能力的这种不可模仿和不可替代的独特性呢？原因有多种,包括自然的、技术的、经济的、法律的、社会的、文化的,等等。

一、资源的不可模仿性

资源的不可模仿性,如前所述,常用"资源位置壁垒"和"隔离保护机制"等术语来形容。具体而言,这些资源壁垒(或者更准确地说,保护机制)主要包括不可交易性、因果模糊性和社会复杂性,以及其他一系列资源获取和使用过程的特点,如时间压缩不经济性、资产聚集效率、资源关联性和资源损蚀等,还有其他一些比较直观的因素,如路径依赖等,参见表6.11。当然,上述所有因素并非完全在同一个分析层次之上,可能互相重叠和补充,更可能共同作用。

表6.11 资源与能力不可模仿性和不可替代性影响因素一览

不可模仿性：	不可交易性	因果模糊性	社会复杂性
	时间压缩不经济性	资产聚集效率	资源关联性
	资源损蚀	路径依赖	其他因素
不可替代性：	自然天成	社会习俗	转换费用
	纵向兼容	先入为主	买断挑战
	维权诉讼	霸道名声	政府管制

资料来源：根据 Dierickx, I. and Cool, K. 1989. Asset stock accumulation and sustainability of competitive advantage. *Management Science*, 35: 1504—1511 等多种文献改编、加工、整理。

（一）不可交易性

不可交易性,意味着某些资源和能力,由于其自身的特性或者市场不完善性等原因,不可能通过公开市场买卖而实现其在企业间的流动。这就使得某些企业希望拥有某些资源和能力的企图变得不可能。正像产品市场上有垄断和不完全竞争一样,企业所需的各类资源市场,即"企业推行某种独特竞争战略时所需要的战略资源市场"上,也会有不完全竞争。这种不完全竞争意味着某些企业,尤其是弱势企业根本没有机会参与"战略资源市场"的竞争,因此,无法复制优势对手的独特资源(想买也买不到),也就无法模仿其成功战略。另外,某些资源和能力本身不具备可交易性,必须在企业内部进行积累和培养,比如某些无形资产,不可能被"抠"出来单独在市场上买卖。即使对手要把整个企业买下,也可能得不到它要买的无形资产和独特能力。比如,A企业兼并B企业主要是为了获取其研发队伍,但B企业的主要研究人员可能因为不喜欢为A企业服务而在兼并前或成交的当口大规模跳槽出走,留给 A 企业一个徒有虚名的空壳。

(二) 因果模糊性

因果模糊性,意味着导致竞争优势的资源和能力不能被确定,或者获取这种资源和能力的机制不能被清楚地了解。也就是说,在某些情况下,连拥有某种独特资源的企业自身也不明白这种独特资源是怎么来的,或者自己也很难说清楚到底是什么独特资源在起作用(支撑着企业的持久竞争优势),企图模仿的对手企业就更摸不着头脑,感到无从下手。这便是因果模糊性在起作用。比如,某些企业的竞争优势可能主要来自政府关系,但该企业可能会错误地以为是来自它们的制造实力或品牌声誉。企业现期的高层可能也并不清楚该企业政府关系优势的来历。另一种可能性就是,该企业故意掩盖其政府关系优势的实质(以及其渊源),扭曲事实,转移视线,把对手的注意力引到不相干的领域,从而阻止对手模仿和复制。

(三) 社会复杂性

社会复杂性,意味着企业的独特资源,尤其是其独特能力通常不是某种可以清楚界定的设备、元件、技术或其他个体资源,而是深深地镶嵌于一个企业的组织体系与文化传统之中的某种流程、意识和运作能力。这种所谓的镶嵌性,使得该独特资源和能力的流动性大大降低甚至为零,只能存在于本企业,沉淀于本企业,作用于本企业,于是具有所谓的"企业特定性"。比如,企业文化便是这样一种具有较强的社会复杂性的企业资源。它不可能被对手买去、偷去,或者轻易地学去。模仿一个具体的资源项目可能比较容易,比如付现金买断一个好的商铺地段。而模仿具有高度社会复杂性的、企业特定性的、多层面多维度的资源和能力便没那么简单了。

(四) 时间压缩不经济性

时间压缩不经济性,指的是某些资源与能力的获取和保持需要长时期的积累以及系统的培育。短期内,即使花费若干倍的力气和钱财去购买、打造,也不可能一蹴而就,迅速达到预期的效果和作用。一个最浅显的道理是,用高压锅煮肉,再快再好,至少从心理感觉上,不如砂锅细火慢炖的效果好。急功近利,事倍功半。比如奢侈品的品牌,往往需要几个世纪的侍弄和经营,"暴发户"是不可能轻易与之匹敌的。这里,资源本位企业观的文献里,大家竞相引用的是这样一个故事:

> 一个年轻的美国人到英国的某个城堡去访问,与当地勋爵进行了如下对话:"您的草地为什么这么绿?""首先,土质要好。""原来如此。""另外,

种子和肥料要好。""明白。""还有,每天浇水,每周修剪。""噢,这很好办。""就这么简单!""真就这么简单吗?""当然。不过你得这样保持五百年!"

正像制度学派的开山鼻祖索尔斯坦·凡勃伦所说,真正纯正的蓝色贵族血统需要几代人精心的"配种"和养育。一个企业的资源与能力的优异需要的是同样的精心料理和长期不懈的努力。

(五) 资产聚集效率

资产聚集效率,或曰资源的关键规模效应,意味着某些企业的独特资源与能力具有足够的规模和储备,形成了良好的资源应用环境,并且可以更加容易地增加和更新其储备及规模,从卓越走向卓越。比如,一个森林中起先比较高的树木,由于出类拔萃,可能更多地接近阳光而越长越高。同样,人才济济的企业,比如微软和通用电气,往往比对手更容易吸引新的人才。这就使得意欲模仿的企业处于劣势。即使它们能够在某种程度上获得少量的上述资源,但通常势单力薄、不成气候,达不到关键的集聚度或临界点,只能望洋兴叹。如果在某个行业,与国外技术社区接轨很重要,那么一个从20世纪80年代就开始有计划和系统地吸引高端海外归国人才并且拥有庞大海归技术队伍的企业很可能会有持久竞争优势。对手的海归寥寥无几、散兵游勇,就会很容易被晾在那里。

(六) 资源关联性

资源关联性,指的是独特资源与其他资源的关联性或互补性。企业的资源和能力往往是一个相互关联的体系,互相影响、共同作用。既互相激发,也互相制约。某种资源和能力如欲完全发挥效用,通常需要其他资源做基础、配合或者补充,从而共同发挥作用,奠定优势。比如,技术创新实力需要制造实力和营销实力做后盾,这样开发出的新产品才能在市场上站住脚。新产品的成功可以带来丰厚的利润,再投资到研发部门,进一步增进研发实力。如果模仿者或者挑战者只有研发实力,而没有互补的制造和营销势力,那么它也不可能成功地模仿三种能力俱全的优势企业的战略,它在研发方面的独特能力也不可能持久或者真正给企业带来市场上的优势。比如,EMI发明了CT医用扫描仪,但终究不敌通用电气和东芝的制造实力及销售网络,从而惨遭收购。

(七) 资源损蚀

资源损蚀,指的是资源和能力的折旧、损耗、侵蚀及失效。尤其是有些独特资源和能力,需要连续不断地花重金和大力气维持,比如研发能力、品牌的知名度和美誉度。这不是一朝一夕的事,而是旷日持久的工程,也就是说,需要连续不断地、制度化地"烧钱",而基本上不眨眼。这种情况对已经拥有独特资源和能力的既得利益者来说,往往比对后起直追的模仿者更有利。因为既得利益者已经有了一定的资源储备或者资源存量,可以更经受得起消耗;而模仿者初来乍到、一无所有,由于企图快速构建资源储备而必须进行大流量的斥资,很容易被这种高投入的游戏拖垮。当年美苏的超级竞争、军备竞赛、高边疆较量,就是以国防建设的资源为打拼的基点,直至戈尔巴乔夫把发展的重心转向改革才使这种游戏告一段落。

(八) 路径依赖

路径依赖,说白了,就是运气。由于历史原因、企业的独特经历和特定的发展轨迹,使得企业恰好拥有某种独特的资源与能力。而后来的企业,或者没有与该企业同时行走于同一发展轨道上的企业,便不可能获取这种资源与能力,或者即使可以获取,但成本如此之高,可能已经没有任何经济意义。比如,可口可乐在第二次世界大战时被盟军总指挥艾森豪威尔将军指定为美军在世界范围内必供的饮料,这等于是美国国防部出资给可口可乐建立销售渠道。这种机缘和运气不是随便哪个企业都能享有的。再如,中国移动由于其前身的垄断地位,继承了众多的高端客户,拥有优质号码资源,以及经验相对比较丰富的管理团队和营运队伍。

(九) 其他因素

当然,还有很多其他原因使模仿根本不可能发生,如无知、傲慢和懒惰等。某些企业,落后无知而又夜郎自大,根本就不知道最佳实践方法在哪里,最佳资源组合应该什么样,拥有独特资源的对手是哪一家,从而认为自己已经很不错,不需要进一步学习和赶超,不知道学习的对象,因此根本不会想到什么模仿。另外一些企业,虽然知道自己的不足,也知道优秀对手的资源长处,但失之傲慢,碍于面子、虚荣、清高、传统和其他心理障碍,不愿意主动、虚心或认真地学习和模仿。它们我行我素,避免正视对手和承认对手的成功,或者不把它们放在眼里,因而也不会刻意去模仿。更有一些企业,行为懒惰、有心无力,或者三天打鱼、两天晒网,不能脚踏实地、持之以恒地去学习、模仿、创新和替代。如此,优势企业的独特资源当然就更可以长期持久地发挥其竞争优势了。

综上所述,诸多因素单独或共同导致了某些独特资源的不可被买卖、模仿或复制。这使得拥有这些资源和能力的企业可以享有竞争优势,甚至保持持久竞争优势。

二、资源的不可替代性

在很多竞争情况下,其实存在着殊途同归的可能。也就是说,在同一个游戏中,不同的资源和能力组合可以造就不同的竞争优势,因此,企业可以用不同的强项去玩同一个游戏。如果某些强势企业的资源和能力不能被模仿,新兴企业很可能会寻找其他资源和能力组合来"替代"现有强势企业的资源和能力,从而避开、绕过或者跨越现有强势企业所拥有的"资源位置壁垒",成功地进入其市场,挑战其地位,或者独辟蹊径,开发全新的市场空间,使原有强势企业变得边缘化、不相关,甚至完全被淘汰。游戏创新和蓝海战略等讲的就是这个道理。

然而,拥有独特资源和能力的强势企业,为了保持其持久竞争优势,为了保持其游戏在市场上的排他性和重要性,也会千方百计地企图使其独特资源和能力不仅难以模仿,而且难以替代或者不可替代。这样,它善于进行的游戏便成为该市场中唯一的游戏或者主导的游戏;在该游戏中,其由于独特的资源和能力而稳居领先地位。其资源的不可替代性往往来自如下因素或者它们的组合,可以简称为替代壁垒:自然天成、社会习俗、转换费用、纵向兼容、先入为主、买断挑战、维权诉讼、霸道名声以及政府管制等。

(一)自然天成

自然天成,意味着某些资源和能力是自然形成的,非常稀少,或曰供给有限。而这些资源对于某种行业或市场属于关键要素,不可或缺。这时的游戏便主要由这种独特稀缺的资源决定。比如土地之于房地产,在可开发的土地供给有限的情况下,自己拥有土地、曾经廉价拿下的地,便是不可替代的资源。而获取土地资源的能力等都是派生的、第二位的。土地资源本身是不可替代的,至少在空间站技术使得人们能够居住在空中或者大规模登月技术实现之前,必然如此。其他竞争性游戏中的资源和能力也可能是不可替代的。超级球星的得分能力、首席歌唱家的亮嗓、某种优质葡萄酒产地的独特地气和气候,这些都是自然天成、难以复制的。

(二)社会习俗

社会习俗,往往使某些并非极其稀缺的资源和能力显得自然排他、不可替代。比如,由于文化传统和历史的原因,法国波尔多地区的葡萄酒,因自然特色出众而被披上了一层神秘的面纱,给世人以超级品牌的好感。品酒师可以认为北加州和南澳大利亚的葡萄酒可能一样出众或者更好,但消费者仍然感觉不是波尔多,不够尊贵。尽管有些人可能认为雷克萨斯的质量远远好于奔驰,但他们真正买车的时候还是宁愿多花点钱买奔驰,这种由于社会习俗而积累的品牌资源,在一定时期内是很难被替代的,尤其是奢侈品品牌。再如,人们对钻石的好感,并不是靠其稀缺价值而维系的。De Beers 通过多年的广告攻势,加之英国皇族的推波助澜,造就了钻石的形象:女人最好的朋友、爱情永远的象征,等等。De Beers 最有价值的、不可替代的资源,恰恰在于人们对钻石的不可抑制的好感,而并不仅仅是它对裸钻资源的占有和有控制的市场投放所人为造成的稀缺。

（三）转换费用

转换费用，指的是顾客从一种价值提供系统和模式向另一种替代性的系统和模式转换时发生的费用。转换费用如果过高，就会影响顾客对替代系统和模式的选择。不同的价值提供系统及其具体的产品和服务，通常是由不同的资源和能力组合以及技术特色来支持的。当现有强势企业因为采用某种独特的资源和能力组合从而推出控制产业标准的产品及服务时，对手因无法有效率地模仿，如果想进入该市场竞争，唯一的办法就是采用某种不同的资源和技术组合，通过提供替代性的价值提供系统和模式，从侧面进攻强势企业。顾客由于长期习惯性地应用现有强势企业的系统和模式，心理、信息和操作上的诸多因素，或曰转换费用，阻止他们轻易地向替代系统转换。这些费用不仅包括新系统本身的费用，还包括教育顾客的费用、对新系统进行学习和培训的费用，以及配套和互补产品的费用。因此，高昂的转换费用使得原有独特资源和能力以及它们所支持的主导价值提供系统非常难以被替代，从而其提供的竞争优势得以延迟。

（四）纵向兼容

纵向兼容，指的是替代技术与现有技术的兼容性。从时间序列的角度来看，如果替代技术缺乏纵向兼容性，那么它成功的可能性就非常小，在这种技术所支持的产品和系统的连续性至关重要时，成功的可能性就更小了。比如，企业的某些数据几十年来都是由某种企业当初自建的信息系统收集整理和储存检索的，不断更新扩容和添加组件及补丁，某些数据只能用当时特定的技术手段和范式去处理，如果新的替代技术不能读取和处理这些数据的话，它就很难取代原有技术。这时的问题已经不只是把原有数据转换成现有技术可以处理的形式所需要的转换费用了，问题的关键是这种转换根本不可能。这与某些病人对器官移植的排异性非常类似，直至生命尽头也不可能接受替代。

（五）先入为主

先入为主，指的不仅是已经拥有独特资源和能力的企业的先动优势，而且还包括这些企业有意识地圈地、渗透，从而拓展其资源的广泛适用性，抢先占有各种可能的替代性资源，或者染指可以想象到的各种替代性资源的培育和获取过程。也就是说，拥有主导游戏中独特优质资源的企业也会积极主动地涉足和掌控替代性的资源。比如，华尔街很多著名的投资银行在雇用分析人员时，除了雇用金融专业最优秀的毕业生外，也雇用其他专业最优秀的具有良好分析能力的人才。一个传统能源公司可能积极参与各类新兴能源的研制，积累经验和知识，并不一定是要主动替代自己在传统能源业务中的优势，而很可能是为了更好地防止对手首先替代。

(六) 买断挑战

买断挑战,指的是拥有现在主导游戏中独特优质资源和能力的企业,由于自己灵敏的嗅觉和对未来产业趋势的良好判断,通过强大的资金实力,在替代性资源和能力声名鹊起之前,就主动出击,或威胁,或利诱,强行或善意地买断这些替代性资源和能力,将之扼杀于摇篮之中,或束之高阁,从而剔除潜在的替代威胁。比如,一个传统汽车发动机制造专家可以买断某些新兴对手的新型燃料发动机的设计技术,阻挠该技术的继续更新和发展,从而延迟它在传统发动机行业的技术领先地位。无怪乎很多小型新兴企业的梦想及使命就是企图通过研制现有主导游戏中需要的独特资源的替代技术和资源能力,从而争取被现有强势企业高价收购而获利退出。

(七) 维权诉讼

维权诉讼,指的是拥有独特优质资源的企业通过司法诉讼等手段打击替代品的势力,遏制其发展空间,威胁其生存基础,挑战其存在的合法性。这种诉讼和维权措施,可以是依照真凭实据的据理力争,也可以是无中生有的蓄意炒作。其目的在于保护自己不可替代的地位,强调自己的合法性,宣言自己的正宗,注重自己的品质卓越。比如,一个企业可以通过诉讼控告对手企业用不正当竞争手段利诱原告公司的重要员工跳槽,恶意侵犯原告企业的技术专利权、商标权或冠名权,可以举报并控告对手企业的技术漏洞和对消费者造成的潜在危害和威胁等。

(八) 霸道名声

霸道名声,意味着拥有优质资源的强势企业,不惜一切代价,不计成本,全面出击,维护和增强自身的独特性、不可挑战性和不可替代性,并同时扼杀、限制、打压和威胁任何可能提供替代性资源和能力的企业,从而赢得和维持其"难缠""生猛""彪悍"和"霸道"的名声。这种名声使得任何对手在有任何模仿和替代的企图之前,都必须三思而后行,并很可能望而生畏、却步不前。比如,微软的强硬和霸道名声对很多潜在的挑战者都构成了一种强大的震慑和威胁。当然,这种名声虽然在市场上阻碍了替代性技术的出现和发展,也不幸招致了政府的注意,并引火烧身,从而物极必反,无意间恰恰给了替代者以机会。

(九) 政府管制

政府管制,也可以导致替代性的降低和消除。比如,为了保持某些行业(如军工行业)的稳定和连续性,政府可能对某些现有强势企业的技术和能力情有独钟,因而可以通过法令、配额和指定标准等方法对该企业独家扶持,各种好处非其莫属。这种政府行为使得该企业的某种技术或者其他独特资源和能力在一定时期内成为唯一的标准,不受挑战。在民用消费品中,就品牌资源来说,茅台和五粮液的价值可谓旗鼓相当。但是,如果假设政府政策只严禁公款消费茅台,那么公款消费的主要目标就会主要集中在五粮液上。这样的政府行为实际上在无形中哄抬了五粮液的价格,使之高于茅台,从而也暗中助长了五粮液的品牌资源,使之在该政策有效期间难以被茅台替代。

第五节　资源本位企业观与产业分析理论的关系

一、资源本位企业观与产业分析理论的关系

(一) 两种企业观的比较

资源本位企业观与产业分析理论,分别从企业内部禀赋和外部环境两个方面来看一个企业,强调了 SWOT 分析中的两个重要部分,应该同时考察,可以互为补充。从外部产业定位的视角和内部资源能力的视角同时来看企业的战略,把握企业经营的实质,才能更加全面系统、详细透彻,参见图 6.4 中佳能的例子。

图 6.4　资源本位企业观与产业分析理论对企业的不同定义

资料来源:Prahalad, C. K. and Hamel, G. 1990. The core competence of corporations. *Harvard Business Review*, May-June:79—91; Grant, R. M. 2002. *Contemporary Strategy Analysis*. 4th Ed. Cambridge, MA: Blackwell Publisher.

产业分析的视角将佳能看成是一系列的产品与市场组合。而资源本位企业观则将佳能看成是一个技术与组织等方面资源和能力的结合体。在产品市场上,我们看到的是佳能产品的优质性能、可靠质量、强势地位以及高额定价。在企业内部,我们看到的是资源优异、技术领先、组织有序、能力高强。而联结两种企业定义的核心是图像处理。佳能的实质是利用其先进的图像处理技术研制和销售多种不同的图像处理仪器。这是佳能绩效优良的成功之源。任何只强调一种视角的做法都会是片面和不准确的。

(二) 两种企业观的理论关系

虽然资源本位企业观与产业分析理论的焦点不同、概念不同,但它们之间其实还是存在很大的共性的。值得欣慰的是,资源本位企业观和产业分析理论的对话与融合已经蔚然成风,积累了一些值得注意的成果。

首先,两种不同的企业观,可能会应用不同的术语来描述同一个现象的两个不同侧面。产业分析理论中所谓的进入壁垒,很多是由主导企业所统占的优势资源所集体形成的。比如,现有企业的差异化优势对潜在进入者形成进入壁垒,对不同细分市场上的对手形成移动壁垒,但差异化优势的背后支持往往是强势企业难以模仿和替代的独特资源。产业并不是一个虚幻的场所,而是一个不同企业的集合体。产业的许多特性,实际上是主导企业和有代表性企业的集体特征。从这个意义上讲,进入壁垒通常就是"资源壁垒"。另外,从产业分析角度来讲的所谓关键成功因素,其实在很大程度上也是由企业层面的指标构成的,不但代表了产业的总体特点,而且通常受制于企业的影响和操纵。比如,在日用消费品行业中经常被认为是关键成功因素的所谓品牌与渠道以及管理它们的能力,显然属于企业资源与能力的范畴。

> 如果战略位置变动的机会非常不频繁,而且保护机制造就可防卫的地位,那么很多企业可以长期忽视战略而仍然盈利……如果一个企业的战略位置足够强大,那么甚至傻瓜主政也能成绩斐然(至少在短时期内如此)。
>
> 理查德·儒梅尔特

其次,两种企业观从理论基础与分析方法上来看,也有惊人的相似之处。比如,二者对市场不完善的共同关注。产业分析考察的是产品市场上的不完善性,因而可以通过市场强权和垄断租金等概念来解释某些企业的持久竞争优势。资源分析考察的是资源要素市场上的不完善性,因而可以通过企业资源异质性的长期存在来解释某些企业的持久竞争优势。显然,资源与能力的异质性很可能是导致产品差异性和市场强权的更为基础的要素。当然,它们之间的关系可能比我们所知道的更为复杂。但是,有一点可以肯定,两种企业观所依赖的其实都是市场层面的经济学分析。虽然资源本位企业观表面上关注的是企业"内部的"资源与能力,而对这种所谓企业层面要素特性的考察,仍然要诉诸外部市场的不完善性。因此,无论是资源还是产品,竞争的不完善性才是竞争优势和企业战略长期存在的前提与诱因。

二、资源分析与产业分析的互补

(一) 产业的吸引力取决于企业的资源与能力

根据产业分析学派的论断,一个企业盈利的高低,主要取决于它所在产业的所谓吸引力。由此而来,战略的核心任务被认为是企业在外部竞争空间的定位,选择最具有吸引力的行业,争取在该行业建立强势位置,享有持久竞争优势。问题是:什么是有吸引力的行业呢?是不是一个行业对所有的企业都具有相同的吸引力呢?是不是某个行业的平均利润率高或者增长率高就一定具有吸引力呢?对这些问题的回答,仅靠产业分析一种理论视角的帮助显然是不够的。不同类型的产业,对于不同能力的企业来说,吸引力是不一样的。

具体而言,如果一个产业中某些企业由于优异的成本控制能力而极具成本优势,那么这些企业较广阔的利润空间和较高的利润率会把整个产业的平均利润率提得较高。如果一个产业中所有企业的成本结构和水准都比较接近,也就没有企业可以长期拥有比对手更高的利润率。这样,整个产业的平均利润率就会相对较低。所以,对于成本控制能力较强的企业来说,利润率高的产业比利润率低的产业更具有吸引力,因为它相对于成本控制能力低的企业的竞争优势可以被凸显、被最大限度地利用;相反,对成本控制能力较低的企业来说,在利润率较低的产业当一个一般的选手要比在一个利润率较高的产业当一个失败者日子更好过一些。

同样,对于低效率(成本控制能力低)的企业而言,增长率比较高的产业比增长率比较低的产业更具有吸引力,因为高速增长的行业往往需求大,竞争压力相对较小,比较容易包容和袒护低效率企业的不足。对于高效率的企业而言,在相对稳定和成熟的产业中,要比在高速增长的产业中更容易发挥优势。越是打阵地战,实力的差别对结果的影响也就越大。

(二) 资源与能力的竞争力取决于产业的选择

正如一个产业并非对所有的企业都具有吸引力,某种特定的资源与能力也并非在所有产业环境下都有价值和独特性。一种资源在真正能够帮助企业利用环境机会并在竞争中胜出的情况下才算最大限度上实现了自己的价值。比如,一个企业的战略计划体系和预测未来产业发展方向的能力,在不同的产业环境中,对企业竞争优势的影响是不一样的。在时装业,主要(设计)企业基本上是家族企业或者一两位著名设计师主持的作坊式经营,正式的战略计划体系与它们的工作方式和通行的企业文化大不相容,因而并不普遍地存在于这个行业。然而,时装业每年的潮流与亮点变化多端,这在很大程度上意味着,战略计划体系是可能帮助企业系统地捕捉和推广潮流的。因而,少数拥有一定程度的战略计划体系的时装企业就可能显出某些竞争优势。相反,在家具制造业,由于竞争环境通常相当稳定,潮流样式多年不变,而且企业或多或少都有一些跨年度的经营计划,因此,战略计划体系在这个行业并不是一种非常有价值的资源。

世界上本来没有垃圾,只有放置在错误地方的资源。
2006 年一位考生在高考语文试卷上的语句

战略管理是一门情境艺术,讲究的是企业自身资源、能力与外部环境机会和要求的动态匹配及契合。没有对所有企业都具有吸引力的产业,也没有任何企业的资源与能力使之在所有产业中都能够生存并取胜。根据自己的实力去发掘机会,根据环境的约束来提高自己,方可保持战略的生命力和企业的竞争优势。

(三) 资源分析与产业分析的共同应用

显然,企业的资源分析与产业分析的共同应用,可以使其战略分析更加全面。比如,巴尼资源分析框架可以与波特的价值链分析方法同时应用。波特的价值链分析虽然是为企业内部分析所设计的,但其精神实质与产业分析极为一致。比如,价值链中的一系列活动,就是关于企业如何与供给商和购买商接轨的问题。因此,通过它们在价值链上不同环节上的表现与作为,可以使企业更加清楚明晰地考察各类资源与能力组合的特色和作用,参见图 6.5 中戴尔的例子。

图 6.5 价值链分析与"价值-稀缺-模仿"分析的共同应用

资料来源:Barney, J. B. and Hesterly, W. S. 2005. *Strategic Management and Competitive Advantage*. NJ: Prentice Hall. Chapter 3.

在谈到戴尔的核心竞争力的时候,经常列举的是它的低成本直销模式、为顾客迅速灵活地量身定制 PC 机的能力,以及可靠的网上以及免费电话服务支持系统。戴尔的这些能力,必须应用在顾客需要这种灵活性的产业中才可能创造较高的价值。PC 机产品本身的日益商品化,意味着技术逐渐成熟稳定,产品更新换代减慢,利润空间缩小。这时,戴尔的量身定制能力发挥作用的机会变得越来越小。它必须寻找新的市场去充分利用自己的能力,否则自己多年的增长速度和优良业绩就会遭受挑战。我们看到,当戴尔向打字机和平板电视等市场拓展的时候,它遗憾地发现这些产品的标准化程度极高,而顾客对量身定制的特殊要求却非常之低。因此,能够继续大规模使用其现有核心能力的产业环境的萎缩与缺乏,是对其竞争优势可持久性的最大威胁。

三、资源本位企业观的局限性

资源本位企业观及其具体的理论观点与分析框架,为企业的内部分析做出了巨大的贡献,使得我们对企业资源与能力的了解更加广泛深入,对 SWOT 分析中的强势与弱点分析更加全面、详细、严谨、具体。同时,资源本位企业观的及时出现,扭转了产业分析一枝独秀的局面,使企业的总体战略分析回归平衡与合理,也为企业内部分析的进一步整合提供了有利的契机。然而,与产业分析一样,资源本位企业观也存在一些缺陷与不足。我们有必要对此略做说明。

(一) 对资源本位企业观的主要批评

对资源本位企业观的局限性的批评与建议来自多个方面,有的出自其主要贡献者的自身,有的则属于持反对意见者的激烈论断。第一,如前所述,资源本位企业观并不完全是一个企业层面的理论。它的主要理论依据仍然在于市场层面的不完善性,即资源供给市场上的竞争不完善性。第二,与市场分析相连,资源本位企业观的基本论断与产业分析中的五力框架一样,仍然具有浓重的环境决定论的色彩,而且更加突出了运气等随机因素的作用,淡化了管理者选择的可能性。第三,与环境决定论相关,在某种程度上,资源本位企业观,至少是初期的文献,对殊途同归的可能性有所忽视。如果两个企业的资源大不相同,但又都符合资源本位企业观所描述的有价值、稀缺、不可模仿的特点,那么谁能更有竞争优势呢?第四,资源本位企业观的理论只是解释了资源与持久竞争优势的基本关系,但并未具体指出企业的战略管理者如何去获得或培育这些资源。第五,其基本分析框架"价值-稀缺-模仿-替代-组织"以及主要论断,未免有循环论证之嫌,因为它对资源与能力的价值定义本身,就是以其对企业竞争优势与经营绩效的贡献为标准的,因而根据定义便可自圆其说,难以在实证研究中被证伪。

(二) 如何看待理论的局限性

在很大程度上,对上述局限性的批评是可以成立的。前两项批评的出发点,来自企业管理学者自身相对重视企业层面变量与要素的理论倾向和实际偏好。第三点是关于殊途同归(抑或独家游戏)可能性的质疑。应该说,近期资源本位企业观的文献对资源与能力可能具有不同程度的可替代性的阐释,在某种程度上缓解和回应了这种批评。最后两种批评,也许适应于所有管理学的理论,乃至整个社会科学的理论。比如,波特对产业"吸引力"的定义,就是其较高的利润率;而在有吸引力的产业选择有吸引力的企业定位,根据定义,自然会导致较高的利润率。再如,我们通常说的"有营养",就是对身体有益;吃有营养的东西(适量),根据定义,自然会对身体好。保持健康的最好手段就是不生病;不生病的最好办法就是保持健康。这种批评甚至可以说恰恰道出了管理学乃至社会科学理论的真谛。许多理论皆是循环论证,因为社会科学研究的现象发生在一个复杂的网络空间,其间不同的实体与要素互动交融,很难说清起点终点、因果关系。理论视角或分析框架,比如资源本位企业观,只是给出了一些道理和解释,而没有给出具体的答案,并不能告诉你星期一早上具体怎么去做。深刻的道理往往难以被准确清楚地转化为具体的行为准则,从而直接指导行动与实践;而直接可行、简单有效的偏方与秘诀往往注定庸俗,缺乏普适性与思想深度。也许所有管理学的所谓理论与学说,其作用主要在于强调基础、启发思路,而不是像大家通常预期的那样直接去指导实践。

第六节 组织体系:组织结构与企业文化

企业内部实力分析的另外一个重要构成部分是企业的组织体系。企业的资源与能力,无论如何独特优异,注定要在一定的组织体系之内调配和使用。组织体系的设计与维护是组织战略得以实施的制度保障。良好的组织体系,不仅能够使企业资源与能力得以充分利用和施展,甚至还可以通过组织运作的效率和有效性在一定程度上弥补自身资源与能力的不足。本节重点讨论组织体系的两个最为重要的构成部分——组织结构和企业文化。类似于计算机的操作系统和应用软件,这些制度流程和观念体系界定了企业间不同部门及人员之间的交往方式与运作常规,影响并制约着企业的日常运营以及相关的变动与改革。

一、组织结构与组织设计

组织结构是对组织内工作安排的制度性设计。组织结构的主要功能在于界定企业间人、财、物和信息的流动格局以及它们之间交相互动的关系模式。下面介绍组织结构的构成要素、形态分类,以及影响组织结构设计的因素与准则。

(一) 组织结构的构成要素

具体而言,组织结构由如下六个要素构成:工作设计、部门归类、命令链条、控制跨度、协调机制、直线参辅。

工作设计:对不同的工作岗位和具体任务进行专业化分工与界定,明确任务和职责。专业化通常有利于提高工作效率。明确的岗位和任务描述有利于管理控制与问责。

部门归类:对相似的工作岗位和职能活动进行归类整合,形成相应的部门。部门化有利于人才集聚和技能整合,形成同一个职能领域内的合力。

命令链条:在同一个部门或者职能领域内确立上下级关系,形成命令链和汇报机制。命令链从组织高层一直延伸到最基层,保证信息上下沟通,命令得以执行。

控制跨度:一个管理者所直接管理的下属人员的数目规模,直接影响着组织层级的多少,以及管理效率和力度。

协调机制:不同部门之间横向协调的规程和手段,保证不同部门之间的共同协作。协调机制既要保证企业整体利益的实现,又要尊重各个部门和职能领域的专业特点与特殊需求。

直线参辅:直接从事生产和价值创造的员工与参谋辅助人员的比例。恰当合适的比例可以保证有足够的人员在一线工作同时又能获得应有的后台支持和相关辅助。

(二) 组织结构的形态分类

常见的组织结构的基本类型包括职能型、事业部制、矩阵式等。

1. 职能型

职能型(Functional Form)是最简单也是最为常见的组织结构设计。历史悠久,沿用至今。它的变种可以用其他维度来代替职能,仍然采用相对简单清晰的结构,参见图6.6。

按照产品类型:比如,一家综合的计算机研发制造公司可以按照硬件、软件、附件和服务来划分其部门。

按照客户类型:比如,一家销售公司可以按照个人用户、企业用户、教育用

图6.6 职能型组织结构

资料来源:本书作者整理。

户、政府用户来设计其组织结构。

按照地域分布:企业可以按照不同的地理空间或者人口区域来划分其部门。比如,西欧、北美、亚太,或者华北、华东、西南等。

按照业务流程:一家保险公司可以简单地划分为销售、后台、理赔等三个部门。

2. 事业部制

事业部制,通常被称为 M 型(Multi-divisional Form)结构,最早采用于美国的多元化经营公司,比如通用电气,至今亦被诸多大型跨国公司沿用。

图6.7 事业部制组织结构

资料来源:本书作者整理。

事业部制最大的优点,在于有效地区分了两级总体管理的任务和权限。公司总部专注于业务范围的确定、长远发展战略的设计、管理团队与人才的培养开发、政府关系与法律事务的处理等,通常不直接涉足具体业务的日常经营与管理。每个事业部其实相当于一个相对独立的业务公司,通常被称为"战略业务单元"(Strategic Business Units),主要负责在具体的业务市场上制定并实施自己的业务竞争战略。战略业务单元的自主权大小,以及不同事业部之间的协作程度,取决于业务特点、技术特点、局部市场环境,以及总部决策者和各个事业部一把手的眼界、胸襟和实权等多方面的因素。

3. 矩阵式

矩阵式(Matrix Form)结构也是多元化公司(尤其是跨国公司)经常采用的组织结构类型。它的优点在于在公司总部可以通过职能和业务两条线索指导、协调及控制具体业务的运作。在业务领导和职能领导的共同带领下,在同一个业务上,不同的职能部门可以比较便捷地沟通和协作,有利于项目的进展,尤其是在复杂多变的不确定环境下运作。然而,由于一个岗位要同时向职能和业务两个命令链汇报及负责,一个显而易见的潜在缺陷,就是多头领导,以及随之而来的任务重复、命令冲突、职权混淆、利益纷争等弊端。对于跨国公司而言,在业务和职能之外还多了一个地域的维度。在这个三维立体矩阵中,如何平衡业务、职能和地域的关系是跨国公司面临的严峻挑战,参见图6.8。

图6.8 矩阵式组织结构

资料来源:本书作者整理。

4. 混合型结构

在实践中,具体的组织结构形式多样。所谓的混合型结构也经常被采用。混合型结构可能同时反映基于产品、职能、客户、地域、业务流程等不同的设计思路,对组织结构进行多准则的混合型安排。这种结构,保留了企业在不同发展阶段组织结构的设计思路以及当时主导任务的影响,可以使企业相对有效地应对来自不同业务环境的挑战。混合型结构存在的另外一个常见原因,则比较病态无奈,那就是因历史遗留问题而不得不因人设事,使组织自陷困境僵局。

5. 新型组织结构

随着技术的发展和社会趋势的变化,传统的组织形态也在日益遭受挑战。

新的组织结构模式亦在不断涌现,日益模块化、网络化、虚拟化。有些昙花一现,稍纵即逝;有些开始生根,逐渐流传。比如,一些企业将原本属于企业内的任务进行重组外包,精简了企业内部的岗位设置和组织流程。这些企业与劳务公司和专业人才公司等合作伙伴协作,按照季节性需求或者任务特点,随机雇用临时工或者长期外聘专业人员,形成虚拟的网络型组织。在自己的资产负债表之外进行运作,也可以更好地粉饰表内业绩。再如,一个电影制作团队,就是一个以项目为基础的临时性企业。不同的部门都是相对独立的模块,可以自由灵活地整合对接,甚至可以同时参与若干个电影项目的运作,在多家临时性企业间游走。这种模块化和虚拟性的组织模式也正在日益被其他职业化及专业化要求较强的行业所应用。

(三) 组织结构的特点

组织结构的特点可以通过多种指标来描述。常见的指标包括集中度(Centralization)、正规度(Formalization)、复杂度(Complexity)等。

较高的集中度,或曰集权性,意味着决策的权力主要集中在组织的高层,而底层的管理人员主要的任务则在于执行决策。较高的集中度,通常伴随着较多的管理阶层和较长的命令链条。而较低的集中度则意味着基层的管理者拥有较高的自主权,整个企业的管理阶层相对较少,组织结构趋于扁平化。

正规度,或者规范化程度,体现的是组织中各项工作内容和流程标准化的程度,以及员工行为受到明确的规则和既定程序制约的程度。在正规度较高的组织结构下,规则和程序是组织活动遵循的法宝,员工很少有自由发挥的空间。比如,精密制造行业的流水线运作,高度专业化和流程化。

当正规度和集中度都相对较高的时候,组织结构则类似所谓的"机械式"组织,循规蹈矩、按部就班。这种结构在相对稳定一致的技术和经营环境下,通常会具有较好的执行力和运作效率。比如,铁路运输等半军事化运作的企业。但在需要快速应变的时候,这种结构则通常反应迟缓。显然,大多数政府机构也是采取机械式的组织结构。

当集中度和正规度都相对较低的时候,就会出现所谓"有机式"的组织结构。大家的参与度会有所增强,信息能够更加自由公开地流动,非正式的协调机制和良好的文化氛围也可能增强组织的灵活性。这些特点会帮助企业更好地应对复杂和不确定的任务环境。比如,以创新著称的3M公司和谷歌公司,都曾经给予员工(主要是工程师)一定比例的工作时间(15%—20%)用以自由支配,去做自己喜欢做的事情,从而鼓励有机、自发的创新。当然,这种结构也可能导致人浮于事和资源浪费等负面结果。

一般而言,从职能型、事业部制、矩阵式到混合型的组织结构,复杂度逐渐提高。高度的复杂性,可能反映了企业的业务特点和技术本身的复杂性,因此业务之间以及项目之内需要非常频繁和复杂多样的沟通与协调。企业不能简单粗暴地一刀切,对复杂精致的活动生硬地画线圈框。当然,组织结构的复杂度,也可能来源于战略定位摇摆与组织结构设计准则混乱,或者由于盘根错节的人事政治所带来的固症顽疾。

> 当任何一个组织机构扩张到超过 21 位成员的时候,真正的权力将存在于该组织中更小的单元里。
>
> C. N. 帕金森

(四)组织结构的设计准则

上述组织结构特点的形成和改变,有赖于初始的组织设计和在企业发展过程中所进行的不断调整。在构建和调整组织结构时,不同的企业往往遵循不同的设计准则。概而言之,除了决策者个人的偏好,组织结构的设计准则在很大程度上都或多或少地受到一些关键因素的影响,包括企业的经营战略、环境条件、历史包袱、技术特点、发展阶段、企业规模等。比如,随着企业的壮大,原先的有机式结构可能会越来越趋向于机械式。受环境中潮流风尚的影响,不该分权化的企业也可能会不合时宜地降低其集中度,如此等等。下面,我们着重探讨企业经营战略和技术特性对组织结构的影响。

1. 战略因素:结构跟随战略

早在 1962 年的战略管理经典文献《战略与结构》一书中,钱德勒教授就提出了"结构跟随战略"的著名论断。根据他对 20 世纪上半叶美国企业由单一业务企业向多元化经营公司大规模转型的潮流趋势以及典型企业的研究,他认为,正是由于多元化战略所带来的空前的业务复杂性与管理挑战,才催生了事业部制这样的组织结构,来帮助公司实施和管理其多元化战略,亦即总部把握方向,各个事业部进行日常经营。如此,特定的战略需要特定的组织结构来匹配,才能顺利实施,产生预期的效果。当然,与"结构跟随战略"相对应的是"结构制约战略"。一旦组织结构拥有自己的生命根基,它将不断出产"常规"和"惯性"等自我保护机制,拒绝甚至扼杀任何企图对它进行的修补或者变革。因此,现有组织结构的掣肘,通常是阻碍企业进行战略变革和商业模式创新的重要因素。这是结构对战略的反作用。

从全球范围内的经验看,企业战略定位对组织结构设计及其相关特点的影响,亦广泛而深远。纵观整个 20 世纪,早期的欧洲跨国公司,比如飞利浦公司,通常采用"多国战略"。表现在组织形式上,各个国家的分公司享有极高的自主权,各自为政,而跨国间的业务则相对较少。在20世纪中期,以美国为代表的跨国公司中,比如IBM和宝洁,决策的集中度则相对增强,公司总部要协调不同地域的产品规划与经营。到了20世纪后期,以日本企业为代表的跨国公司,追求的是全球一体化的战略。比如松下,它们的组织集中度最高。坐落在日本的全球总部拥有全球运营的最终决策权,尤其是技术研发和产品制造方面的决策。每一个区域公司不过是一个销售机构,其主要管理人员都属于从总部借调。

2. 技术因素:组织设计的权变理论

从运营操作的视角来看,企业核心业务的技术特点会对企业的组织结构设计产生重大影响。20世纪60年代兴起的所谓权变理论,着重强调组织结构应该根据企业的技术特点来设置。琼·伍德沃德(Joan Woodward)曾经将制造技术分类为单件(或小批量)生产、大批量生产和连续生产(生产线)。显然,这些技术类型对部门间的协作具有不同的要求,因而影响组织结构的设计安排和具体形态。组织理论大家詹姆斯·汤普森(James Thompson)则将不同部门之间的关系(相互独立、顺序接替、交互往返等)作为组织设计的主要权变因素。

独立并行的沟通模式,主要存在于相对松散型的组织中,每一个分支之间的相互依存性非常低,不需要过多的协调,分支间的沟通也相对简略。比如餐饮业的连锁店星巴克或者零售银行业的招商银行,不同区域的分店或分行之间,相对独立地运营,既没有直接的竞争,也没有实质性的合作。通常情况下,分支间的沟通几乎是不存在的。顺序线性的沟通模式,类似于伍德沃德的连续性生产模式,常见于生产线类型的组织。企业内的业务流程是一个线性的顺序递进过程,比如汽车的总装业务。

交互往返的沟通模式,意味着组织中部门间的交流是双向的,通常是多次往复的。A部门的产出是B部门的投入。而B部门在A部门产出基础上工作后所产生的结果,又再次回到A部门作为其下一段工作的投入。如此循环往复。现代技术手段,可以使得这种交互往返的速度和连续性迅猛提升,增进组织沟通的效率与质量。比如,在数码时代,网上通信与数据交换的便捷,可以帮助企业跨越时间和空间的鸿沟,在全球范围内协调其组织结构和业务运作,全方位、全时段地高效运营。一家软件公司,可以在硅谷进行软件设计和开发,当天下班前将阶段性的工作打包发送给公司在印度分部的同事。而此时印度的同事刚开始上班,可以立刻上手对软件进行测试,然后提出改进建议,下班前发回给硅谷的同事。硅谷的同事第二天一上班即可在此基础上继续改进设计。经过如此多轮的设计与测试的回合,软件产品得以顺利开发。

集约互动,指的是组织内的不同部门同时协作,共同完成某项组织任务的情形。这种模式所要求的,可能是组织结构设计中最为复杂的。各个部门同时协作,直接面对外部客户。这时的沟通和协作是当场的、瞬时的。比如,一个医院的急重症手术室内,来自不同专业科室的人才(麻醉师、检验人员、监控人员、手术师以及相关专业的医生等)需要同时出现,共同应对疑难急症。这种基于各方专家现场合作的集约互动结构,使得组织可以造就和提升其常规实力,更加从容高效地去应对复杂问题以及突发危机。

二、企业文化与组织氛围

企业文化是对企业的运转和经营绩效具有重要影响的一种组织属性。企业文化,亦称公司文化或组织文化,简言之,是一个企业里人们共享的价值体系。企业文化的主要功能是界定人的行为规范和准则并维系与凝聚人对组织的认知及归属。企业文化表现的载体和作用的媒介包括企业的建筑风格、语言特色、办公室的设计、着装规定、制度安排、标语口号、庆典礼仪、故事传说和禁忌回避等。有些文化要素,比如庆典,可以通过明确的语言和活动来进行宣传与强调。有些要素,比如潜规则,则需要通过在社交活动或师徒关系中潜移默化地进行传承。企业文化自然地受到它的发祥地特定的国家文化、地域文化和种族文化的影响。但企业文化通常有其独特的韧性,常常可以凌驾于上述国家、区域、民族文化作用之上,比如百年老店跨国公司盛行的"职业人士"与"职业化"文化。

(一)企业文化的实质和功能

1. 企业文化的实质

文化其实是一群人中共享的价值体系的制度化安排和体现。首先,文化是一种价值体系,是对不同事物的效用利弊、善恶美丑、正当与否等进行评审时利用的比较系统和一致的依据。其次,这种价值体系是由一群人共同享有的,其共性远远大于表现在个体中的差异性,其核心部分通常清晰并且深厚。最后,这种价值体系是制度化了的,不断操演,时刻使用,经久延续。一个企业中共享的价值体系就是它的企业文化。它可以非常催人奋进,鼓励创新,追求成就,注重业绩,比如3M公司和耐克公司信奉创新及勇于竞争的企业文化,充满张力和活力;也可以非常按部就班,循规蹈矩,不重服务,不求效率,比如过去各个省市图书馆的组织文化,读者去看书往往被认为是给工作人员添麻烦。

2. 企业文化的功能

企业文化最主要的功能是界定企业中人的行为规范。哪些事情是大力提倡的,哪些事情是严厉禁止的,哪些是可以说但不能做的或没人真正去做的,哪些是可以做但不可以说的或者是没人去说的,这些都是由反映一个企业真实文化特色的主导价值体系来决定的。企业的价值体系不仅决定了什么样的目标是值得企业中的人去追求的,而且决定了用什么样的方法和手段去实现这些目标才是合适的。不同的企业文化造就和鼓励不同的行为模式。一般而言,企业文化至少在如下诸多方面影响人的行为:对待风险和创新的态度,对待冲突的态度和解决方法,对竞争和合作的态度,对集权和分权的选择,新老员工之间的关系,团队与个体之间的关系,对细节的关注,对时间的敏感性,对稳定的重视程度等。

企业文化的另外一种功能是增强自我认知和归属感。同一个企业的人,由于享有共同的价值趋向和偏好,因而具有相同或相似的追求目标和行为准则。这种相似性,或者同质性,使他们对自己的集体形象或者共同的认知有比较清楚的意识、理解和欣赏。这种归属感可以使人感到安全、熟悉和稳定,甚至给人以信心。它同时也有效地界定了组织的边缘,将不属于这个文化圈子的人堵在外边。进一步而言,这种文化赋予的自我认知可以增进企业中人们的荣誉感、自豪感和凝聚力,使人们觉得作为企业的一员是有意义的和值得骄傲的。这种情况下所产生的所谓"组织公民行为"可以使企业员工自动自发地以企业的利益和目标作为自己行动的准绳,即使是在企业以外无人监管的环境下亦是如此。比如,曾经高举"振兴和发展民族工业"大旗的联想,以其独特的企业文化,留住了一批甘愿为之奋斗的人才。

当然,一种企业文化也会对企业中的某些特定人群在某些情况下造成离心力和认知危机。比如,某些企业文化从骨子里鼓励平庸,打击创新者。一茬儿一茬儿的人进到企业来,想要创新的人,要么主动或被迫离开出走,要么偃旗息鼓,入乡随俗,自甘被同化。剩下的应该说基本上都是对该文化有归属感和认同感的人,或者无处可去又无可奈何的边缘人。所以说,离心力现象,从反面证明了企业文化的一个主要功能就是为企业大多数人营造一种共同认知和归属感,打击和限制异端邪说与行为,从而保持文化本身的稳定性和纯洁性。这里必须强调说明的是,文化的存在和它的表现力度有强有弱。一般来说,强文化的功能性相对较强,影响比较深远和广泛,弱文化的功能性就相对较弱,可能缺乏足够的影响力。

(二) 企业文化的表象特征

1. 有形特点

企业文化犹如企业的性格,可以从很多方面来考察,比如,有形层面和无形层面。在有形层面,我们可以首先考察企业的建筑风格,是保守稳健,还是开放大胆；是典雅华贵，还是时尚现代；是奢侈浮夸，还是朴素简单。比如，泛美公司在旧金山的办公楼高耸入云，作为公司高层集权的象征，非常抢眼。而沃尔玛在阿肯色州的总部外观简陋得像一座大仓库，尽显其企业文化所推崇的勤俭之风。再比如，一般公司里，CEO 和各级高级经理都占据着最好的办公室和豪华的桌椅设施，等级森严。曾任纽约市市长的布隆伯格，在从政前执掌其亲自创办的彭博社时，则要求其员工和管理者办公空间的设计全部敞开无遮拦，一个巨大的厅里，谁都可以看见谁，力求一种开放、透明和平等的文化氛围，也利于大家互相监督，而遍布楼宇中庭环廊的免费零食和饮料，则为大家在工作之余的随意沟通提供了便利。

企业文化的有形表象可以说比比皆是，它们往往清楚准确地体现企业的价值取向。比如，一个公司门前最好的停车位是留给自己的 CEO，留给每月最佳员工，还是留给来访的客户。一个企业的着装规范，应该是像当年 IBM 要求的一身深色套装那样凸显正式和规范，像苹果公司流行 T 恤衫、牛仔裤一样的非正式和随便，还是赶时髦，平日里非常严肃只有星期五才能休闲打扮。语言的应用通常也是企业文化的表现。"机会"对于有的企业，意味着马上采取行动；对于另外一些企业，意味着再等等看。从薪酬体系的设计也可以看出一个企业的文化特点。比如，企业内最低工资者与最高工资者之间的差距，有无制度化的职工奖励制度，以金钱奖励还是以其他奖励为主等。

2. 无形要素

企业文化的无形表象更是千姿百态，色彩斑斓。比如，各种神话、传说、故事，以及各类有形层面现象背后的深层含义、精神实质、基本理念和哲学意蕴。最简单的是标语口号，介于无形和有形之间。比如，顾客永远是上帝。有些店，将这种口号刻在门口的大石碑上，比如："第一，顾客永远是正确的。第二，如果顾客不正确，请参看第一条。"它们不仅这样说，而且这样做，体现在踏踏实实地为顾客诚恳服务中。有的商家，只是喊口号而已，比如"顾客是上帝"，其实它的行动根本体现出这一点，甚至相反。一实一虚，不同企业文化的实质差别便一目了然。再比如，美国 ADM 公司当年内部流行的说法是"我们的竞争对手是我们的朋友，我们的客户是我们共同的敌人"。

从古到今，各行各业都有自己的英雄、榜样、传奇人物。上至头顶祥云、刀枪不入的真龙天子赵匡胤，下到巧夺天工、无所不能的神奇木匠鲁班。他们以及关于他们的神话给他们的组织和职业赋予了"合法性"。很多企业也有自己的典型和楷模。他们身上集中体现了该行业和企业文化的特质和核心精神。关于这些人物的传说、故事抑或神话，世代相传，成了文化基因的一部分。企业文化在这种无形的事物中得以体现表达，发扬光大，延续传承。例如大庆油田的铁人王进喜,北京王府井百货大楼的张秉贵,信奉"戏比天大"的北京人艺诸位德艺双馨的老艺术家。关于他们的故事和传说,所体现的是企业的精英意识和做派,是组织的神髓和灵魂,是文化的实质和核心。

> 文化有更深层次的机密,高手晓谕,新人无缘。这是专为那些勇者预留的修行。
>
> 爱默生

(三) 企业文化的传承

企业文化的传承既需要正规系统的学习和灌输,也需要在潜移默化中理解、体味和融会贯通。企业的使命目标、经营观念、管理风格、规章制度、运作流程等可以通过对企业中员工与管理者的培训以及他们自己的系统学习来了解和认识。这种理解和认识在实践中巩固加强,逐步形成认同,并习惯性地将这种认同表现在自己的行动中。这种正式的灌输和"洗脑"是文化传承的系统的做法,给人以理性的和概念性的接触。真正的认同和融入则需要其他非正式的、耳濡目染的、点点滴滴的熏陶及自身感受与体会的补充,那些甚至比正式的灌输更为重要的补充。

一个非常具体的做法,就是对英雄和榜样的尊崇。比如,全国各地关帝庙成千上万。关羽,作为忠孝仁义的化身,既受民间信奉,亦受昔日皇家的推崇。两厢愿望和势力推波助澜,关老爷成了一种符号,一种象征,一个文化标志和楷模,一个跨越人间、神界的典型。企业文化也是一样,通过对英雄和榜样的注解及标榜,它鼓励企业的后来人自动向英雄学习,向榜样看齐。中国企业有"先进职工光荣榜",外国企业也有"每月一星"等对突出贡献者的评比和奖励。如上面探讨文化的无形表象时所述,对于英雄和榜样的故事、传说和神话的宣扬,也可以强化企业中的人对这些故事和神话本身的感官认识,即使没有亲眼见过,也会越来越深信不疑。

在树立正面形象的同时,企业文化的功效与传承还必然包括对异端的惩罚、对邪说的声讨和对禁忌的定义。比如,某些企业奉诚实为至高无上的行为准则,犯错误可以,但是,对所犯的错误撒谎,就绝对不允许,必须以开除来严格处理,以警示他人。在美国西南航空公司,企业文化的特色是身心快乐、服务意识和良好的人际关系。他们雇人先看态度,喜欢自己员工介绍的应聘者,公开地"任人唯亲",至少"招人不避亲朋"。2003年有两千多对夫妇同时在这家公司效力。而在波音公司相对保守老派的企业文化里,情况则大不相同。不同的企业文化对个人生活与企业活动的关系有着不同的界定。一种企业文化中可容忍的过失可能是另一种文化中不可涉足的禁区。

企业中的新老成员都会在各种仪式、庆典和礼仪中受到企业文化的熏陶及洗礼。比如,对新员工的欢迎、对退休人员的礼遇、对先进职工的表彰、对员工家属的感激,等等。这些活动往往体现了企业的核心价值。日常的各类仪式也很能说明问题。美国企业(如沃尔玛)的员工每天早上列队欢迎第一批顾客进店,日本企业和韩国企业很多有自己的公司歌曲,中国某些企业早上集体升国旗和厂旗。再比如,自深圳等南方城市兴起的饭店员工集体于门外列队受值班经理训导的方法,颇为壮观,又看似有些傻气。但这种培训无疑有助于增进该行业从业人员的职业化程度。某些人大可以认为这只是在作秀,实际上很多企业也根本不可能坚持到底。也许,企业文化的特色恰恰就表现在这里,有些企业作秀,有些企业实际。这种现象本身就是不同企业文化之间的差距。有些东西,不真信,是模仿不来,也坚持不下去的。

在员工的社交中,他们能够获得更多非正式的、非官方的知识和学问,以及在系统培训中学不到的企业文化内涵和真谛。有些企业内的知识和学问,尤其是某些有关潜规则的知识和学问,是不可能或者不容易通过正规渠道得到的。这种文化深层的规则或曰制度安排,一般来说,看不见,摸不着,又确确实实存在并产生作用和影响。有些不能摆在桌面上,有些无法用言语和符号系统明白地表述,只有在与企业精英人士的接触中,或者在师傅与徒弟的私下传承中,才能切实地感受到和体会到。

(四) 企业文化的类型

1. 霍夫斯塔德的企业文化分类法

很多研究试图对企业文化进行总结分类。在此,我们介绍两个比较具有典型意义的分类尝试。第一个分类,是关于同一家企业在全球不同国家和地区间的文化差异。曾经任职 IBM 公司人力资源部门的荷兰学者霍夫斯塔德(Hofstede),于 20 世纪 70 年代,在 IBM 分布于 70 多个国家的分支机构对总共 116000 名 IBM 员工进行调查研究。在该项目研究中,他选定四个指标对不同国家的文化进行了分类:

- 权力距离 (Power Distance);
- 个人主义和集体主义 (Individualism vs. Collectivism);
- 阳刚与阴柔 (Masculinity vs. Femininity);
- 对不确定性的回避 (Uncertainty Avoidance)。

这种分类维度很直观,至少给我们以启发意义。但是,其研究方法和背景至今受到攻忓与怀疑,此分类法被人称为是"信条的胜利,分析的失败"。人们可能因为它的直观简单而相信它。但是,一个国家或地区的IBM员工不可能代表这个国家的一般民众。虽然霍夫斯塔德用别的样本人群对他的分类法做了验证,但人们还是怀疑IBM一家公司为此分类法催生所带来的天生的不足和无尽的后遗症。另一方面,我们也许需要对霍夫斯塔德的贡献多一分崇敬。给定IBM本身超强的企业文化、标准操作流程和各种制度规定,霍氏仍能在这个变化区间很是有限的范围内,找出清晰一致和相对稳定的指标去描述同一家企业在各国分支机构的文化差别,这本身也算是极为难得的。

2. 对人与任务的关注

不同企业间的文化差异及其成因,也是企业文化研究中的一个重要话题。在工业心理学和组织行为学近一百年的研究中,无论是领导力、组织体系,还是企业文化,不管用什么标签,一个永恒不变的中心课题就是一个组织,比如一个企业,如何平衡对人的关心和对任务的关心。根据企业对人的关心程度的高低和对完成任务的关心程度的高低,我们可以做一个2×2矩阵,来对企业文化做一个简单的分类法。

首先,对人和任务的关心程度都高,这种"单位如家"的文化类似于早期的人民公社或互助组。当然,也有"洋人民公社",比如早期的惠普、如今的谷歌,既重视技术创新,又重视人文关怀。其次,对企业职工的重视度高,对工作任务的关注程度低,就是人浮于事型的企业文化。这种组织文化,在各国的非营利组织和政府机构都可能存在。再次,对任务的重视程度高,对人的重视程度低,这种类型的企业文化类似于雇佣军。比如,对于某些咨询公司中没有成为合伙人的年轻员工,工作就是生活,在公司以外找朋友、搞社交、成家过日子简直是痴人说梦。很多企业都在向这种文化类型靠拢,比如对末位淘汰制的采用。最后,对人和任务的关注程度都很低,这种企业文化可以说是松散型的,比如,某些文化馆,大家各自为战。

> 世上人很多,但每天需要对付的也就是身边那几个人。
>
> 刘震云

(五) 企业文化的评价

需要提及的是,其实文化本身并无优劣可言。每一种文化都对应着某种社会需求,有它存在的环境基础和内在原因。对文化的审视必定是在某种目标框架之内进行的,反映当时的一群人所面临的那些他们认为最重要的任务之影响。当一个经济体系和其中的企业的主要任务从保证公平向提高效率转变时,注重和谐的文化就会被认为相对低劣,而凸显效率的文化就会被奉为先进时髦。当效率发展到一定程度而不得不关注公平的任务时,蓦然回首,注重公平的文化传统和要素又显得光彩夺目、温情脉脉。真正基业长青的百年老店,之所以能够历久不衰,甚至跌倒后很快再爬起来,就在于其文化的韧性和核心价值体系的稳固,有强大的使命感和精神支持,有灵魂深处的凝聚力以及对人的极度关怀。这种文化底蕴深厚的企业,不是简单意义上的组织和机构,而是某种具有超强价值体系的制度化安排,是价值的活化石,是流动的制度标本。

本章知识要点

企业的资源与能力是实施企业战略的必要基础,同时在很大程度上也是制定和选择战略的依据。资源与能力决定了企业在竞争活动中的强项和弱点,决定了企业在竞争中的作为。资源与能力需要在特定的组织体系内调配应用,从而助力战略的实施。

资源与能力:

广义而言,任何可以被称为企业强项或弱点的事物,任何可以作为企业选择和实施其战略的基础的东西,都可以被看成是企业资源。

狭义而言,资源可以被看成是相对静止的资产、项目、属性、关系和存在;能力可以被理解为组合和应用资源的技巧与手段,以及在经营活动中所表现的具有行动导向的某种功能性的运作水准。

企业资源的种类:

有形资源、无形资源、人力资源。

资源与能力的企业特定性阶梯:

生产资料与要素、企业特定资源、竞争力、核心竞争力、动态能力。企业特定性依次增强。

资源本位企业观:

资源本位企业观将企业视为一个独特的资源与能力组合,把企业的资源与能力看作战略制定和实施的基础。独特而有价值的资源与能力是企业持久竞争优势的基本源泉。

巴尼有关资源与能力的分析框架:

是否具有价值?

是否稀缺?

是否可以模仿?

是否可以替代?

是否有组织地保护和利用?

企业资源与能力的可收益性:

可收益性问题:资源的所有者或者提供者(比如工程师)与使用者(比如企业)之间如何分享资源所创造的价值?

可收益性取决于:资源之于组织的镶嵌程度、产权的界定,以及双方的议价能力。

资源的不可模仿性:

不可交易性、因果模糊性、社会复杂性、时间压缩不经济性、资产聚集效率、资源关联性、资源损蚀速率、路径依赖。

资源的不可替代性：
自然天成、社会习俗、转换费用、纵向兼容、先入为主、买断挑战、维权诉讼、霸道名声、政府管制。

资源本位企业观与产业分析的关系：
产业的吸引力取决于企业的资源与能力。
资源与能力能否为企业带来竞争优势有赖于产业的选择。
资源分析与产业分析互补，可以共同应用。

组织结构的构成要素：
工作设计、部门归类、命令链条、控制跨度、协调机制、直线参辅。

组织结构的形态分类：
职能型、事业部制、矩阵式、混合型、新型(模块化、网络化、虚拟化)等。

组织结构的特点：
集中度(Centralization)、正规度(Formalization)、复杂度(Complexity)等。

组织结构的设计准则：
战略因素：结构跟随战略；结构约束战略。
技术因素：组织设计的权变理论(独立并行、顺序线性、交互往返、集约互动)。
其他因素：环境背景、企业规模、发展阶段、历史包袱等。

企业文化的实质和功能：
企业文化是企业组织中大家共享的价值体系之制度化安排和体现。
其功能是界定企业中人的行为规范，增强自我认知、归属感和凝聚力。

企业文化的表象特征：
有形：建筑风格、办公场所设计、车位分配、着装要求、语言特色、工资差距、庆典礼仪等。
无形：神话、传说、故事、口号、潜规则等。

企业文化的类型：
霍夫斯塔德分类维度：权力距离；个人主义和集体主义；阳刚与阴柔；对不确定性的回避。
对人与任务关心程度的组合：公社型、关系网型、雇佣军型、松散型。

本章思考题

1. 如何判定企业资源与能力的价值？如何理解资源与能力的企业特定性和竞争优势的关系？

2. 公开市场上可以自由买卖的资源可以为企业带来竞争优势吗？如果不可能，为什么？如果可能，需要什么前提条件？

3. 资源本位企业观与产业分析是什么关系？与SWOT分析是什么关系？

4. 巴尼有关资源与能力分析的五力框架对企业的战略分析和选择有哪些启发意义？有哪些缺陷与不足？

5. 积极主动地应用那些影响资源与能力的可模仿性和可替代性的要素，从而设计和构建一些能够为企业带来持久竞争优势的独特资源与能力，这应该是一种理想状态。管理者在多大程度上可以达到这种理想状态？

6. 组织结构在什么情况下跟随企业的经营战略与技术要求？在什么情况下制约战略的转型和变革？

7. 企业文化是否是老板文化？企业的创始人和现任领军者在企业文化的构建及变迁中分别扮演什么角色？

第三部分

战略应用：

公司战略、业务战略与商业模式

第七章
公司战略:经营范围与管理逻辑

> 在公司战略范畴存在着三个基本问题。它们是:(1) 企业应该在多大程度上进行多元化经营(什么决定企业的范围)? (2) 企业应该有多大(什么决定企业的规模)? (3) 什么是适合企业的组织管理逻辑?
>
> 理查德·儒梅尔特

公司战略的实质是关于多元化经营企业中总体经营活动的计划与谋略。公司战略要解决的主要问题是公司经营领域与业务范围的确定以及对公司资产组合的管理。本章首先介绍公司战略的主要任务,从经营领域的选择、资源的配置与应用,到公司总部与业务单元的关系,以及公司与其他企业和实体外部关系的管理。然后,我们详细考察公司经营领域与业务范围的界定,并具体探讨不同业务之间的关系和组合状态。概而言之,公司战略主要在于应对纵向一体化和横向多元化带来的挑战。前者反映一个企业在同一个产业或价值链上所参与的不同增值阶段的多少与程度,而后者则反映企业的业务范围所囊括的不同产业或价值链的数目以及参与的程度。我们在阐释企业纵向一体化的动机与管理之后,重点考察企业的多元化经营战略,包括多元化经营的动机、路径、方向、绩效以及关于多元化经营的不同的管理方法与理论流派。

第一节 公司战略的任务

一、公司总部与业务单元

(一) 公司战略与竞争战略

在第一章讨论战略的层次的时候,我们曾经强调战略管理的任务主要集中在两个需要总体管理的层面,即公司总部层面以及公司内部相对独立并自成一体的业务单元(亦称战略业务单元)。公司总部对公司战略负最终责任。公司战略的基本问题是:我们现在是在什么产业与市场进行经营活动?我们将来会在什么产业与市场进行经营活动?战略业务单元对具体业务中的竞争战略负责。竞争战略的基本问题是:给定我们的经营业务,我们如何应对竞争并获取竞争优势?公司战略指导并约束竞争战略的制定和实施。竞争战略的制定、实施决定公司战略的实施结果和公司总体目标的实现。本章主要考察公司战略,下一章将介绍竞争战略。

(二) 业务的定义

由于公司战略不可避免地要面对不同业务单元的界定以及它们之间关系的问题,因此,我们不妨首先介绍一下业务的定义和战略业务单元的定义。从组织的角度来看,所谓一项业务,通常是指能够相对独立地为顾客提供某种价值的最小经营单元。比如,长途汽车客运服务就是一个相对独立的业务项目。虽然我们可以将其继续细分为中短途客运和长途客运,但其业务性质的改变不是很大。如果我们将该项业务定义得更加宽泛的话,可以称之为长途客运服务,包括火车客运与航空客运,虽然都是运输业,并且是客运业,但由于其价值提供的手段与性质不同,其实已经跨越了不同的行业。在产业分析的框架中,依据宽泛的产业定义,虽然它们可以被看成是有可能互相替代的业务,但它们并不是同一种业务。如何在同一种业务中竞争,主要是竞争战略的任务。如何在不同业务中进行经营(无论这些业务间是否有替代关系),则是公司总部战略的任务。比如,一个企业如果同时拥有火车客运和汽车客运业务,就需要在公司战略层面协调这两种不同业务的经营。

一般而言,一项业务通常可以从三个方面来界定:顾客群体、顾客需求以及满足手段。具体来说,我们可以通过对三个问题的回答来解释一个业务的实质内涵:谁是我们的顾客?他们需要什么?我们如何满足他们的需要?参见图 7.1。显然,前两个方面的问题具有强烈的市场导向,主要从需求方的视角来考察一个业务的界定指标,而第三个方面则是从供给方的视角来考察企业如何通过特定的资源组合与技术手段来满足顾客的需求。一个完整的业务定义必然要同时包括对这三个问题的应对与解答。否则,该定义就不准确,容易失之宽泛,把本不属于同一业务的企业强拉硬凑在一起。

显然,长途汽车客运企业之间有着巨大的相似性。顾客一般属于中低收入阶层,希望节省费用。不同竞争对手间的技术差别和资源差别也不会非常大,尽管车辆之间的质量和舒适性会有所不同。这些长途汽车客运企业之间在上述三个方面的相似性远远大于它们与火车客运和航空客运企业之间的相似性。

图7.1　业务的定义：三个方面的基本问题

资料来源：根据 Abell, D. F. 1980. *Defining the Business*. Englewood Cliffs, NJ: Prentice Hall 整理。

尤其是长途汽车客运与航空客运两种业务之间，在顾客群体（不同的收入阶层）、顾客需求（不同的速度与舒适程度）以及满足需求的手段（公路与飞行）上有着巨大的差别。

再如，美国联合航空公司曾经兼并一家租车公司和一家高档酒店，意在提供一站式旅游服务。根据上述业务定义，也许某些顾客需要并欣赏联航提供的方便与潜在的费用节省，前两个问题可以比较明确地界定，而在第三个问题上，答案则出现极大的分歧。航空业的关键挑战在于控制成本，而高档酒店的主要特色在于优质服务，二者不仅经营理念截然相反，而且用以满足顾客需要的技术手段以及资源与能力组合相去甚远。因此，这些业务貌似相同，实则不然。何况，旅行社可以更加灵活和有效率地为顾客提供一站式服务，根本不需要航空公司费神去管理与自己核心业务并不真正相干的业务。毫不奇怪，经过短期尝试以后，联航便知趣地将租车公司和高档酒店卖掉了。这应该说是从业务定义的角度对公司（多元化）战略的一个警示。

（三）战略业务单元

显然，一个公司的战略业务单元的设立在很大程度上取决于公司总部对各种相对独立的"业务"本身的定义和解读。究竟一项业务指的是一个产品或一种服务、一组产品或一系列服务，还是一类产品或一类服务，要看分析的目的和具体的应用环境。多元化经营的定义也会由于不同业务的定义而改变,可以是跨产品、跨产品群,也可以是跨行业、跨行业群。在实践中,不同的企业对业务的理解也会有所不同。比如,韦尔奇时代的通用电气曾经有所谓"数一数二"的说法,即公司总部要求通用电气的每一个战略业务单元在其所参与经营的业务中必须排到前两名。到底什么是可以作为参照系的相关"业务"或产业呢?韦尔奇对下属这样解释:假设你现在的初始市场份额在某项业务(行业市场)中占10%。这个你在其中占10%的份额的业务,就是你的相关业务。你必须以此为基点向数一数二的目标迈进。如果一个战略业务单元把自己的业务定义得足够窄,根据定义,它会拥有该业务100%的市场份额;如果把自己的业务定义得足够宽,它可能跟该业务中99%的企业都没有直接碰面的机会。

可以说,我们前面谈到的最小独立经营单元应该算是一个比较有意义的战略业务单元划分标准。即使如此,大家对最小相对独立(不可再细分)的理解也会有所不同。一个战略业务单元,在最低限度上,应该由一个相对独立的业务构成,当然也可能由定义更加宽泛和复杂的业务构成。从组织管理的角度来看,战略业务单元通常是一个企业中需要总体管理的最低一级组织单元。比如,通用电气的公司总部是总体管理的最高层次,而其具体的业务如国家广播公司,就是一个战略业务单元,是次级的也是最低一级的总体管理层次。再往下细分,则进入不同的职能管理领域,比如节目制作、广告吸纳、财务运作、台站管理等。虽然战略业务单元与公司总部是最常见的两级总体管理层次,但在它们之间也会存在一些中间层次的一般管理,比如,不同的战略业务单元可以被归类为更高一个层次的部门、领域或业务群。上述的国家广播公司,在更高的一个管理层次上可以被认为是隶属于所谓服务业领域或业务群的。

二、公司战略:公司总部的主要任务

公司战略的主要任务是确立公司的经营领域和业务范围,对企业资源在不同业务中进行配置和应用,管理不同业务之间的关系以及总部与战略业务单元的关系,管理公司的不同业务与外部其他实体之间的关系,参见表7.1。

表 7.1　公司战略:公司总部的主要任务

公司总部的主要任务	具体表现
经营领域选择与业务范围界定	• 数量性:公司业务数目的多少与参与程度(企业规模) • 多样性:公司业务种类的多少与多元化程度(企业范围) • 相关性:公司业务之间的关系模式(管理逻辑)
资源配置和应用	• 资源在不同业务中的配置和应用 • 核心竞争力的培育与应用 • 业务之间资源的互补与支持
公司内部管理	• 对业务战略制定的指导与帮助 • 战略业务单元管理团队的任命与调配 • 对战略业务单元经营绩效的评估与考核 • 对公司总部与业务单元之间关系的设计与管理 • 对不同业务单元之间的协调以及必要的整合等
公司外部关系管理	• 竞争与合作关系 • 战略联盟与合作网络 • 合资企业 • 并购与兼并 • 多点市场竞争

资料来源:本书作者整理。

(一) 经营领域选择与业务范围界定

企业的经营领域选择与业务范围的界定,主要回答的是企业的规模与范围的问题,同时也兼顾了公司管理逻辑的问题。这三个问题,正如儒梅尔特在开篇引言里所指出的,是公司战略的基本问题,也是核心问题。具体的经营领域选择和业务范围的界定以及管理逻辑的梳理,可以分别通过三个指标来概略地体现:业务的数量与大小、业务的种类与多样性、不同业务之间的关系模式。企业所拥有的业务的纯粹数量以及每个业务本身的大小,主要决定企业的规模。业务种类的多少及其反映和代表的多样性则主要决定企业的经营范围或曰多元化经营的程度。而不同业务之间是否有内在联系,比如研发、渠道、管理方面是否有经营活动的重叠和资源与能力的共享,则在很大程度上决定了公司是否能够通过相同或相似的管理逻辑来指导和管理不同经营领域中的业务组合。

(二) 资源配置和应用

给定企业的经营领域与业务范围,如何在不同的业务中配置和使用资源,如何使不同的业务在自身的发展中为公司总体的资源与能力组合做出自己的贡献,是公司战略的又一项重要任务。企业是资源与能力的特定组合。有些企业资源与能力仅仅适用于某个业务市场上的经营活动,而其他许多企业资源与能力可以应用于不同业务市场上的经营活动。如何在公司内最大限度地利用这些资源与能力,使之广泛共享于不同的业务和终端产品市场,是公司战略必须考虑的问题。妥善地应对这个问题,是公司战略之所以能够使公司总体大于其各个部分总和的重要秘诀。所谓核心竞争力的培育与应用,就是这样一种资源配置所追求的境界和目标。不同的业务之间也可能存在上下游关系或者互补关系,如何使这些不同业务间的资源与能力组合实现最佳接轨和匹配,也是公司战略需要考虑的重要问题之一。

(三) 公司内部管理

自从 M 型组织(即多业务部门或称多事业部门的组织结构)出现以后,公司总部与战略业务单元(业务部门)两个层次的一般管理逐渐分工明确。战略业务单元具有业务经营的自主权,公司总部不参与具体业务的日常经营,而是通过上述的经营范围界定与资源配置来把握公司的总体经营方向,管理公司的资产组合。公司总部另外一个具体的任务就是要为公司所属不同业务进行管理与服务。这种管理与服务,广义而言,包括对业务战略制定的指导与帮助、战略业务单元管理团队的任命与调配、对战略业务单元经营绩效的评估与考核、对公司总部与业务单元之间关系的设计与管理、对不同业务单元之间的协调以及必要的整合等。这些管理与服务活动有助于公司总部保证其战略业务单元的经营活动与公司的总体经营目标和利益保持一致。公司总部为不同的业务所提供的服务主要在于法律、融资、管理政策、人力资源以及其他控制体系方面。

(四) 公司外部关系管理

管理公司与其他企业和实体的关系,也是公司总部的一项重要任务。在现代竞争环境中,企业间的关系错综复杂,可能在某些业务上竞争,而在另外一些业务上合作;可能在资源市场与技术研发上合作,而在终端产品市场上竞争;可能在同一市场上既竞争又合作;可能相互替代,也可能相互补充;可能一边打官司、互相告状,一边继续合作、共同经营。企业之间的关系模式可以非常疏远肤浅,比如偶尔的零星交易或者不定期的合作举措,也可以比较固定与长期,比如战略联盟与合作网络,还可以非常紧密正规,比如合资企业,甚至兼并与收购。这些不同的关系模式以及它们在不同企业与实体上的应用,是公司战略需要探究的内容。另外,如何把握公司在多个产品或地域市场上与同一个(组)对手的总体关系,即多点市场竞争战略,也是公司总体战略必须考虑的重要问题。

第二节　经营领域与业务范围

一、经营领域的选择和更新：业务范围的界定

(一) 界定业务范围的三个指标

如前所述，我们可以通过三个指标来界定和描述一个公司的经营领域与业务范围：数量性（业务单元的数量多少与参与程度）、多样性（业务单元的种类与公司多元化经营范围）和相关性（业务单元之间的关系模式以及共享的管理逻辑）。有些企业只在同一个业务上不断扩展，比如连锁经营的快餐店或者咖啡屋。它们一般属于单一业务企业或者专业性经营企业，业务范围缺乏多样性，但并不排除经营地域的多样性，甚至跨国经营的可能性，比如星巴克。另外一些企业，不仅业务数量较多，而且囊括的种类也比较多，具有较高程度的多元化，比如宝洁与前面提到的通用电气。但二者的不同之处在于宝洁的业务之间相关性非常强，比如个人护理用品与家庭护理用品等，可以共享品牌管理的能力与相同的营销渠道。而通用电气的业务则不仅多样性强，而且业务之间并没有什么密切的关系，比如工程塑料、飞机引擎、国家广播公司、医疗器械、金融服务等。总而言之，通过数量性、多样性与关系性三个方面的考察，我们基本上可以比较准确地描述一个公司的业务范围与资产组合。

(二) 公司业务多样性的来源与表现

显然，如果一个公司只有一种业务，无论它有多少个经营单元或者多大的地域经营范围，其公司经营战略与业务竞争战略其实都是互相重叠、合二为一的。随着多种类型的业务出现，公司战略才显得必要并且与具体的竞争战略产生本质上的差异。公司业务类型的多样性主要来自两个方面：一个是纵向一体化，另一个是横向多元化。纵向一体化是在同一个价值链的不同阶段上经营，而横向多元化指的是跨越不同业务种类的经营。广义而言，我们可以把纵向一体化看成是企业多元化经营的一个特例，但真正意义上的多元化通常指的是横向多元化。当然，无论企业产品多元化的程度如何，都存在地域多元化的问题。因此，严格说来，在界定企业的业务范围时，我们需要从三个方面来把握其业务的多样性：纵向、横向和地域。由于地域差别在跨国经营中表现得最为明显，我们将在下一章专门讨论，本章主要探讨纵向一体化与产品多元化的问题。我们可以参见图 7.2 中的例子。

假设我们的初始业务是面包房。主业是面包及相关烘烤食品的制作。其纵向价值链条从农牧饲养业开始（第一产业），种麦子、甘蔗、油料作物，养牛挤

图7.2　纵向一体化与横向多元化：一个面包房的公司战略前景

资料来源：本书作者整理。

奶、养鸡生蛋等，然后进入各类粮油加工厂（第二产业），面粉加工、食糖处理、食用油加工、牛奶加工等，然后进入面包房（介于第二和第三产业之间，更接近于第三产业）烘烤制作阶段，然后成品进入销售流通领域（第三产业），可以是前店后厂，自产自销，也可以向外销点售货，比如超市、咖啡馆以及其他餐饮店等，最后到各类消费者。这是从土地获取资源直到为最终用户提供产品与服务和价值创造的一个完整链条。

如果我们的经营范围仅限于面包房业务，我们只在上述价值链条的一个阶段进行经营，属于单一业务企业。出于控制原材料投入的质量、成本费用以及配送时间等因素的考虑，我们可以拥有自己的粮油面粉加工厂，甚至可以拥有自己的农牧饲养场所。这种进入自己的供给商的业务领域的做法通常被称为后向一体化。我们也可以自设店铺，销售我们的产品，并同时经营其他高附加值的零售商品，比如可口可乐、电话卡等，甚至可以直接进入外销点的业务，比如超市或其他终端销售店铺业务。这种进入自己的购买商（销售渠道）的业务领域的做法通常被称为前向一体化。后向一体化与前向一体化一起，共称为纵向一体化。只要一个企业参与一个价值链条的两个或两个以上阶段的活动，就可以被称为(在某种程度上)实施纵向一体化。完全的纵向一体化指的是一个企业参与一个价值链条的所有阶段的活动。毫无疑问,纵向一体化增加了企业业务的数量与多样性。

企业经营业务的多元性,通常更多地来自所谓的横向多元化,参加其他价值链条的活动,跨越不同业务(行业)进行经营活动。这种多元化经营,可以是在一个企业穷尽自己行业价值链的各个阶段活动之后的外向扩张,也可以是没有任何纵向一体化举动的企业直接的横向拓展。任何企业,无论其纵向一体化程度的高低,都可能会涉足横向多元化经营。比如,一个面包房产品出众、好评如潮,该面包房的老板可以通过知识产权的应用来发展自己的业务,寻求新的增长点。比如,烘烤师傅的技术诀窍可以通过出书、电视节目、培训学校等方式进行传播而获利。由于在这些领域的知识与经验积累,面包房老板可能对出版业、影视制作、职业培训等更感兴趣,因而决定向这些业务扩张,甚至可能最终离开面包房的业务。

在一定程度上实现后向一体化的面包房也可以伺机进行多元化经营。比如,一个拥有自己粮油加工厂的面包房,由于要控制面粉的加工质量,必须设计自己独特的加工装置和设备。在学习和摸索的过程中,该企业可能积累了一定的技术实力,可以涉足粮油机械制造行业。再如,一个已经发展到拥有自己农场和饲养场的面包房,为了增进产量和控制农作物质量,可以涉足化肥和其他肥料生产业务;为了降低饲养成本,可以涉足饲料加工业务。

同样,前向一体化的企业,也可以以不同阶段的经营为基础和诱因,进行多元化经营。比如,前店后厂的面包房可以买断住宅小区的经营铺面,租赁或转让给其他零售商家,比如冰激凌店、茶馆、理发店等,从而进入房地产经营业务。再如,一个拥有自己外销点的面包房可以拥有自己的车队,方便送货。由于车队的发展壮大,该企业也可以为其他厂家送货,因此正式进入运输与物流配送行业。

在对外销点的送货过程中,面包房也可能会兼并该外销点,比如某类餐馆,并直接介入餐馆经营。这种现象虽然有纵向一体化的痕迹,但其实质则更接近于横向多元化,因为餐馆与面包制造并非同一业务,面包房也并不是餐馆的主要供给商。

当然,上述的纵向一体化和横向多元化的方向只是潜在的可能,并不一定都符合逻辑。一个面包房究竟有多大的纵向多样性和多高的横向多元化程度,到底向哪方面发展去增加其多样性,最终取决于环境的机会、竞争的压力、资源与能力的储备,以及管理者自身偏好等多种因素的共同作用。下面我们根据企业纵向一体化和横向多元化的程度,来具体考察公司业务组合的多元化形态。

二、一个关于公司业务组合形态的分类体系

在继承前人的基础上,儒梅尔特提出了一个比较有代表性的分类体系,以多元化的程度为标准,来描述和概括不同的公司业务组合形态:单一业务企业、主导业务企业(包括主导纵向业务企业、主导同心业务企业、主导关联业务企业和主导非相关业务企业)、相关多元化企业(包括同心相关多元化企业和关联相关多元化企业),以及非相关多元化企业,参见表7.2。这一分类体系在战略管理的研究中得到了广泛的应用与验证。

表7.2 公司战略:业务组合形态分类

分类指标	具体业务组合形态	公司战略类别
专业化率 >0.95	单一业务企业	单一业务企业
纵向一体化率 >0.7	主导纵向业务企业	主导业务企业
0.7 < 专业化率 <0.95	主导同心业务企业 主导关联业务企业 主导非相关业务企业	主导业务企业 主导业务企业 主导业务企业
专业化率 <0.7,并且相关率 >0.7	同心相关多元化企业 关联相关多元化企业	相关多元化企业 相关多元化企业
专业化率 <0.7,并且相关率 <0.7	非相关多元化企业	非相关多元化企业

资料来源:根据 Rumelt, R. P. 1974. *Strategy, Structure, and Economic Performance*. Boston: Harvard University Press,1974 整理。

儒梅尔特的分类是依据三个具体比率指标来划分的:专业化率、纵向一体化率、相关率。专业化率指的是公司最大的一个业务项目的收入占公司总收入的比率,体现公司经营专业化的程度。纵向一体化率指的是公司的纵向一体化业务的所有阶段的收入总和占公司总收入的比率,体现公司纵向一体化业务的比重。相关率指的是公司最大的一组相关业务项目的销售收入总和占公司总收入的比率,体现公司业务之间的相关性程度。这里的相关指的是业务间在经营活动中相互联系,比如共享资源与能力、共同研发、共用营销渠道等。

公司业务的专业化率大于95%,意味着公司的收入几乎全部来自一个业务项目。这时的公司可以被称为单一业务企业,专业化程度极高。如果一个公司的任何一项业务都占不到公司总收入的95%以上,但却能占到70%以上,那么这种公司可以被称为主导业务企业,由一种业务占据主导地位,其他业务作为补充。具体而言,如果公司的一个纵向一体化业务的总收入占公司总收入的70%以上,该公司可以被称为主导纵向业务企业。如果公司的所有业务都与某种核心业务相关,这种公司可以被称为主导同心业务企业。如果公司的每个业

务至少跟另外一个业务相关,这种公司可以被称为主导关联业务企业。如果主导业务以外的业务与公司的主导业务以及其他业务没有关系的话,这种公司可以被称为主导非相关业务企业。

只有当一个公司的专业化率低于70%时,它才成为真正意义上的多元化经营企业。也就是说,没有一项业务大到能够贡献公司总收入的70%以上。在多元化企业中,根据相关率的不同,可以继续区分相关多元化企业与非相关多元化企业。相关多元化企业的相关率大于70%。这意味着,公司中一组相关的业务群的收入总和占公司总收入的70%以上,虽然没有一项业务本身能够单独贡献70%以上。如果相关率低于70%,则是非相关多元化企业。这意味着,公司中最大的一组相关业务群的收入总和小于公司总收入的70%,亦即公司的业务间关系疏散,收入来源广泛而不集中。

需要说明的是,非相关多元化包括企业联合与金融控股公司两种。前者如通用电气,具体管理整个公司的业务经营,由实业家掌管,比如韦尔奇。后者则属于投资公司或者金融资产管理机构,并不直接参与公司业务的管理,由金融家、投资家掌管,比如巴菲特。

相关多元化的企业,根据业务间相互关系的不同模式,还可以被进一步分为同心相关多元化和关联相关多元化,参见图7.3。

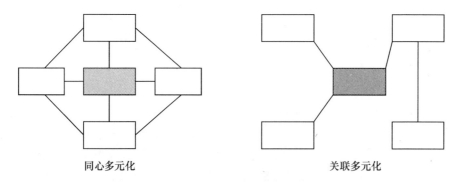

同心多元化　　　　　　　　　关联多元化

图7.3　相关多元化的不同模式:同心与关联

资料来源:根据 Rumelt, R. P. 1974. *Strategy, Structure, and Economic Performance*. Boston: Harvard University Press, 1974; Montgomery, C. 1982. The measurement of firm diversification: Some new empirical evidence. *Academy of Management Journal*, 25(2): 299—307 整理改编。

同心多元化意味着公司所有的或者多数业务都与某种核心的经营活动或者资源和能力相关。比如,本田公司几乎所有的业务都与小型引擎的设计、制造与应用有关。关联多元化意味着相关业务中,每个业务与公司的至少另外一个业务相关,并不一定都与某种核心的活动或者能力相关。显然,同心多元化企业中业务之间的相关性程度要比关联多元化企业中业务的相关性程度高,而且业务之间的关系更加紧密。

第三节 纵向一体化:实质、动机、评价与管理

一、纵向一体化的实质与企业的边界

(一) 纵向一体化的实质

纵向一体化是专业化企业自然发展的逻辑路径与结果。完全的纵向一体化是一项具体业务的最高境界。它意味着企业对该项业务从头到尾的参与,有益于对整个价值链上各个阶段活动的有效控制,降低成本,保证质量,增强产品与服务的专业性、配套性和兼容性。比如大型的石油公司通常从原油开采、加工、运输到零售业务全盘介入。原材料的投入,是内部制作或自己提供,还是从外部市场上买来,这是企业纵向一体化决策所面临的实质性问题。同样,自己的产品是自产自销还是卖给下游企业,也是同一个问题的另外一个侧面。可以说,在多大程度上自己经营还是诉诸市场买卖,是企业纵向一体化程度的具体决定因素。

(二) 纵向一体化与企业边界的确定

纵向一体化的程度同时也反映了企业对自身与市场之间的边界及关系的设定。只在一个增值阶段经营的企业,比如一个企业只参与单纯加工业务,其所有的上下游(或曰前后向)关系都由市场买卖来实现,即由所谓"看不见的手"来调节。企业边界内部的经营活动及其关系相对简单。完全纵向一体化的企业,亲自参与一个价值链上所有阶段的经营活动,只在终端市场上与顾客见面,所有其他阶段之间的连接与交易均在企业内部实现,并不依靠市场调节。企业内部通过管理者的决策和组织制度进行的计划与调节,无论是纵向一体化还是横向多元化,通常都被称为"看得见的手"。

二、纵向一体化的动机缘由

(一) 交易费用与纵向一体化

在关于企业的存在原因与边界确定的学说中,交易费用经济学是一个比较典型的分析视角与理论体系。所谓交易费用,指的是交易过程中的搜寻、谈判、签约以及保证合同执行等各个环节所必须支出的消耗与费用。比如,厂商的广告费用看似浪费惊人,但实则降低了顾客的搜寻成本。交易双方由于互不信任

会导致谈判次数过多,合同签订的成本过高。为应对违约或其他风险所支付的保险费用,以及违约后的诉讼和调解费用等都是交易费用中的重要组成项目。在企业决定其纵向一体化和边界的时候,交易费用高低是一个主要的决定因素。

根据交易费用理论的解释,究竟是通过组织结构与程序在企业内部管理交易活动,还是通过外部市场买卖来进行交易,主要取决于使用两种交易方式的费用的比较。通过组织结构与程序来进行一项业务活动的费用,如果小于通过市场交易来实现的费用,那么这项活动就应该在组织内部进行。如果市场交易比组织内部的经营成本更低,那么企业就应该应用市场机制进行交易,而不是依靠自己内部运作。不言而喻,正像应用市场机制需要发生交易费用一样,运用企业内部管理机制和流程也要发生相应的协调与管理费用。因此,是否纵向一体化,在多大程度上纵向一体化,说白了,就是一个"做或买"的问题。如果企业自己做省钱,就自己做;如果去市场上买省钱,就去市场上买。

当市场机制与基础设施不够完善、合同法规与监管体系不够健全、信用制度严重缺失时,应用市场机制的成本就相对较高,因而企业更倾向于将经营活动尽可能地在企业内部进行,从而降低与市场相关的风险和费用。比如百事公司在中国西北地区大规模投资种植土豆,从而保证对其乐事薯片业务之成本相对低廉的供给。如果市场机制完善有效、信息公开、取道畅通,而组织内部机构臃肿、效率低下,则企业应该更多地应用市场交易,降低成本。通用汽车公司在 20 世纪后期由于结构过于庞大并且内部运作费用高昂,同样的零部件从市场上购买可能比从自己的零部件制造厂进货还要便宜些。但由于机构调整并不可能在短期内实现,所以许多小公司在通用汽车公司周边应运而生,其主要目的就是从通用汽车的一个部门买东西,再卖给通用汽车的另外一个部门,对其实施"市场化短路",从中营利。

(二) 控制

交易费用与经营成本并不是纵向一体化故事的全部。另外一个非常重要的决定因素,是企图保持公司对上下游(前后向)业务的控制,从而保证产品与服务的质量水准和声誉,合理安排送货时间,降低对市场的依赖性,或者遏制与防范对手对供应来源和销售渠道的排他性把持。比如,一个茶叶公司可以拥有自己的茶园、茶叶加工厂和专营销售渠道。同样,上述的百事公司投资土豆项目的一个主要目的就是保证货源的稳定。再如,过去的所谓三线厂、军工企业,由于战略布局的考虑,大都处于边远地区,远离都市与市场,从生产到生活,一般都需要自给自足,减少对外依赖,尤其是动力系统的供给。

也就是说,除了成本以外,企业通常还有其他方面的考虑,尤其是比较有战略意义的活动领域。因为机会主义、道德风险、小规模交易、信息不对称等因素，可能导致"市场失灵"。这就不仅是成本本身的问题，而是交易可能根本无法进行或长期重复进行的问题。过去有一种说法是"造船不如买船，买船不如租船"。单纯从成本的角度考虑，至少从短期而言，这种说法也许有些道理。但长期而言，"船"的保养维护以及技术更新等都需要依赖供给商、国外的企业。国际风云，变数甚多，难免丧失主动，受制于人，更不用说失去了提升自己综合制造实力的机会。显然，在一些有关国家安全以及工业基础的产业中，保持控制可能比降低成本显得更为重要。

三、纵向一体化的评价：益处与挑战

纵向一体化可以为企业带来多方面的益处，同时也为企业的协调与管理带来了挑战，参见表7.3。

表7.3 纵向一体化的益处与挑战

纵向一体化的潜在益处	纵向一体化的潜在挑战
对原材料投入的控制	内部协调与管理成本增高
对销售渠道的控制	上下游业务差距大；管理困难
简化购销程序	代理人问题与费用
对重要资源的控制与保护	专业化资产阻碍企业的灵活性与创新
在整个价值链上实现配置最优资源	不同阶段业务的容量利用不均衡
打压或赶走对手并实现垄断	某阶段业务的潜在客户群的减少

资料来源：根据 Hax. A. C. and Majluf, N. S. 1991. *The Strategy Concept and Process*: *A Pragmatic Approach*. Englewood Cliffs, New Jersey: Prentice Hall; Collis, D. J. and Montgomery, C. A. 2005. *Corporate Strategy*: *Resources and The Scope of The Firm*. 2nd Edition. Chicago, IL: Irwin 整理。

(一) 纵向一体化的益处

纵向一体化可以保证企业对自己经营活动相关环节的控制，尽可能地按照自己的需要进行计划、安排与协调。后向一体化保证对原材料投入的成本、质量以及其他条款的控制，消除对供应商的依赖并避免供应商的无端劫持。前向一体化保证企业产品与服务销售渠道的畅通，并对其售价、销售方式、售后服务以及其他销售条款保持控制。纵向一体化可以简化购销程序，整合购销渠道，减少与多家供销企业谈判打交道的复杂程序与高昂费用。比如，沃尔玛拥有自己的全球采购业务，直接介入批发商的业务，集中大宗购买货品，从而降低最终的销售成本。

纵向一体化还可以促进对某些重要资源的控制与保护。通过对原材料业

务的拥有与控制,企业不仅可以避免其他竞争对手抢先控制原材料供应商所带来的威胁,而且,与自己只是作为购买商时相比,它对原材料供给业务的核心资源与工作环境予以保护的动机会大大增强。比如,一个拥有自己牧场的牧民可能会对草场的保护以及牲畜的合理放养更上心;一个拥有自己土地的农民通常比租用别人土地的农民更有可能对土地本身进行投资;一个拥有自己设备和工具的企业可能比租用设备的企业更关心设备的保养与维护。这些长期的考虑对业务的可持续发展通常是有好处的。

纵向一体化可以在整个价值链条上对资源进行最优化的配置,从而降低总成本与资源的耗费。比如,通过直接拥有和控制所有环节上的业务,一个纵向一体化的企业可以有意地将每个环节的业务建立在该业务成本最低或者离下游企业最近的地方。更重要的是,它可以通过减少某些环节的不必要的支出或者减少该种原材料的使用来实现总体质量与成本的优化。如果各个阶段的业务皆由独立的企业来完成的话,每个阶段的企业都希望实现自己销售和利润的最大化,那总体的优化是不大可能的。因为在市场制度下的公平交易,没有一个至高无上的权威。而在纵向一体化的企业中,存在这种协调与管理的权威和机制。还有,如果不同阶段的业务都要分别被单独收税,纵向一体化显然也是一个应对税收的总体优化方案。

通过纵向一体化战略,企业还可以打压对手,挤垮对手,实现独家垄断的局面。比如,De Beers在批发市场的近乎垄断地位取决于它对钻石矿源的控制。洛克菲勒当年对火车货运以及石油运输管道的控制,不仅保证了自己产品的运输与传送,而且有效地控制和操纵了只在油品加工业务上经营的对手的运输途径,使之难以公平地在终端市场与洛克菲勒的标准石油公司竞争,并且最终廉价收购对手,实现自己的垄断地位。当然,它也为此受到了反垄断法的应有制裁。同样,在某些高科技行业,如果一个企业不能全程参与技术创新的过程,不能控制核心的技术与资源,它很可能被"锁在外面",不能进入产业发展的下一个阶段。

(二) 纵向一体化的挑战

纵向一体化虽然提供了某些潜在的益处,但其实施与管理过程中将会面临诸多挑战。由于参与价值链中多阶段的业务,企业内部的协调与管理成本会增高。当内部协调与管理成本高于应用市场机制的费用时,纵向一体化便成了一种负担。在极端的情况下,上下游的业务在资源组合、技术手段和管理逻辑方面相去甚远,难以被同一个公司来经营管理。这时的纵向一体化就可能事与愿违、有心无力。比如,许多介入汽油零售业务的公司发现,管理汽油零售站点与石油公司(主营勘探、开采、提炼、运输)的主要业务与管理模式大相径庭。因而，除了向零售市场提供汽油配送以外，这些石油公司通常将加油站点的管理与经营留给零售业的企业来完成。同样，一个制药公司可能会参与处方管理业务、药品邮购业务或者医药信息监控业务。这些业务与制药公司的主业虽然有某种上下游关系，但业务性质与管理方法有着根本差别，因此难以在同一家公司并存。

代理人问题与相关费用也是纵向一体化进程中的一个潜在负面因素。所谓的代理人问题，指的是在授权人（比如所有者或上级领导）与代理人（比如经营者或下级人员）的关系中，代理人有可能将自己的利益凌驾于授权人的根本利益之上的可能性。为降低这种可能性，授权人需要花费一定的费用与资源，比如高薪、股权、提升、荣誉等其他奖赏或激励，尽量使得代理人的行为符合授权人的利益。一个纵向一体化的企业，环节众多、关系复杂，较之单一业务企业相对简单透明的经营活动，信息不对称程度更高，授权人对代理人的监管难度更大，因此，代理人问题的相关费用就会增大，从而影响企业的总体运作效率和有效性。

纵向一体化通常意味着上游（后向）的供给业务主要为（甚至只为）本企业的下游（前向）业务服务。由于企业的保护与市场的隔绝，上游的业务可能缺乏竞争压力，感受不到各种不同的客户可能带来的启发与刺激，因而主动创新的动力较小。即使它根据本企业的特殊需要有所创新，其专业化的资产投入也往往会降低企业经营的灵活性。一旦企业的现有业务陷入严重危机，它就很难迅速转型，因为其业务的整体包袱沉重，难以轻易摆脱。

另外，虽然企业企图实现整个价值链上的最优资源配置与活动安排，但是不同阶段的业务面临的产业周期、技术进步、供需特点以及波动起伏是不一样的。这种来自不同经营环境的复杂性和不确定性，可能会导致纵向一体化企业的业务之间容量利用与发展的不均衡，造成资源与能力的浪费。有些部门可能生产能力过剩，但由于公司限制，不得向其他企业销售自己的产品，因而产生积压浪费。有些部门可能处于瓶颈状态，但由于企业的战线过长、资金占用较多，难以及时增加生产能力，因此，一旦某个环节出现问题或者停滞，便会严重影响整个企业的收入和盈利。

最后，纵向一体化也可能会导致企业某些阶段业务的外部客户的减少或消失。比如，当百事公司兼并肯德基等快餐店，希望增加其饮料销售的时候，其他餐饮业的业主纷纷放弃百事公司的饮料，转而投向可口可乐的怀抱。当迪士尼兼并 ABC 广播电视公司的时候，其他媒体内容提供商就会减少或取消与 ABC 的合作，而其他电视网也基本不会再播放迪士尼提供的内容。一个企业一旦兼并了某个纵向业务阶段中的企业，该业务中的其他企业便不再是其交易对象,而是变成了其竞争对手。

四、纵向一体化的替代方式与决定因素

(一) 纵向一体化的替代方式

纵向一体化与完全市场交易并不是非此即彼的选择。其间有不同的替代方式,并广为应用,从零星的市场交易,到长期的合同、战略联盟、网络型组织、连锁经营、合资企业,到不同程度的乃至完全的纵向一体化。依此顺序,企业对多阶段经营的承诺越来越大。前两项属于市场交易。战略联盟与网络型组织属于市场与企业之间的中间性安排,兼具市场和组织的特性。连锁经营与合资企业的上下游业务之间的关系更加紧密,尤其是上下游企业共同组建的合资企业,包括所有权的因素在内,既有双方的承诺,又有风险的共担。到底哪些业务需要企业亲自而为,哪些业务可以通过上述不同方式进行外包呢?下面我们举例探讨一些主要的决定因素。

(二) 纵向交易方式的决定因素

企业的纵向交易模式,从市场到纵向一体化及其中间的替代方式,至少可以由如下几类因素来决定:业务的不可分割程度、信息不对称、隐性知识、资产的特定性、控制防范、规模经济、核心竞争力,以及企业不同业务之间最优规模与管理逻辑的差异等,参见表7.4。

表7.4 纵向交易方式的决定因素

	纵向一体化	中间方式	市场机制
市场失灵非常严重	×		
业务的不可分割程度	×		
信息不对称	×		
隐性知识	×		
市场失灵非常可能	×	×	
资产的特定性	×	×	
控制防范	×	×	×
规模经济	×	×	×
市场机制比较完善			
核心竞争力		×	×
最优规模不同			×
管理逻辑不同			×

资料来源:根据Collis, D. J. and Montgomery, C. A. 2005. *Corporate Strategy*: *Resources and The Scope of The Firm*. 2nd Edition. Chicago, IL: Irwin; Grant, R. M. 2005, *Contemporary Strategy Analysis*. 5th Edition. Cambridge, MA: Blackwell Publisher 等整理。

1. 市场失灵非常严重

当市场失灵的潜在性非常严重的时候,企业一般采取纵向一体化。

首先,资源的不可分割性技术的连续性要求两种关系极为紧密的上下游业务在同一个企业内进行。这种关系有时显而易见,如炼钢与钢材轧制、面包的配料过程与烘烤制作过程等,有时不太明显,如网上购书与送货机构、航空公司的飞行与票务、空调的制造与安装等。网上书城的书不能按时保质送到顾客手中,顾客不会认为是送货机构的问题,而会认为是书城的问题,应该由书城负责,不需要顾客跟送货机构交涉。顾客在向航空公司买票时,是在飞行前的先期接触,关系到顾客对该公司服务的总体评价。有些美国航空公司,纯粹出于劳动力成本的考虑,将电话售票业务外包到印度以后,由于员工训练与文化差异等因素,错误率攀升,服务质量明显下降,遭到大量客户投诉,不得不重新启用本土雇员。空调的安装质量在很大程度上影响了其运行质量。一个空调品牌如果把安装业务全部外包给其他企业,等于是自己砸自己的牌子。

其次,买卖双方的信息不对称,也会导致卖方自己动手经营下游活动,而不是通过市场寻求伙伴。有些信息资产,比如技术诀窍与商业机密,买方在知道底细和具体价值之前不愿意花高价去买;而卖方知道买方一旦了解了信息资产的实质以后,它便无法再向买方收取费用,因而卖方在收到买方的支付之前是不会透漏信息资产的实质的。因此,买卖双方的互相防范最终可能导致市场失灵,完全没有交易的可能。这时,卖方如果想从此信息资产获利,便只能自己亲自动手,通过纵向一体化参与该下游业务的经营。

另外一种相似的情形是隐性知识的交易和应用。所谓隐性知识,是指不能被编码化并公开系统地传授,只能通过以学徒等方式言传身教,在潜移默化间得到传承的知识。因此,关于这种知识的业务交易必须在一个企业内完成。比如,某位老中医不仅拥有家传的秘方,而且亲自参与药品的采集与配置,甚至直接种植。该医生行医,只用自己的药,因为别人配不出来。其传人也必须在实习过程中学会医药兼同,保证该中医药纵向一体化的传承。现在很多企业强调对自己员工(甚至包括对上下游企业的员工)进行企业内部培训,也是同样的道理,因为有些企业的隐性知识和技能是商学院和猎头公司无法提供的。

2. 市场失灵非常可能

当市场失灵可能性可大可小,程度并不一定非常严重的时候,企业可能采取纵向一体化,也可能运用不同程度的市场调节与中间手段。一般而言,资产的特定性程度包括物理特定性、地域特定性和人力特定性,决定企业的纵向交易方式。当一个供给商被要求斥巨资设计和使用某项专门为一个客户提供产品与服务的技术流程的时候，它会惧怕这种特定的专项技术设备投资（包括相应的员工特殊技能培训与对某个地理位置的承诺）会导致自己被该客户俘虏，从而受制于人，缺乏灵活性与主动性，因而不愿从命。如果该客户必须拥有这种供给，那么它只好将供给商买下，自给自足。

同样，如果一个企业的设备如此专门特别，只能使用一家供给商提供的原材料的话，它也会很紧张担心，并应该企图自己拥有和控制这种供给。比如，一个炼钢厂的技术设施只能加工某个特定国家生产的矿石。这时，该炼钢厂必须有意识地防范市场失灵的威胁。当然，上下游企业也可以通过合资企业的方式，来共担风险、携手并进。如果双方都有很好的信誉以及一贯遵守合同的名声，那么长期合同也可以解决问题。还有，当买卖双方都是只此一家的时候，则实质上是双方互相劫持。通常的结果是纵向一体化。

在市场可能失灵的情况下，企业出于保持控制和防范风险的考虑，可能会采取一定程度的纵向一体化。比如，一个报社或出版社按道理是不应该直接参与印刷业务的，因为编辑、出版、发行和印刷、装订实质上属于不同的行业，使用不同的技术手段和资源组合，是可以分割进行的。然而，出于保持控制的考虑，一个日报社必须保证第二天的报纸能够付印并及时送到读者手中。即使印刷厂独立经营的成本可能更低，但它随时可能由于各种原因或借口而无法满足报社对时间的特殊要求。因此，出于完全自主和防范风险的考虑，自己拥有印刷业务通常是有必要的。

一个企业在适当地拥有一些上下游业务作为防范措施的同时，也可以应用不同程度的市场机制，从长期供销合同，到战略联盟，甚至到合资企业，来挖掘市场的潜力，或者为了降低原材料的成本，或者为了能够在不增加固定投资的情况下迅速地增加产量。比如，可口可乐适量地拥有自己的罐装厂；纳帕溪谷的酒庄通常拥有自己的葡萄园，但也从加州中部海岸地区大量买进葡萄；中国某些品牌较好的酿酒企业不仅自己酿造最高端的产品，而且通过协作厂外包生产中低档产品，甚至贴牌生产高档产品。

再有，当一个企业业务达到一定规模之后，它直接参与上游的批发业务或者制造业务，也可能带来上游业务的规模经济等优势。比如，百威啤酒的生产厂家安海斯－布希就大规模地参与铝罐的制造业务，简化了从多家制罐厂采购的手续，扩大了该业务的制造规模，也在某种程度上缓解了原来制罐企业由于惧怕市场风险而不愿创新或扩大规模的问题。

3. 市场机制比较完善

当市场机制比较完善的时候，显然，企业会更倾向于应用市场调节减少企业内部的环节和复杂性,专注于自己最为核心的业务和增值最大的业务环节。比如,迪士尼的卡通形象是其核心资产,而创造这些形象是其核心业务。虽然迪士尼可以利用这些形象去开发其他下游产品,比如玩具、游戏、服饰等,但迪士尼本身并不直接拥有并经营这些玩具、游戏和服装制造业务,而是通过授权的方式来进行。同样,迪士尼的主题公园既有完全自己控制的方式,比如在美国加州与佛罗里达,也有授权特许经营的,比如在日本,还有战略联盟或合资经营的,比如在欧洲和中国香港地区。

同样,日本家用电器企业也专注于核心竞争力方面,而将商品化的业务外包给其他劳动力成本低廉的国家。最高端和最新的产品一般都是由企业自己在日本的生产设施制造,以保证产品的质量和可靠性。一旦技术比较成熟,或者产品的商品化达到一定程度,制造业务便转向其他东南亚国家,或者与当地企业合资,或者直接外包给当地企业,从而降低制造成本。由于日本公司通常拥有核心技术和优质品牌,因而其盈利通常高于其元器件供给商。耐克专注于运动鞋设计和品牌推广,而将制造业务全球外包,也是同样的道理。

有些时候,上下游业务的最优规模、技术手段、资源组合以及管理逻辑差距甚大。这种差距有效地阻止了纵向一体化的实施可能性。比如,一个比较小的啤酒厂可能突发奇想,希望在啤酒瓶罐的形状上标新立异。但瓶罐制造商不会为其小批量购买而专门设计和生产独特产品,除非它出价甚高。该啤酒厂不可能为此建立并拥有自己的制罐厂和制瓶厂,因为这些业务的规模要求通常远远大于小型啤酒厂的规模。有些时候,上下游的业务差距会使得它们无法在同一个企业内进行管理。福特汽车公司在20世纪初通过流动生产线的引进,实现了当时最完整的纵向一体化。老福特先生甚至要亲自介入钢铁冶炼和橡胶加工等业务,最终因为技术与管理挑战过于严峻而不得不作罢。

第四节 多元化战略:动因、路径、方向与绩效

管理多元化经营是公司战略的重要任务。企业为什么要多元化?通过什么路径实现多元化?向哪些产业多元化?多元化企业的绩效表现如何?这些问题都是多元化战略的核心问题。本节主要讨论上述问题,阐释多元化的动机、路径、方向以及绩效。

一、多元化战略的动因

一个企业之所以诉诸多元化经营,其动机与诱因可能复杂多样,从规避风

险到应用剩余资源,从逃离停滞产业到寻求新的增长点,从抢占地盘到扩大市场强权。有些是被动而为,有些是先机防范。可以是在一个行业失败后的随机挣扎,也可以是从胜利走向胜利的逻辑拓展。下面,我们从企业的外部经营环境、公司经营运作以及管理者个人因素这三个层面,来详细考察企业多元化的动机与诱因,参见表7.5。

表7.5 公司多元化的动因

公司环境因素	公司自身因素	企业家和管理者个人因素
现有业务产业停滞衰退	分散和降低风险	超级王国情结:500强臆想症
现有业务竞争压力增强	核心业务绩效持续下降	满足个人权力欲和实现感
新的外部机会出现	增进市场强权	个人情结与私欲喜好
政府法规政策限制企业	利用剩余资源	降低管理者失业风险
现有业务发展	内部资金市场	为各级管理者提供更多的升迁机会
政府鼓励或强制企业	业务互补与范围经济	资本运作
接管新业务	遏制与打击对手	追随潮流、跟风模仿

资料来源:本书作者整理。

(一)作为多元化动因的环境因素

战略是联结企业与环境的纽带。随着环境的变化,企业的战略也会发生剧变。20世纪公司战略的最大变化在于多元化经营的兴起与形成潮流。随着铁路、航空、电话、电报、金融、法律等商业活动所必需的基础设施的逐步完善,企业的经营范围逐渐增大,复杂性和多样性逐渐增强。多元化经营企业成了主要经济大国的支柱企业。企业多元化的程度及其改变(兼并或者剥离)仍然在很大程度上受到环境的影响。

1. 现有业务产业停滞衰退或竞争压力增强

显然,当企业的现有业务所处的产业环境恶化、停滞不前甚至衰退收缩时,企业被逼无奈,必须寻求其他生存空间。20世纪末期,许多艺术院团在行业发展不景气的时候,被迫租让剧场,开歌厅、录像厅,甚至进入零售或者餐饮业都是典型实例。当现有行业竞争激烈程度增强,企业难以与对手有效竞争时,也会迫于压力,出走主业,寻求其他增长点。例如,锐步在运动鞋市场难以超越耐克的情况下,向运动游艇制造业进军;百事公司在软饮料业落后于可口可乐的局面下,开始经营快餐业务。

> 不要问我们向哪里去,反正我们无法再待在这里。
>
> 《邦尼与克莱德》

2. 新的外部机会出现

当然,上述锐步和百事的举动也可以被认为是积极寻求新的市场机会,提高增长速度,而并不仅仅是迫于主业对手的竞争压力。新的市场机会,比如快速增长的行业或者区域,可能并不需要特别专业的技术投入,而只是需要快速地圈地,占领先机。比如,随着高速公路的客流量增加,人们对中途休息区的需求将会逐渐增加。休息区的经营者或者商家可能会意识到并快速地捕捉新的市场机会,比如,修建理发店甚至电影院来吸引顾客,增加其逗留时间和消费金额。当年,北京中关村一带卖菜或者修鞋的小业主及时投身计算机组装与销售业务,亦是机会使然。

3. 政府法规与政策限制企业现有业务发展

政府法规与政策往往是多元化经营的直接动机。尤其是在市场制度和法律制度不够完善的情况下,政府的政策对企业经营范围的影响尤其深刻。比如,美国联邦政府禁止任何一家银行在其经营领域占有存款市场份额的10%以上。在美国本土市场已经接近临界点的美洲银行,如果要在存款市场扩张,必须通过地域多元化向其他国家市场拓展。一个行业的企业可能由于政府对该行业的管制而不得不转向其他行业,比如美国烟草行业企业,在面临政府对其经营方式的限制时,许多企业纷纷转向食品业等相近业务。

4. 政府鼓励或强制企业接管新业务

政府的政策不仅可以导致企业离开本行业,而且可以强迫企业进入自己可能本来不愿进入的行业。一个地区的政府可能会通过产业政策来保持当地产业发展的均衡、税基的稳定和就业的稳定。因此,一些效益好的企业很可能被要求去接管效益差的企业,从而帮助政府维护就业与社会安定。这些被接管的企业可能与本企业的主业毫不相关,但企业为了维持政府关系,或者在税收政策、贷款融资、土地征用以及其他领域的政府支持等方面获得相应的好处与补偿,而同意接管这些企业。

(二) 作为多元化动因的企业因素

1. 分散和降低风险

分散和降低公司业务的系统风险和特定风险,通常是人们首先想到的多元化的动因。这也是俗语所说的"不要把所有的鸡蛋放在同一个篮子里"。不同的业务与行业有不同的发展周期和起伏特点,其景气模式可能此消彼长。与单一业务相比,多元化经营的公司可能更经得起市场波动的考验。

2. 核心业务绩效持续下降

多元化的另一个直接动因是企业的经营业绩持续下降,尤其是在整个行业的发展走向并未呈下降趋势的时候。这说明企业在该行业的发展受阻,很可能是自己实力不足而不再具有竞争力,或者资源和能力与该行业关键成功因素已经不相匹配。因此,通过多元化向其他业务过渡便成为必然。比如,号称"民营餐饮企业第一股"的"湘鄂情"开始转行涉足互联网业务。

3. 增进市场强权

增进和使用市场强权是多元化的又一个主要动因。多元化经营使得企业在多个业务市场上出现,可以增强其总体的知名度与大家对其实力的印象,包括其对于弱小对手的潜在威慑力量。多元化企业间也可以通过互惠购买来增进这些企业间的总体实力与影响。多元化企业由于整体实力强大,可以通过在某个市场上的掠夺性定价来打压和挤垮单一业务对手。

4. 内部资金市场

多元化经营的另外一个功能是"内部资金市场"。一个多元化的公司可以用从一个业务盈利得来的资金,来投资进入另外一个业务领域,尤其是当外部资金市场不完善,或者由于信息不对称等因素,外部金融机构不愿提供融资服务,而企业坚信新业务可以盈利的时候,自有资金非常便于企业及时自主行动。从这个角度来讲,内部资金市场的实质是内部银行。改革开放之初,就有人建立会员制的读书俱乐部(相当于小型连锁付费图书馆),会员交纳会费以后,可以在一个城市的多家网点随便借书还书。如果俱乐部达到一定规模,会费收入除去正常的运营费用外,可以投资实业,获利更丰,更不用说,许多图书可以通过捐赠方式免费获取或从废品店廉价得来,而各级政府和相关部门谁也不会反对大家读书。

5. 利用冗余资源

利用冗余资源,也是最为常见的一种多元化动因。物理资源与其他实物资源的应用通常是有限的,而隐性资源则可以比较广泛地应用。比如,耐克的品牌资源可以应用在运动鞋、运动服装、运动器械等多种业务中。一个企业管理品牌的能力,也可以应用到不同的业务与产品线上。比如,宝洁公司在兼并吉列之后,年销售额在 10 亿美元以上的品牌在 20 个左右;可口可乐公司利用其强大的销售渠道与品牌管理能力,将 Dasani 品牌的瓶装水在五年之间,从无到有,一跃成为全美销量第一的品牌,而这种瓶装水其实只是净化过滤后的自来水。

6. 业务互补与范围经济

业务互补、协同作用、范围经济等,语义相近,是相关多元化的一个重要动因。所谓的范围经济或协同作用指的是这样一种情形:两种业务或者多种业务,由于资源与能力共享的可能性,在同一个企业内经营比分别在不同的企业内经营更有效率、更节省成本。上述的冗余资源的应用,通常是符合范围经济和协同作用的逻辑的。业务互补也可能超越协同作用与范围经济的局限，而具有战略意义。比如，索尼公司之所以兼并了哥伦比亚电影厂和唱片社，一个重要的原因就是为了在退出新的影音播放产品时，有足够的内容来支持新的硬件产品的市场化推广与产业标准的促进，软硬通吃，虽然具体实施效果并不特别理想。

7. 遏制与打击对手

企业为了遏制与打击对手，也可能诉诸多元化经营。比如，为了遏止竞争对手对本行业互补产品与服务的控制，从而避免在将来被锁定在外或者被迫接受对手的技术与竞争条款，企业可以抢占先机，自己先行多元化。上面索尼的例子可以说就有此含义。另外一种情况下，企业的多元化可能是对竞争对手的一种报复。比如，米其林在波兰兼并一家轮胎厂，固特异可能会在保加利亚也兼并一家轮胎厂，从而报复和应对米其林在东欧市场的扩张。同样，当可口可乐和百事可乐其中一家在产品多元化方面有新举动的时候，另外一家也紧随其后、当仁不让。

（三）作为多元化动因的管理者个人因素

1. 超级王国情结

我们在讨论哈佛战略分析的基本框架时，曾经强调管理者个人的价值偏好，以及社会思潮与预期对管理者的压力，对企业的战略选择往往具有重大影响。比如，史玉柱当年建造巨人大厦的故事。每个管理者内心都可能存在某种"做大做强"的愿望，希望缔造商业帝国，名垂青史。尤其是近期大家对所谓挺进世界 500 强所流露出的不可抑制的好感。一个实现这种梦想的捷径就是通过兼并快速增长。这里追求的可能是增长本身，而并不一定非要有盈利的增长。互不搭界业务之间形成的所谓企业集团、政府"拉郎配"的企业，通常属于这种情形。

2. 满足个人权力欲和实现感

一般而言，满足管理者权力欲和个人实现感，也是多元化的直接动因之一。一个企业家与管理者能在多个行业呼风唤雨，本身就是非常风光的事情。在众多领域拥有话语权与决策权，影响公众、社区甚至政府，无疑是企业当权者满足个人权力欲和实现感的一个有效手段。

3. 个人情结与私欲喜好

具体而言，某种个人情结与私欲喜好，可能会导致企业对某一行业的强行介入，虽然该业务与自己的主业没有任何联系，企业家本人，尤其是本企业的管理团队，对新业务并没有足够的知识与能力去管理。比如，加拿大 Seagram 酿酒集团的老板对环球唱片公司的兼并与最终剥离。

4. 降低管理者失业风险

多元化经营可以使企业的管理者与多方领域的机构与人士建立广泛的社会网络关系。从管理者的感觉上而言,可能会增强自身位置的稳定,降低失业的风险。多元化企业应对的利益相关者众多,关系错综复杂。由于自身特定的位置,管理者拥有别人,包括上级(董事会)所不具有的对多种经营领域的信息优势,并拥有很强的掌控和操纵企业总体经营的权力,以及强势的谈判地位。他们会尽力将自己的权力基础与合法性复杂化、多元化、制度化。

5. 提供更多的升迁机会

当然,各级管理者也都可能会在多元化的进程中潜在获益,因为多元化程度的加深往往意味着管理层次的增加,为各级管理者提供了更多的升迁机会。原来的生产科主任,现在可能是业务副总;原来的业务副总,现在可能是集团执行总裁。于是,大家不亦乐乎。

6. 资本运作

另外,多元化经营往往是企业家资本运作的载体与手段。众所周知,资本运作的目的并不一定是增进股东回报或者业务本身的稳固发展与盈利。其真实目的往往难以摆上桌面。更多的情况是,为了掩盖自己的决策过失或者企业的糟糕状况,企业家不得不使用障眼法,不断地兼并、买卖业务,进行关联交易,把自己的错误与企业经营不善的问题包装起来,进而掩埋在一个更大的问题里。这种做法,通常的下场是穷途末路、引火烧身。从宏观的角度来看,历史经验表明,没有哪一个国家企业的壮大,是单靠企业家的资本运作来实现的。

7. 追随潮流、跟风模仿

最后,多元化战略,正像任何一种潮流,可能会引起某些企业的管理者置自身条件与情况于不顾,追随潮流、跟风模仿:别人多元化,我们也多元化;别人剥离,我也剥离。这种企业,应该不在少数。

(四) 多种动因组合

虽然多元化的进程和发展可以由上述某个具体因素直接诱发,但多元化战略的背后通常会有多种因素共同作用。可以锦上添花,从胜利走向胜利;也可以雪上加霜,从失败逃到新的失败。

我们不妨举例简单说明多种动机与因素的综合作用。著名的菲利浦·莫里斯公司——以万宝路著称的原来主营烟草的公司,就是一家多元化程度非常高,但却非常自律的公司。引发其多元化的直接和主要因素,是政府对烟草行业的限制与监管,以及烟草行业的增长受阻。它必须寻求新的增长点和利润来源。该公司可谓资金雄厚、财大气粗。当其主业受阻而需要多元化经营时,它首先想到的是地域多元化,到亚洲和拉丁美洲去延展其产品生命周期。

在其产品多元化的进程中,它完全可以寻求当时最为暴利的产业,通过兼并打开局面,比如买个电影厂、制药公司,或者耐克、苹果等时髦业务。但它并没有这样做。它当年兼并的米勒啤酒和卡夫食品等业务,与其主业极为相近,可以非常方便高效地应用其另外的主要剩余资产,即优良的营销渠道以及卓越的品牌管理能力,从而实现范围经济与协同作用。可见,应对政府管制、从停滞衰退的市场被动转移、化解威胁与风险、主动寻求新的机会、利用自己的优质资源与能力等诸多因素,对其多元化的诱发与方向共同产生了重要的影响及作用,促成了该企业从身临逆境到柳暗花明的转折。

二、通向多元化的路径

企业的多元化通常可以通过内部自身发展和并购与兼并来实现。自身发展一般需要白手起家、从头做起。并购与兼并(除非特别说明,以下二者统一简称兼并),则是接管和利用企业外部现成的业务。当然,正像企业对纵向业务的管理一样,对多元化的管理也可以通过长期合同、战略联盟与合资企业等来进行。但通常意义上的企业多元化,指的是通过对不同业务的所有权和监管而进行的多元化,包括合资企业、部分控股或者全资拥有。这里,我们把考察的焦点放在自身发展和兼并两个发展路径上。合资企业、战略联盟与长期合同等方式,通常与国际竞争战略相关,我们将在下一章探讨。究竟是通过哪种路径实现多元化,取决于外部兼并对象的存在与否和兼并的经济性及可兼容性,以及企业自身发展的可能性、速度与成本等多方面的因素,参见表7.6。

表7.6 通向多元化的路径选择

企业内部发展		兼并	
潜在益处	潜在缺陷	潜在益处	潜在缺陷
完全控制	速度较慢	速度较快	组织文化冲突
内部匹配与和谐	资源束缚	成本相对较小	耗费成本过高
循序渐进	沉没成本风险	获取关键与互补资源	信息不对称
学习和知识能力积累	进入规模次优	更新企业资源组合	资产与债务负担
隐性知识的利用	被后进入者挤走	越过进入壁垒	总体承诺巨大
鼓励内部创新	增大产业供给能力	减少竞争对手	核心空壳化

资料来源:本书作者整理。

(一)企业自身内部发展的优势

企业自身发展的最大优势,是企业对新的多元化业务所拥有的完全的控制权,可以按照自己的意愿与设想来管理和实施多元化的进程,基本不受环境和各类外部实体的制约。与此相关,内部发展也有助于新业务与现有业务之间关系的处理,有利于业务间的协调与整合,有助于避免兼并外部企业时所产生的不可避免的文化冲突和组织摩擦。内部发展的另外一个好处是按部就班、循序渐进、边走边看、灵活决断。这样的发展过程可以避免兼并时的一次性决策中可能存在的未可事先预知的风险。

同时,内部发展也给企业提供了组织方面与技术方面的学习机会,增进企业的内部知识积累,增进组织学习的经验与能力,以及企业资源和能力的拓展与更新。企业的内部发展尤其适用于对企业隐性知识在不同业务间的转移与利用。毫无疑问,依靠内部发展,不仅迫使企业去学习、改进与提高,同时也为企业的内部创新提供了良好的动力。比如,方正集团当年在汉字激光照排业务上的创新之举,为它的业务发展提供了坚实的技术基础。再如,索尼公司坚持以开发和利用自有技术为企业主旨,不管一时一地的输赢,皆以此主旨为指导,鞭策并鼓励了索尼公司在技术与产品上的不断创新。然而,当外部环境迅猛突变之际,只是沉溺于自己闭门造车之孤旅也会产生被边缘化的危险。索尼最近在电子产品上的乏善可陈,也引发大家对完全靠内部发展的潜在缺陷进行思考并保持警觉。

(二)企业自身内部发展的缺陷

通过内部发展实现多元化,面临着一些重大挑战,有时甚至根本不可行。首先,内部发展的速度通常缓慢,可能不足以及时满足企业的多元化要求。有些时候,由于缺乏必要的技术或者组织能力,企业不可能自己培植或自创新的业务,或者内部自创业务的成本过于高昂因而不再具有经济价值。另外一个较大的风险是业务发展失败后的沉没成本。如果一个企业兼并另外一个企业而业绩低下,它还可能将其卖掉;而一个失败的内部项目通常只有自食苦果,难以转嫁包袱。

内部发展还有一个令人担忧的问题,就是进入的规模太小,没有足够的声势去造就一个能使企业立足的市场空间与活动平台,不足以支撑自己的生存,更不用说形成垄断了。另外一种可能是,后来进入的企业可以免费享有先进入企业所做的公共投入的溢出,并依靠自己在相关业务上的实力,在更大的规模上介入,从而将那些自创业务的先期进入者挤垮,或者撑至市场边缘,比如在浏览器市场上微软与网景的关系。最后,在行业发展的中后期,内部发展可能会不必要地增加整个行业的生产能力,造成业内竞争的进一步加剧。

(三) 兼并的优势

显然,兼并最明显的优势就是其速度,可以很快地使一个企图多元化的企业进入它所希望进入的行业。有些时候,不仅进入速度快,而且兼并的成本甚至可能低于内部发展的成本,尤其是对于机构庞大的企业在某项非常专业的业务上而言,比如谷歌 2014 年年初以 32 亿美元对智能家居(温度控制仪器)企业 Nest Lab 的兼并,可能比自己内部开发要迅捷、合算。另外,有些时候,单靠企业自身内部发展不可能创造新的业务,或者缺乏关键资源与技术诀窍,或者缺乏必要的组织能力。兼并帮助企业获取这些关键资源与能力,使多元化成为可能。比如,联想兼并 IBM 的 PC 业务后,所获取的国际市场上的品牌与渠道网络。与此相关,另外一个益处是获取互补资源,实现相关多元化的协同作用与范围经济。总之,通过兼并,企业可以较为迅速地改善自己的资源与能力组合,保证核心竞争力的更新与鲜活。

兼并还可以帮助企业在多元化进程中跨越某些市场的进入壁垒。比如,某些产品市场需要经营特许和配额,而有关部门已经停止防范新的许可。这时,进入该业务的唯一手段便是兼并某个现有企业。一些市场可能直接要求进入者对该市场做出资金与技术的承诺,接管并拥有本地现有企业(或者与本地企业合资),并保证原有企业人员的就业与福利。这时虽然跨越进入壁垒可能是采取兼并路径的优势,因为它使进入成为可能,但其劣势很可能与之俱生,那就是进入后可能包袱沉重。然而这一点往往被急欲进入者所忽视。当然,兼并了一个企业,同时市场上也就少了一个竞争对手。这也可能是所谓进入后使得产业结构更加具有吸引力的一种好处,是兼并实施中的副产品。

(四) 兼并所面临的挑战

实证研究表明,大多数兼并不成功,并没有实现预期的效果,比如范围经济及协同效应。其中最大的一个原因,就是新老企业间组织制度的差异与摩擦以及企业文化的冲突与抗衡。这种摩擦与冲突,往往导致兼并后组织整合的失败,不能使企业统一运转、协同发展,而是内耗不断、争斗频仍。比如,锐步所兼并的另外一个品牌的运动鞋 AVIA,曾经公然在电视中声称那些穿"锐步"鞋的人是"软蛋",不够运动。大家也可以设想,全聚德烤鸭店是否应该兼并莫斯科餐厅。提到兼并,大家首先想到的比喻可能是婚姻,尤其是双方各自带着自己多个子女再婚的情况,问题和冲突在所难免。这种比喻其实非常不恰当,但却广为流行,存在并体现于管理实践者的意识与言行,因而延长和加剧了实际的冲突。

成本过高、亏损可能性过大,是兼并的一个主要缺陷。从一个方面来说,兼并时所支付的价格通常远远高于被收购业务的未来盈利,尤其是在有多方竞标的情况下。与此相关的一个缺陷是,企业在兼并了其目标对象以后,还可能要承受被兼并企业的其他资产与债务负担,通常是不良资产与债务包袱。而造成这种结果的原因,通常是买卖双方在交易前的信息不对称。兼并方很难,甚至无法完全准确地预知兼并对象的实际资产价值、所接管债务的含义和其他隐含债务或责任的存在,以及其业务长期盈利的潜力。兼并者看到和重视的通常是二者业务之间的相似性和想象的协同作用,而不是可操作性与最终的可盈利性。有些兼并对象的价值在被兼并的瞬间可能已经全部实现,其后并无增值的潜力。无怪乎很多企业实施兼并之后,大呼上当,旋即又将兼并对象赔本剥离出去。很多情况下,由于兼并对象可能打包销售,兼并者必须同时接管一些自己并不希望的资产。而这些资产一旦接管,又很难轻易地摆脱或剥离,因而增加了企业的总体经营成本以及资源承诺与束缚。

从另一个方面来说,兼并后的协调与管理费用,往往会大大抵消潜在的范围经济和协同作用,使企业的良好企图落空。这不仅包括上述的文化和组织的冲突,也包括不同业务的技术范式、操作流程和管理逻辑的根本差异。请看传统媒体与新兴媒体之间的差异。时代华纳与美国在线的并购,一个主要原因是希望实现二者在不同媒体业务与受众群体间的桥梁作用,挖掘协同作用,实现范围经济,比如,应用同一个客户管理体系来推销多种产品与服务。然而,事实是,在并购后的很长时期内,使新公司原来的两个部分同意使用统一的电子邮件系统都非常困难,其他的合作更是步履维艰。在传统行业中,百事旗下的必胜客和肯德基,曾被百事总部要求共同采购某些原材料,以期降低成本。由于必胜客希望为其卫生间购置双层卫生纸,而肯德基则希望购置单层卫生纸,双方僵持不下,各行其是。可以想见,多元化业务之间在更为复杂的技术与组织领域的合作,需要何其高昂的协调与管理费用。

还有一项需要注意的缺陷,就是被兼并企业核心资源(尤其是人力资源)的出走或丧失。某些骨干人员可能由于对兼并他们的企业的风格与制度不够认同,因此,在知道将被兼并的消息以后,可能单独或集体出走。尤其是在研发方面和销售方面,问题会显得尤为严峻和突出。如果一个兼并对象的主要价值在于其研发实力,当它被某个不受欢迎的企业购买之后,其核心技术人员和管理骨干可能离开,有些小组被拆散,留下来的人员可能缺乏积极性,没有稳定感和团队感,因而怠工、效率低下,等等。在这种情况下,兼并者买到的只是一个原来企业的空壳,并没有得到核心能力与资产。

三、多元化的方向与准绳

（一）多元化的方向与一般准绳

显然，由于企业多元化动机的不同，就公司管理者的视角而言，多元化进程的方向以及衡量准绳也就会有很大的不同。如果是属于管理者自身的兴趣，多元化经营的目标行业当然是管理者本人感兴趣的产业；如果是为了应用企业现有的剩余资源，多元化的方向自然是那些能够应用这些资源的行业；如果多元化进程的方向本身就是企业所追求的目标，那么其他的衡量标准便会显得多余和苍白。但企业、多元化经营公司，作为经济实体，其使命就是创造价值并盈利。因此，一般而言，判断企业多元化方向合适与否的一个可以测量与比较的准绳，便是多元化运作是否为企业带来增值。

（二）波特的三大检验

具体而言，迈克尔·波特提出了一套关于多元化战略方向的三大检验问题：产业吸引力检验、进入成本检验和竞争优势检验。根据他本人的研究，大多数企业的多元化经营都会在某种程度上通过这些检验的某些部分，但并没有同时通过这三种检验。当企业忽略了其中一个或两个检验的时候，其多元化的结果往往是损失惨重。

产业吸引力检验： 要进入的产业是否具有吸引力？如果现在不具有吸引力，企业进入以后是否可以使之具有吸引力？

进入成本检验： 企业进入一个产业所支付的成本是否足够低从而不至于冲抵所有未来的利润？

竞争优势检验： 新进入业务是否可以为现有业务带来竞争优势，或者现有业务是否能够为新进入业务带来竞争优势？

第一个检验与其产业分析理论一脉相承，关注的是产业内的结构特点和长期的吸引力，以及企业是否能够掌控关键成功因素，在进入后使该产业对自己具有长期的吸引力。一个从根本上不具有吸引力的行业或者业务往往是多元化方向选择方面的第一陷阱。而急欲进入者往往对此视而不见，或者异想天开地认为，别人干不成的事情自己就能干得成。他们看到的大多是新行业或新业务与现有业务的相似性。但相似性并不等于盈利性。比如，皇家荷兰壳牌石油公司对基础化工原料业务的介入，结果并不理想。还有，企业可能无端地青睐一个现时高速增长但后继乏力或者利润前景欠佳的行业。高速增长本身并不一定意味着长期吸引力。

> 当一个声誉卓著的管理团队与一个声誉惨淡的产业遭遇时,通常的情况下,是该产业得以继续保持自己的声誉。
>
> 沃伦·巴菲特

第二个检验与增值问题直接相关。决定多元化经营是否能够为企业增值的,无外乎收益与成本两个重要因素。无论是自身发展还是兼并,当企业进入新业务的成本高到足以抵消或吞噬未来可能产生的利润时,进入该产业便不是明智之举。即使多元化管理非常出色的公司,也会在某项兼并上失手。比如,菲利浦·莫里斯公司当年兼并七喜饮料公司的时候,支付了七喜账面价值四倍的价格。因为兼并后并没有预期的强劲盈利来支持投资回报,七喜公司最终被剥离出去。

> 低买高卖,快收慢付,手里永远拥有现金。
>
> 流行于金融学界的一个箴言

第三个检验与协同作用有关,关注的是多元化业务之间的增益问题。一个适当的多元化方向,必须保证至少新老业务中的一方可以从对方获益,从而增强自己的竞争优势,或者同时互相获益、共增优势。在业务经营活动中实际增益,增强竞争优势,这是从实质上保证通过多元化经营来增加企业的价值创造。比如,迪士尼对美国广播公司的兼并,不仅促成了内容与渠道的互补,也获得了双方渠道重组整合的益处。

显然,这三种检验不是完全独立的,通常需要综合考虑。比如,有些产业的兼并对象看起来非常便宜,甚至可能为企业带来一次性的收益和贡献,但长期收益几乎为零,或者其产业结构糟糕,而又难以被剥离,因此可能置企业于长期困境,不能达到预期的目的。有些产业虽然平均利润率较高,具有很大的吸引力,但企业自身的业务可能与这一所谓暴利行业没有任何关系,企业的资源与管理能力无法使得现有业务与新业务中至少一方比原来优势增强,甚至会导致公司管理顾此失彼。有些多元化业务之间可能存在巨大的范围经济,但兼并对象可能要价过高,从而冲抵和消耗了所有潜在的未来盈利。

(三) 多元化的方向:从资源视角的解释

企业多元化的方向,尤其是其能够离开原有业务的距离,在很大程度上受其现有资源与能力组合及其特点的约束,尤其是冗余资源的约束。企业的冗余资源越灵活,企业多元化的程度可能越高,离开原有业务的距离可能越远。这里灵活性意味着被用于多种用途的可能性大小。

如果企业的冗余资源主要是场地、设备等物质资源,那么它的多元化方向只能是临近的、可以使用这些资源的相关业务。比如,笔者原来供职的美国勃然特商学院,地理位置优越,风景宜人秀丽。由于夏季学生稀少,多块运动场以及多间教室空闲,在许多年里都被美式足球联盟中的新英格兰队租用为夏季训练营。这样,学校有效地利用了自己的冗余资产,并通过这种战略联盟关系,增进了大家(尤其是潜在的生源)对自己的了解甚至好感。

如果企业的冗余资源是无形资产,比如品牌、渠道、销售队伍、技术诀窍、研发实力等,可能应用的业务领域更加广泛,因而可以离开原有业务的距离相对较远,但在原则上应该仍然属于相关多元化的范畴。比如,埃克森石油公司可以在能源与化工业务方面共享其管理基础工业的能力和技术诀窍,但当它进入与主业毫不相干的 PC 业务的时候,其能力就可能遭到怀疑。而宝洁公司兼并吉列公司,则共享的是品牌与渠道管理的实力。

如果企业的冗余资源是财务资源,比如内生资金、低风险债务、风险投资资金以及股市融资的能力,则该企业可能离开现有企业的距离会相对更远。当然,企业内部自生资金和外引资金对企业多元化的方向选择的约束程度是不尽相同的。一般而言,外引资金的约束相对较强。外部资金提供机构通常要求企业去做自己熟悉并且有竞争力的业务,从而尽量降低风险。因此,这时的多元化活动大多是相关多元化。如果企业的冗余资源是自有内存资金,那么它进行非相关性多元化的可能性就会比较大。显然,最灵活的资源是现金。如果一个企业拥有大量的现金,从理论上讲,它可以买进任何可以买卖的业务、与主业毫不相干的业务,比如五粮液集团介入汽车零部件业务。

应该说,上述理论推测从资源本位企业观的角度看,是有一定道理的。实际生活中的多元化运作,由于动机复杂多样,可能并非完全符合资源本位企业观的逻辑。并且,企业可能同时拥有多种冗余资源。哪种资源在选择多元化进程的方向上起主导作用,尚需具体分析。然而,有限的实证研究证据表明,在通常情况下,经营绩效越好的企业,其多元化运作越容易符合上述资源应用的逻辑。

四、多元化战略和公司经营绩效的关系

(一) 相关性假说

儒梅尔特在 20 世纪 70 年代对多元化战略的研究,在前人工作的基础上,不仅区分了单一业务企业、主导业务企业与多元化经营企业,而且明确地区分了相关性多元化与非相关性多元化的不同类型。自此,有关多元化企业的业务相关性的理论与实证研究就一直在不断改善和检验"相关性假说"。所谓相关性假说,指的是相关多元化企业的经营绩效通常高于非相关性多元化企业,同

时也高于单一经营企业和主导业务企业。

(1) 相关性多元化企业的业务之间可以共享经营活动与互补资源,从而实现范围经济。与市场交易相比,不同的相关业务之间交易的企业内在化可以降低交易费用与总体经营成本。比如公司内部对管理人员的有计划培养,可能比外聘更容易使之熟悉多种业务的特性与关系。与此相关,多元化企业的管理者具有信息优势,比外部金融市场与公司监管市场更了解公司业务之间的关系以及不同业务的潜力与长期发展前景,因此会对其业务做出更全面准确的判断与相应的总体管理。

(2) 单一业务企业和主导业务企业不仅受到产业波动的影响很大,而且与多元化经营相比,缺乏范围经济的优势。

(3) 采取非相关多元化经营的企业,一般多元化程度较高,业务的多样性较大,业务之间的关系缺乏,甚至毫不相关。非相关多元化企业,与单一业务企业和主导业务企业相比,可能会享有内部资金市场等与多元化经营相关的优势;与相关多元化企业相比,没有协同作用和范围经济所带来的业务间的相互补充与支持。

(二) 实证研究的传统与证据

在过去的三十多年里,战略管理研究人员对相关性假说在许多西方国家的大企业样本中进行了检验。这一课题是战略管理领域比较早的实证研究领域之一,引发了对大规模样本数据进行系统统计分析的潮流。儒梅尔特的战略类别与经营绩效的关系分析,应用美国《财富》500强的样本,基本印证了相关性假说,共享资源、能力与活动的相关性多元化企业,其经营绩效高于那些非相关多元化企业。后来的研究也有复制和检验儒梅尔特分类法的,但更多的则是应用不同的多元化测量方式,比如熵、Herfindahl指数、SIC(原来的美国标准产业分类体系)代号之间的关系,以及其他的可以体现多元化程度的指标。SIC指标尚能比较准确地量度不同产业之间关系的远近,其他连续变量指标则主要量度多元化的程度。这样的指标背后一个比较通常的假设是:多元化程度越高,越可能接近非相关性多元化。如果将儒梅尔特的分类法转换成连续变量指标的话,我们可以发现,从单一业务企业到非相关多元化企业,一般情况下,多元化的程度渐次增强。根据对20世纪近三十年实证研究的"宏分析",一个从根本上支持相关性假说的"曲线关系"大概也可以被隐约粗略地勾勒出来,参见图7.4。

虽然相关性假说在不同的样本中得到了一定程度的支持,但是至今并没有完全确凿的证据明白无误地支持这一假说。造成这种结果的原因有多个方面,包括研究方法与对相关性的表述及实际测量问题、经营绩效指标的可

图 7.4 多元化程度与经营绩效的关系

资料来源:根据 Grant, R. M. and Jammine, A. P. 1988. Performance differences between the Wrigley/Rumelt categories. *Strategic Management Journal*, 9(4): 333—346; Palich, L. E., Cardinal, L. B., and Miller, C. 2000. Curvillinearity in the diversification-performance linkage: An examination of over three decades of research. *Strategic Management Journal*, 21(2): 155—174 等整理改编。

比性问题、研究样本选择与产业效应问题、相关性定义本身的问题、相关性战略的实施问题、多元化战略与经营绩效关系的因果方向问题,以及不同的理论思潮和外部金融市场在不同历史时期对多元化经营的不同理解、判断与反应等问题。

(1) 某些研究采用的纯粹多元化数量与程度的指标,可能并不能完全解释多元化企业的业务相关性。

(2) 不同的绩效指标也可能会产生不同的结果,比如资产回报率等会计指标并不一定与股市价格等指标相吻合。

(3) 产业效应与多元化战略的效应可能难以完全清楚地区分。比如,平均经营绩效通常最高的相关同心多元化企业,其绩效到底是来自它们所在产业的平均利润率(比如制药行业本身利润率偏高),还是相关同心多元化这一多元化战略本身呢?

(4) 相关性定义本身也可能有重大缺陷。因为在相关性假说被提出的背景下,相关性主要指的是操作层面和技术层面的相关性,比如研发、渠道、品牌等;而战略层面的相关性,比如,管理逻辑的相似、战略计划与绩效评审的相似性等,并没有得到重视和清楚的阐释,也没有被定义在相关性这一理论概念中。而战略层面的相似性显然可能会对企业的绩效产生影响。

(5) 不同企业的相关性战略的实施也可能会出现变异,直接影响企业的绩效。比如,儒梅尔特的研究不仅考察战略的分类,而且考察不同组织结构与战略的匹配对绩效的影响。后来的研究,并不是都非常关注组织结构与战略实施的问题。

(6) 多元化战略与经营绩效关系的因果方向也是一个令人困扰的问题。我们无法清楚地说明,到底是某种多元化战略的应用导致了企业经营绩效的优良,还是经营绩效优良的企业,恰巧喜好采取某种特定的多元化战略去寻求新的发展。也许盈利优异的企业可能顺藤摸瓜、点石成金、游刃有余。而盈利不好的企业,可能迫于无奈、远走他乡、颠沛流离。

(7) 不同时期的理论思潮,以及外部金融市场对多元化经营的不同态度与反应也会影响其绩效,尤其是与股市直接相关的表现。比如,对"相关多元化溢价"的信奉,导致大家归核化,企业重组再造,实现范围经济。相关多元化企业受宠,非相关多元化企业挨批。同样,对所谓"过度非相关企业折扣"的信奉,加之垃圾债券的推波助澜,导致许多大型非相关企业被拆散剥离,以期扭转整个公司价值低于单个业务价值总和的困境。

(三) 多元化战略与经营风险的关系

分散风险通常是导致多元化经营的一个重要和直接动机。然而,经验表明,纯粹为分散风险而进行的多元化,其绩效与风险规避的结果往往不尽如人意。至少在金融市场比较发达的经济体系,股东和各类共同基金可以非常有效率地分散风险,不需要企业层面再去过多地考虑分散风险。现代金融学的资产组合理论,其中一个著名的论断是企业多元化可以降低企业的特定风险,但不能降低一个业务的系统风险。企业特定风险指的是只对企业本身有显著影响的风险,比如失去一个大客户、CEO猝死、厂房失火、生产技术被淘汰等。系统风险指的是影响整个行业中所有对手的风险,比如能源价格变动、税法改变、人口结构变化等。

> 多元化是对无知的一种保护。对于那些知道他们在干什么的人来说,并没有太大意义。
>
> 沃伦·巴菲特

然而,实际证据并没有对多元化经营的风险分散作用提供强有力的支持。相反,战略管理文献中的研究表明,过分多元化、进入非相关领域的多元化,反倒会增加企业的经营风险(比如市值或者投资回报率的波动)。无论是系统风险还是企业特定风险,相关多元化经营的企业,由于资源共享、互为补充,不仅能够享有范围经济的优势,而且往往占据主导市场潮流的强势地位,不是被动应对产业风险,而是主动引领潮流,给其他企业带来风险与威胁。过分多元化往往实力分散、不成气候,业务间没有某种互相联系与支持,无异于单一业务企业的简单聚集。各个业务虽然在名义上归某个多元化企业所有,实际上仍然类似散兵游勇、孤军奋战。这时的多元化,可能比单一业务风险相对小一些,但其分散风险的效果并不明显。因此,依据这种思路和判断,至少从分散风险的角度来看,多元化的方向不是相同的业务,也不是完全不同的业务,而应该是比较相似的业务。也就是说,不要把所有的鸡蛋放在同一个篮子里,也不要放在太多不同的篮子里,而是要放在几个比较结实而又非常相似的篮子里。

第五节 多元化战略的管理:理论与方法

一、多元化战略的管理挑战:理论流派

关于多元化战略的管理挑战,文献中提供了不同的观察视角与理论体系。我们不妨对现有的关于多元化战略的几个重要视角进行简单解析。依照理论视角的历史沿革以及传播的顺序,这些视角分别是"业务单元相关性""公司之间不竞争""核心竞争力"以及"母合优势"等。

(一)业务单元相关性

如上所述,儒梅尔特关于多元化战略的分类法中,最为引人注目并不断受到引用和检验的是对相关性多元化与非相关性多元化的区分。这里,相关性主要指的是,一个采取多元化经营战略的公司内部,不同的业务单元(或事业部)之间在操作与运行层面是否有资源和能力(如研发、制造、营销渠道等)的共享。不同的事业部之间由于资源共享而产生的协同效应与范围经济,使得这些企业能够在市场中建立强势地位,享有竞争优势,取得优异的经营绩效。相关性多元化战略对于企业总体经营绩效的正面影响在众多的实证研究中也得到了一定程度的支持。

应该说,这种考察公司多元化战略的视角主要是关注于业务单元这一层次的,焦点在于业务单元之间的关系。作为后来兴起的资源本位企业观的重要奠基人之一,儒梅尔特对业务单元间可能共享的资源和能力的极度关注应该说是顺理成章、毫不奇怪的。当然,业务单元间只有潜在的资源和能力共享的可能性是不够的。范围经济的实现、协同作用的产生,并不是自动自发的,而是依赖于业务单元之间的协调和整合。这就意味着公司内组织成本的提高,甚至高到足以抵消协同作用和范围经济带来的好处。有时,在极端的情况下,这种协调

由于人事或体制的原因,根本不可能实现。因此,只看业务相关性,而不看业务间的实际协调,并不能说明问题。

(二) 公司之间不竞争

基于产业分析的理论视角,波特坚持认为,公司之间不竞争,业务单元之间竞争。公司之间可能在某些行业竞争,在某些行业合作,在某些行业互相买卖产品,关系错综复杂。竞争主要发生于某个业务单元所在的具体产业、行业或市场。因此,对产业结构和竞争态势的分析应当是战略的主要基点。这与波特的基本战略思想和对产业分析的强调与倚重是颇为一致的,前后呼应、自圆其说。战略的实质在于企业在市场中的定位,这一基本命题可以在公司战略层面(选择有吸引力的行业)和业务单元层面(选择产业内的优势位置)同时实现。不管公司总体管理能力如何,进入不具有吸引力行业的多元化注定要失败。

应该说,这种考察公司多元化战略的视角主要也是关注于业务单元这一层次的,焦点在于一个公司不同业务单元在其市场上的实际定位和竞争优势。当然,这里波特的主要兴趣在于不同业务单元的竞争优势及其所在行业的吸引力。业务单元之间的关系,比如公司业务组合中的多样性以及业务单元之间的相关性,并不是考察的重点,虽然波特明确地指出资源与活动共享需要耗费的管理成本巨大。根据这种以各个业务单元本身的实力为基点的视角,我们可以推定,公司的总体经营绩效取决于每个业务单元的竞争力。公司战略应该以业务的竞争战略为基础并强化和支持竞争战略。

(三) 核心竞争力

1990年,普拉哈拉德和哈默尔基于早期对"突出竞争力"的研究,将资源本位企业观的视角引入公司战略的分析,并指出:核心竞争力是一个组织中集体学习与智慧的结晶,尤其是指那些与协调不同生产技能以及整合不同技术源流有关的知识和能力。也就是说,核心竞争力是业务单元间共享的,来源于公司内部不断的学习、积累和改进的,那些独特的,难以被对手模仿的,镶嵌于组织的制度环境与运作流程之内的核心技术资源和能力,乃是公司的不同业务单元在不同的产品市场上攻城略地、叱咤风云的坚实基础。比如,佳能的图像处理能力由微电子技术、精密仪器、光学和化工处理等多种技术实力提供支持,从而使得佳能在照相机、摄像机、打印机、扫描仪、复印机、医疗设备等多种终端产品市场上势力强大、业绩优良。关于核心竞争力的解释,参见图7.5。

与"业务单元相关性"相似,这种考察公司多元化战略的视角主要也是关注公司内共享的、独特的资源和能力上。然而,与前者不同的是,核心竞争力的说法主要聚焦在公司总部,而不是业务单元这一层次。核心竞争力的说法认为,公司就像一颗大树。核心竞争力是根系，核心产品是主干，业务项目是分枝，终端产品是果实。

图7.5　核心竞争力的定义与解读

资料来源：Prahalad, C. K. and Hamel, G. 1990. The core competence of corporations. *Harvard Business Review*, May-June: 79—91.

核心竞争力可以被业务单元应用,但并不属于某个业务单元,而是公司的一种属性和资产,需要公司总部花大力气去培育增强,去协调管理,去应用更新。与波特的基本论调也不同,核心竞争力的说法认为,其实公司之间也是存在竞争的,而竞争的焦点往往在于一个公司的核心竞争力的存在与否和强大与否。

（四）母合优势

在公司战略的研究中,尤其是在跨国公司和全球战略的研究中,公司总部和业务单元(可以是一个公司同种业务在不同国家的事业部)之间的关系一直是受到极大关注的一个话题。公司总部用什么样的办法来指导和控制不同的业务单元？如何考察和评估业务单元的业绩？如何确定管理决策的集中化程度以及业务单元自主权的大小？其实,在所有关于总部和业务单元间关系的因素里,一个业务单元究竟是否应该属于某一个公司而不是另外一家,才是最棘手也是最根本的问题。

从公司总部的角度来看,每个公司的一般管理层都会有自己多年积累的、惯用的"主导管理逻辑",并以之为基础判断一个业务是否符合一个公司总部现有的管理其多样性(多元化业务)的主导逻辑与"主题色彩"。这种强调和关注公司总部是否能为业务单元增加价值的思路,通常被称为"母合"效应。如果一个业务单元的特点符合一个公司总部的主导逻辑(对业务的指导、帮助和评估等),就会产生所谓的"母合优势"。比如,巴菲特的伯克希尔-哈撒韦公司(Berkshire Hathway Inc.),它所拥有的所有资产都跟美国民众的生活密切相关,符合近乎"旱涝保收"的基本逻辑。

应该说,这种考察公司多元化战略的母合效应视角,主要是关注公司总部和业务单元的双边关系链条上。这种视角与"核心竞争力"的论点相似,对主导管理逻辑的重视可谓如出一辙、异曲同工。然而,具体而言,这种视角强调战略层面的相关性,既不同于"业务单元相关性"和"公司之间不竞争"等视角对业务单元层面的强烈关注,也有别于"核心竞争力"视角对公司总部资源配置和利用功能的过分强调。不仅如此,这种视角得出的结论也会与"公司之间不竞争"的基本论断相悖。按照母合效应的说法,公司之间的竞争是存在的,而竞争主要集中在企业监管权市场上,亦即一个具体业务在不同的公司间买卖的市场。一个企业需要向该市场证明,为什么一个业务在自己的旗下比在别的母公司旗下能够得到更好的哺育与发展。这种视角认为,正像竞争优势是业务竞争战略的存在基础与判断标准一样,母合优势是公司战略的存在基础与衡量准则。

综上所述,对于多元化的管理模式,上述四种视角是比较普遍的、具有代表意义的。它们之间既有强烈的分歧和差别,也有很大程度上的相似和重叠。至于哪种视角更具有指导意义,现有文献中并没有清楚的定论。与此相关的一个重要的研究课题,是考察到底哪种因素对企业的利润率的影响大:产业、公司,还是业务单元?如果所参与产业的影响较大,则结果主要对波特的产业分析视角提供支持;如果业务单元的影响较大,则结果不仅支持波特的视角,而且支持资源本位企业观对企业在不同业务中的独特资源以及其在业务间共享的推崇;如果公司归属的影响大,则结果主要对核心竞争力与及母合优势的说法提供支持。

同时,对不同理论的信奉以及不同管理方式的采用,决定了公司总部的具体大小与职能。让业务单元自主经营的公司,其总部机构一般较小,尤其重视财务控制职能。一个潜心培养核心竞争力的企业,必定要有一定规模的公司研发队伍与管理队伍,去促进学习、积累、交流和资源共享。注重母合优势的公司总部,机构并不一定要过于庞大,但需要足以为不同的业务子公司提供指导、监督与服务。公司必须根据自己业务的特点与多元化的程度和走势来进行管理。能否不拘泥于单一视角的束缚和可能产生的偏见,熟悉多种视角的特点并能够自觉地从多方面进行思考和考察,而又不在众多的说法面前无所适从,将是对公司战略制定和实施者的一个重要考验。

二、多元化战略的分析与管理方法

公司战略与业务战略在文献中的分野始于20世纪60年代。其后的四十多年间,依据上述理论流派,也借助于管理实践的结晶以及管理咨询者的创新,我们积累了一些关于多元化分析与管理的方法、模式及框架。我们在此主要按照时间顺序做一简单介绍。

(一)公司业务增长途径分析

安索夫的公司增长矩阵,是较早地探讨公司增长向量的框架。该矩阵以产品与市场为两个重要维度进行组合,考察公司增长的不同方向,对多元化经营给出了清晰的定义和解读,参见图7.6。

图7.6 安索夫产品市场矩阵

资料来源:Ansoff, H. I. 1965. *Corporate Strategy*. New York: McGraw-Hill.

市场渗透意味着用同样的产品在同一个市场上为现有的客户服务,精耕细作,向纵深方向发展,仍然坚持单一业务或者主导业务经营,比如通过提高自身效率和增进市场促销手段等来增加销售量。比如,美国西南航空公司,在过去的很长一段时间内,其增长靠的不是开辟新航线,而是增加现有航线的客流量。市场开发意味着用现有产品打入新的市场,比如世界著名烟草公司的跨国经营,至少增加了市场的地域多元性。产品开发意味着在现有市场上通过开发新产品更全面地为现有客户服务。比如,丰田引入雷克萨斯品牌,促使丰田用户向高端产品过渡。这种增长模式,可以被认为是产业内部的产品多元化。最后,新产品服务新市场,进入真正跨行业多元化的境界。比如,戴尔进军平板彩电业务。

(二)资产组合管理分析框架

随着非相关多元化在20世纪六七十年代的兴起,以及金融学中资产组合理论的发展,许多大型多元化公司开始尝试所谓的资产组合计划,对公司内不同业务的状况与特点进行盘点。一些比较著名的咨询公司也及时介入,进行总结与推广，形成了一些有关资产组合的分析方法。其中最有名的是波士顿矩阵和 GE-麦肯锡矩阵分析法。

1. 波士顿矩阵

波士顿矩阵的核心是出于对公司总体的现金流的考虑，财务计划色彩浓重鲜明。它由两个维度构成：一是产业增长率，体现产业发展前景，决定现金的支出与耗费；二是相对市场份额，体现企业在该行业的相对位置（相对于最大竞争对手的位置），决定企业创造现金的潜力。波士顿矩阵如图 7.7 所示。

图 7.7　资产组合分析：波士顿矩阵

资料来源：Boston Consulting Group. 1972. *Perspectives on Experience*. Boston, MA：BCG.

一个市场份额相对较低但产业发展迅速的业务，需要大量的现金投入才有可能增长，但又极具不确定性，因此被定义为"问号"业务，需要谨慎对待。相反，一个在增长缓慢的产业具有很高的相对市场份额的业务，不需过多的资源投入，却能带来较高的盈利与现金流入，因此被定义为"金牛"，需要挖掘利用。一个现有市场份额较高，而又具有强大的现金制造实力的企业，是当之无愧的"明星"，需要重点发展。虽然现时发展耗费现金，将来却有可能转换成金牛。而一个在低增长率产业的相对位置弱小的业务，通常没有太大的机会去扭转其竞争劣势，可以被定义为"瘦狗"，需要迅速收获其现金流或直接剥离。

2. GE-麦肯锡矩阵

GE-麦肯锡矩阵来源于 GE 的管理实践，由麦肯锡公司开发与推广，参见图 7.8。与波士顿矩阵相似，它也采取两个维度来展现多元化业务的状态与特点。但是，GE-麦肯锡矩阵的两个维度是复合性比较强的维度，分别包括多个指标。比如，产业的吸引力不仅包括长期增长率，还包括容量大小、平均利润率、产业周期率、抗通货膨胀能力、海外市场比重等。业务的竞争优势不仅包括业务的市场份额，而且包括竞争地位，如质量、技术、制造、分销、成本等，以及在销售回报率上与最大竞争对手的比较。在两个维度都走高的业务需要发展增强；相对持中的业务可以暂时观望、伺机发展;而两项都偏低的业务需要收获,尽量抽尽其现金流。

图7.8 资产组合分析:GE-麦肯锡矩阵

资料来源:McKinsey.

与波士顿矩阵一样,GE-麦肯锡矩阵以及其他资产组合分析框架,其优点在于简洁明了、易于操作,可以帮助企业大致粗略地把握不同业务在公司资产中的位置和特点,帮助公司配置资源,制定业务竞争战略,管理内部资金市场,保持业务在现金流与增长方面的适当均衡。作为进一步详细分析的起点与跳板,这些框架无疑是有益的。然而,资产组合的分析方法与视角也存在重大的潜在缺陷。这些方法主要是针对非相关多元化企业进行的,而且主要从财务的角度来考察公司业务的定位与特点,可能会过于简单化,忽视业务间的内在关系以及战略意义。比如,一个公司的"瘦狗"在被公司剥离后,加入竞争对手的队伍,可能会反咬一口,给公司带来巨大损失。因此,并不是现金流和对业务的就事论事分析决定一切。战略层面的分析以及业务之间的关系通常也必须被考虑进去。

(三) 企业资产重组再造与市值分析

20世纪90年代兴起的企业重组再造潮流,要解决的主要问题,是如何使一个业务本身的价值最大化:究竟是独立存在价值高还是归属于某个母公司价值高?麦肯锡公司提出了一套通过重组再造来增加业务价值的分析框架,分为五个部分,图形展示为五角框架,参见图7.9。

在所谓"过度非相关多元化折扣"的思潮下,许多袭击者认为多元化公司的市值低于其不同业务如果独立存在时可能拥有的潜在市值的总和。因此,这些袭击者通过垃圾债券等融资手段,大肆分拆那些市值具有较高折扣的多元化公

图 7.9 资产重组分析：麦肯锡五角框架

资料来源：Copeland, T., Koller, T. and Murrin, J. 2000. *Valuation：Measuring and Managing the Value of Companies*. 3rd Ed. New York: Wiley.

司,以期释放被公司压抑的某些业务的价值。企业如果想要保持自己的资产组合完整以及资产价值在市场上得到充分实现与认可,必须有效地防范这些袭击者,甚至需要通过自己的重组再造,积极主动地改进自己的业务价值,以期实现资产的总体价值最优组合。

　　五角框架的分析分为五步：第一步是对企业现有资产市值的评估。第二步是对现有市场价值的评估与判断。即使企业不作任何战略或操作改变,它也可以增进或者操纵有关方面,比如袭击者对自己价值的了解,比如不断的信息发布与投资者关系维护方面的努力等。第三步,当企业意识到现有实际市值与评估后所预期的应有市值有差距的时候,它可以通过改善内部经营活动(比如降低成本)与战略调整(比如进军国际市场)等举措来提高自己的潜在价值。第四步则是通过外部市场运作来改善自身的潜在价值,比如自己主动更新资产,购进能够使企业增值的业务,剥离不良资产(那些买价高于对企业的价值的业务)。第五步,企业重组后的最优价值乃企业经过内外改善后的总体资产价值。它与现有市值的差距,为袭击者提供了最大的袭击与分拆机会。

（四）兼并整合类型分析

　　企业兼并后的协调与整合,在具有潜在范围经济与协同作用的前提下,是决定兼并成功与否的关键因素。哈斯帕斯拉格与杰米森基于不同业务对组织自主性的需求和业务之间战略相互依赖性的需求,提出了一个关于兼并后的整合与管理的分析框架,参见图 7.10。

图 7.10　企业兼并后的整合类型分析：组织能力的视角

资料来源：Haspeslagh, P. C. and Jemison, D. B. 1991. *Managing Acquisitions: Creating Value Through Corporate Renewal*. New York, NY: The Free Press.

不同业务之间的兼并，性质不同，兼并后给整合与管理带来的挑战也不同。

如果被兼并业务的自主性运作要求很高，而与其他业务的战略依存性较低，通常适用的整合办法是尽量保存现状，减少变动。至少从表面看来，这与从兼并对象与现有业务的关系中挖掘和创造价值的理念背道而驰。然而，有些业务由于其独特性，可能很难被融入企业的整个体系。但由于其存在，可能会为整个企业起一个榜样的作用，增进其他业务的学习，并满足企业的某些特殊需要。

如果被兼并的业务经营自主性要求与战略依存性要求都比较低，则企业兼并的目的主要是在财务和一般管理上有所关照，并不需要将其与其他业务整合。这时的运作理念与模式实际上是纯粹的控股公司模式。

当业务之间的战略依存性较强的时候，整合的愿望也会随之增强。当兼并对象的战略依存性需求较强但组织自主性需求较低的时候，最适用的整合类型通常是吸收消化。这种整合是以大吃小，纯粹意义上的兼并或者收购。谁兼并谁，主次分明。这里，一个比较恰当的比喻可能是"移植"，缺什么，补什么。

当兼并对象的战略依存性需求和组织自主性需求同时都很高的情况下，最为适用的整合类型大概应该是共生共存，既保持和利用了业务的独特性，也营造和体现了公司的总体性。这里，最恰当的比喻可能是"合金"。合金既有各个组成因素的性质，更有新的组合体的综合特性。比如思科的发展靠的是不断兼并。没有人太在意别人是哪一部分来的，大家都是外来的，又都是思科的。应该说，这种高度融合而又高度自主的状态是最难拿捏的，也是大多数兼并通常翻船之处。

本章知识要点

公司战略要解决的主要问题是公司经营领域与业务范围的确定以及对公司资产组合的管理。概而言之,公司战略主要在于应对纵向一体化和横向多元化带来的挑战。前者反映一个企业在同一个产业或价值链上所参与的不同增值阶段的多少与程度,而后者则反映企业的业务范围所囊括的不同产业或价值链的数目以及参与的程度。

公司战略的具体任务:
我们现在是在什么产业与市场进行经营活动?
我们将来会在什么产业与市场进行经营活动?
如何构建和应用某种主导逻辑来管理公司所属的不同业务?

业务的定义:
谁是我们的顾客?(顾客群体)
他们需要什么?(顾客需求)
我们如何满足他们的需要?(技术手段与资源组合)

战略业务单元:
一个战略业务单元,在最低限度上,应该由一个相对独立的业务构成,当然也可能由定义更加宽泛和复杂的业务构成。从组织管理的角度来看,战略业务单元通常是一个企业中需要总体管理的最低一级组织单元。

经营领域与业务范围的界定:
数量性(业务单元的数量多少与参与程度);
多样性(业务单元的种类与公司多元化经营范围);
相关性(业务单元之间的关系模式以及共享的管理逻辑)。

公司业务组合形态的分类体系:
儒梅尔特的分类是依据三个具体比率指标来划分的:专业化率、纵向一体化率、相关率。
单一业务企业(专业化率大于95%);
主导业务企业(专业化率70%—95%);
主导纵向一体化企业(纵向一体化率大于70%);
多元化经营企业(专业化率低于70%);
相关多元化企业(相关率大于70%)(包括同心相关与关联相关);
非相关多元化企业(相关率低于70%)。

纵向一体化:
纵向一体化是专业化企业自然发展的逻辑路径与结果。完全的纵向一体化,意味着企业对该项业务从头到尾的参与,有益于对整个价值链上各个阶段活动的有效控制,降低成本,保证质量,增强产品与服务的专业性、配套性和兼容性。

纵向一体化的程度主要取决于多种因素的考量:使用外部市场时交易费用的高低、企业的控制诉求,以及企业协调与整合产业链上不同阶段运作的能力。

多元化战略的动因:

环境因素(竞争压力、产业衰退、外部机会、政府管制等);

企业因素(业界下滑、分散风险、内部资金市场、利用冗余资源等);

管理者个人因素(好大喜功、个人私欲、跟风模仿等)。

三个层面多种因素的交互作用共同影响企业多元化的举措。

通向多元化的路径:

自身内部发展;并购与兼并。

具体的方式选择取决于时间、成本、可行性、决策者偏好、以往经验等多种因素的影响。

兼并后高昂的协调与管理费用,持续的文化、组织和人员的冲突,不同业务的技术范式、操作流程和管理逻辑的根本差异,是导致兼并失败的常见原因。

多元化的方向与准绳:

企业多元化的方向,尤其是其能够离开原有业务的距离,在很大程度上受其现有冗余资源之流动性的约束。

波特的三大检验:产业吸引力检验;进入成本检验;竞争优势检验。

多元化战略和公司经营绩效的关系:

相关性假说:由于协同作用(范围经济)的原因,相关多元化企业具有较好的经营绩效,同时具有较低的经营风险。这一假说在西方文献的实证研究中得到了一定程度的初步证实。

多元化战略的管理:

理论流派:业务单元相关性;公司之间不竞争;核心竞争力;母合优势。

管理方法:安索夫矩阵;波士顿矩阵;GE-麦肯锡矩阵;麦肯锡五角框架;兼并整合类型分析。

本章思考题

1. 公司战略的主要任务是什么?公司总部的职能是什么?

2. 纵向一体化战略成功的前提是什么?请分别用成功和失败的案例来比较说明执行全产业链战略所面临的挑战。

3. 如何比较专业化经营与多元化经营的优劣？多元化到底是机会还是陷阱？

4. 如何判定不同业务之间的相关性？如何设定多元化经营的主导逻辑？一个公司之内是否可以存在多种主导逻辑？

5. 相关多元化企业与非相关多元化企业的管理模式有哪些异同？应该如何评判这两类企业总部的经营业绩？

6. 全球范围内的证据表明，大多数的兼并是失败的。如何判定兼并的成败？失败的主要原因是什么？既然失败率如此之高，为什么兼并浪潮依然此起彼伏？

7. 多元化战略的推进应该遵循什么准则？如何提高多元化战略的成功率？

第八章
业务战略:基本类型与竞争动态

> 在多大程度上以及为什么同一产业内的企业采取不同的战略、结构和过程?也就是说,什么因素影响企业的经营决策:产品与服务是采取窄线还是宽线?组织结构是基于职能还是基于产品?决策与控制是集中还是分散?企业的市场战略与其组织结构和过程是什么样的关系?
>
> 雷蒙德·迈尔斯
查尔斯·斯诺

业务战略的实质在于选择应对竞争的基本态势与模式以及获取竞争优势的主要方法和手段。业务战略研究的重点,主要是通过系统分类的方法来考察一些常见的并且具有代表意义的基本竞争战略类型。我们首先介绍两个基本竞争战略分类体系:迈尔斯与斯诺战略分类法以及波特战略分类法。前者主要着眼于企业应对竞争的态势,后者着重考察企业获取竞争优势的方法。企业的基本竞争战略终究要体现在业务市场上与其他企业的交锋对垒,我们对企业间的竞争动态也做了相应的考察,包括"意识-激励-能力"分析框架与"竞合博弈"分析框架。随后,我们介绍两个近期较有影响的理论学说:强调在激烈竞争中积极应对的"超级竞争"学说以及主张精准定位和价值创新的"蓝海战略"。最后,我们探讨先动优势与后发优势等一些典型的竞争优势及其特点。

第一节 业务战略的任务与研讨

一、业务战略的任务

(一) 业务战略的任务与实质

给定企业的经营范围选择,在一个具体的业务上,如何应对竞争,建立和保持竞争优势,是企业的业务层面竞争战略的实质任务与挑战。首先,一个企业需要选择它在某一业务中的战略定位、服务对象的选择、产品线的宽窄、企业获取业务增长与利润的主要来源和方法、企业应对外部环境变化的主要模式等,从而保持企业的竞争战略与外部环境要求的一致。其次,企业需要根据自己的外部定位,设计相应的组织结构、决策和运作过程,以及经营活动的特点等,从而保持企业内部运作与企业竞争战略的一致。最后,企业的竞争战略要明确地解决企业如何建立和保持在某一业务中的竞争优势并获得卓越经营绩效的问题。

(二) 竞争优势

竞争优势指的是一个企业与竞争对手间的某种差异性或不对称性。这种差异性或不对称性,不管是存在于企业的资源、能力、属性特点和关系网络,还是体现于任何其他竞争维度,都能够使企业比竞争对手更好地为顾客提供价值。波特对竞争优势做出如下定义:"竞争优势,就其根本而言,来源于一个企业所能够为其买主提供的,并高于企业为之付出之成本的价值。价值才是买主愿意支付的。卓越的价值出自于比对手价格低廉地提供同等效用,或者以较高的价格提供独特的效用。"波特定义的精彩之处在于它以市场和顾客为基准,对顾客价值的强调。创造价值是竞争优势的唯一准绳。

二、业务战略的研讨与解读

(一) 竞争战略的基本类型

通常情况下,在大多数产业内,并不是只有一种竞争战略适用可行,也不是很多战略都可大行其道,而是可能有若干种比较基本和典型的战略,能够帮助企业有效地应对竞争并获取竞争优势。因此,对典型的竞争战略进行归类梳理、深入解读,提炼出其实质性的和规律性的经营方式与行为特点,可以帮助企业根据环境特点以及自身的目标与情况,选择并实施适当的竞争战略。在战略管理文献中,业务层面战略的研究主要体现在对基本竞争战略的分类考察与研讨上。迈尔斯与斯诺分类法以及波特分类法是两个最具有代表意义的基本战略分类体系,具有深厚的理论基础,也在实证研究中得到了严格的验证和很大的支持,并在管理实践中得以广泛传播和应用。

(二) 竞争战略在竞争中的体现:竞争动态

企业基本竞争战略的实施和应用必定要体现于企业在市场中的行动与作为,体现于企业间的交锋对垒:行动与回应、攻击与报复。在竞争中,任何行动都是一种反动,是竞争互动中的一部分。行动导致回应,回应导致进一步的行动,如此周而复始、循环往复,构成市场上企业间的竞争动态。我们可以通过考察企业与对手的竞争动态来更加深入地了解其战略意图、应对竞争的基本态势及其获取竞争优势的主要渠道与手段。因此,我们在考察基本战略分类法之后,简单介绍有关企业竞争动态的主要研究成果和基本分析方法。应该指出的是,这里关于竞争动态的探讨是第五章中竞争对手分析有关内容的拓展与延伸。

第二节　基本竞争态势:迈尔斯与斯诺的战略分类法

一、迈尔斯和斯诺战略分类法的要点

(一) 迈尔斯和斯诺基本战略分类体系总览

在战略管理文献中,雷蒙德·迈尔斯和查尔斯·斯诺所提出的基本战略分类体系,主要考察企业应对竞争的不同态势。战略是连接企业与外部环境的桥梁,体现了企业对外部环境(尤其是竞争环境)的具体选择与应对姿态。企业的基本竞争战略,可以通过一个企业在经营活动中如何应对三种"调整变化周期"的基本问题来考察界定。这三种调整变化周期即三种基本经营领域,分别是外部定位、运行操作与组织管理。依据企业对这三种领域的应对态势与方法,企业的竞争战略可以被划分为四种基本类型:守成者、前瞻者、分析者和被动者,参见表8.1。

表8.1　迈尔斯和斯诺基本战略分类法简述

四种基本战略类型	三种调整变化周期		
	外部定位	运行操作	组织管理
守成者	定位较窄 变化较少 市场渗透型增长 监测本领域内动态	注重单一核心技术 强调技术精益性 强调运行操作效率	分工明确、集权控制 强调组织运作效率 计划缜密细致,事前制定 技术和财务专家掌权
前瞻者	定位较宽 变化较多 市场开发型增长 监测广泛市场动态	保持多种技术 强调普适性强的技术 强调技术的灵活性	正规化程度较低 控制体系松散 计划宽松灵活,适时改变 营销与研发专家掌权
分析者	定位宽窄适中 既稳定又变化 开发与渗透并重 监测有限市场动态	双重技术核心 庞大的应用研究队伍 适度的技术效率	协调机制广泛复杂 适度集中的控制体系 计划缜密,亦注重市场变化 营销和应用研究专家掌权
被动者	定位不够明确 增长模式不一致 被动应变、反应僵化	缺乏明显技术规划 核心技术不够明显 灵活性和效率都不高	组织体系复杂分散 控制体系紊乱失效 高层团队更换频繁

资料来源:根据Miles, R. E. and Snow, C. C. 1978. *Organizational Strategy, Structure, and Process*. New York, NY: McGraw-Hill整理改编。

（二）迈尔斯和斯诺基本战略类型特点简述

（1）守成者。守成者独辟蹊径、耕作精细、全神贯注、讲求效率，是专业化经营的典型，不善随波逐流，自信而又固执。它们一般具有较窄而非常专业化的经营领域，高层管理者为本领域的生产专家，不善于跨出本领域去搜寻机会，很少需要进行技术、组织结构或者运作方式方面的重大调整，主要精力集中在提高现有经营运作的效率上。

（2）前瞻者。前瞻者预见未来、引领潮流、跑马圈地、抢占先机，是市场导向型的典型，注重把握方向，不善坚守阵地。它们几乎连续不断地寻求市场机会，有规划地对新的市场动态进行各种应对实验；它们兴风作浪，是市场中变化与不确定性的创造者，而对手不得不有所反应。由于过分注重产品和市场创新，其效率通常不尽如人意。

（3）分析者。分析者攻守兼备、双轨并举、关注潮流、并重效率，是快速跟进者的典型，既不先动冒险，也不坐失良机。它们跨越两种经营领域：一种稳定，另一种多变。在稳定领域，通过正规程式化的组织结构和过程正常、有效率地运作；在多变领域，高层管理者密切注视竞争对手的新创意，并对那些最有前景的创意做出迅速的采纳与跟进。

（4）被动者。被动者内部困窘、外部凄迷、不识时务、深陷僵局，是被动挣扎者的典型，经营意识混沌，缺乏应变能力。它们的高层管理者时常感受到经营领域内环境的变化与不确定性，但不能有效地做出回应，经营战略和组织结构间缺乏相对一贯持久的关系，除非迫于环境压力而不得不调整，否则它们几乎不进行任何调整和变化。

下面我们分别具体阐释不同战略类型面临的主要外部定位问题以及在运行操作上和组织管理上如何应对这些问题。然后我们从总体上探讨这一分类体系的理论特色与实践意义。

二、守成者战略

（一）外部定位问题

守成者战略的实质是寻找并保卫根据地。因此，最基本的外部定位问题，是如何将整个市场中的一部分"封闭隔离"出来，从而创造一个稳定而又富于增长潜力的产品和顾客组合空间，并在这个空间中进行阵地战、持久战，深入挖掘、精耕细作。

企业的基本应对策略：选择窄而稳定的经营领域，并强力保护经营领域，比如，采用竞争性定价和优质客户服务。对经营领域外的动态漠不关心，主要通过市场渗透来实现谨慎、渐进的增长。进行有限的产品开发，且主要是与现有的产品和服务项目相关的。

优劣评价：企业基本上只低头拉车，很少抬头看路，而且车技强熟。对手很难将守成者从其既定领域中赶走，但大的环境变化可能会导致其生存危机，以及其整个市场空间被替代与废弃。比如，在印刷排版业，有些人曾是刻蜡版的高手，有些厂家多年萤声于活字排版工艺，而激光照排技术的出现，使得这些企业和工人不再拥有施展才华的空间。

（二）运行操作问题

守成者战略的主要特点之一，在于强调运作过程中的效率。因此，它面临的主要操作问题是如何设计技术体系与工艺流程，从而最有效率地生产和销售产品或提供服务。

企业的基本应对策略：采用具有成本效率优势的技术体系，偏好单一核心技术，倾向于纵向一体化，并持续不断地改进技术以保持效率优势。比如，福特在20世纪20年代左右制造T型车的时候，纵向一体化几近完美，产品设计与生产标准化程度甚高，一切技术细节皆以利于增进效率和降低成本为出发点。老福特曾经说过一句著名的话："你想要你的T型车是什么颜色都行，只要你的颜色是黑色。"据说黑漆干得最快，当然，通常也是最便宜的一种颜色。

优劣评价：技术效率对于企业绩效至关重要，但是这种技术方面的巨大投资要求企业着眼于那些在很长一段时期内比较熟悉和可以预测的技术问题领域。在市场变化多端、技术更新较快的竞争环境下，这种对阵地战的承诺有很大风险。然而，一旦企业的经营空间选择被证明是有广阔发展前景的，其他对手通常只好望洋兴叹。

（三）组织管理问题

守成者战略不仅重视技术和操作领域的效率，同时也非常注重组织管理领域的效率。如何设计和实施严格的控制系统与督导措施，从而保证组织体系运行的效率，是最为关键的组织问题。

企业的基本应对策略：一般情况下，企业的高层管理团队多由财务和生产专家构成并掌权，核心集团任职时间比较长，通常采取内部提升的办法。组织对企业外部环境的监控与搜寻非常有限。经营计划非常缜密，主要以成本为核心，通常在行动之前制定，并以之为实施准则。组织设计倾向于应用职能部门结构，分工细致，正规化管理程度高。一般采取集权控制，以及层层相接的长线纵向信息系统。不同部门之间的协调机制相对简单，冲突主要由部门内纵向权利链条解决。组织绩效评估主要与前期相比较，奖励体系偏重生产和财务部门。

优劣评价：管理体系适用于维持稳定和效率，但不适于发现和应对新的产品或市场机会。在环境宽松稳定的情况下,这种组织结构有利于阵地战的进行,组织流程清晰、控制体系可靠、运转流畅、行为高效。而在外部环境突变、市场动荡的情况下,企业可能对外部的变化反应迟钝,不利于发现新的机会或意识到自身面临的威胁,并且不利于企业生存所必需的调整与变化,现有观念根深蒂固,组织惯性强大,积重难返。

三、前瞻者战略

(一)外部定位问题

前瞻者注重先动效应和企业经营的有效性,力求把握方向,寻求机会,在第一时间做正确的事情。因此,外部定位问题是前瞻者最为关注的核心问题,其实质在于如何发现和利用新的资源、产品和市场机会。

企业的基本应对策略: 通常涉足宽广而不断发展的经营领域,因此产品与服务组合可能比较复杂多样。企业需要不断监测广泛的环境因素和事件,从而发现新的机会。企业不仅要善于识别和把握外部环境中的机会,而且要通过自身的行动去创造和开发市场,引发产业中的变化,比如,CNN 对新闻报道行业的多种创新之举。企业增长主要通过产品和市场开发、不断地攻城略地来实现,而不是靠市场渗透的精细和效率。由于某些市场领域在开发早期潜力巨大,前瞻者有时会经历短期急速增长。

优劣评价: 产品和市场的创新会对企业起保护作用,使之积极主动地应对来自外部环境的机会与威胁,但企业仍有利润率低和资源过于分散的风险。如果前瞻者所涉足的领域不仅高速增长,而且利润空间较大,那么这种战略仍然可能获利丰厚。所谓"大行不顾细谨"。在不需要在任何市场上精耕细作之前,企业就又已经发现新的领域和利润点。然而,如果前瞻者所涉足的领域需要非常专业的技术手段和经营方法,或者在环境中新产品和市场开发前景渺茫的情况下,这种战略则可能增长受阻,并且由于对效率的相对轻视而利润率低下。

(二)操作运行问题

前瞻者在操作运行方面的主要问题在于如何避免对某个具体技术过程的长期依赖。由于其强烈的市场导向、不断开发新市场的需要,其技术体系必须具有普适性,可以在广泛的领域中应用,并具有较大的灵活性,可以根据需要迅速延展增强。

企业的基本应对策略: 采取灵活的和应用面广阔的基础性技术(元技术)体系,可以应对多种终端产品市场需求。同时培育和应用多种技术,不断改变技术体系的侧重点,从而开发和适应新的市场机会,应用于不同的产品和服务领域。通常采取较低的程式化和机械化,避免过于专业化的技术承诺和旨在增强技术精益性的投资,从而最大限度地保持随时应变的可能,而不过多地关注效率,尽量将技术和能力镶嵌于能够应对多种任务的人力资源中,从而增加操作运行过程的普适性和灵活性。

优劣评价: 技术的基础性与灵活性能够促使企业对多变的经营领域进行快速反应,但由于多种技术的应用,企业难以实现生产和分销的最大效率。总体而言,技术体系和运作过程强调宽广普适,能够包容多种元技术,并且转换灵活迅速,适于应对市场变化,然而缺乏专精。

(三) 组织管理问题

对于前瞻者而言,最基本的组织问题在于如何有效地通过组织结构、过程的设计来协调与整合多重技术流的应用及经营运作活动。

企业的基本应对策略: 一般而言,管理团队主要由营销方面以及研究与开发方面的专家掌权。前者面向市场,后者提供技术支持。总体上说,高层管理团队相对较大、人员较多、背景较杂、过渡性非常强,其构成和主导者随着企业业务范围的改变而变化。高管人员任职期限一般不是很长,重要管理人员既可从外部聘任亦可从内部擢升。经营计划比较宽泛而不精细,主要以问题为导向,通常无法在实施前完全确定并随之按部就班地执行。组织结构分工比较简约,正规化程度相对较低,控制体系分散,多采用横向短线的信息系统与复杂的协调机制,矛盾冲突通常由跨越部门的整合者来解决。组织绩效的评估以竞争对手为参照系,重视横向比较。组织的奖励体系偏重营销与研发领域。

优劣评价: 组织体系适用于保持灵活性和有效性,但可能没有充分利用资源或滥用资源。由于需要保持灵活有效、及时应变,企业的组织体系通常具有很大的余度和缓冲空间,也就是多于现有经营活动在最有效率运行状态下所需要的资源,即冗余的资源。这使得企业能够比较从容地进行市场开发。由于过分重视组织运作的灵活性,对其效率指标往往相对忽视,容易造成资源的浪费和使用效率的低下。

四、分析者战略

(一) 外部定位问题

分析者战略属于前瞻与守成二元战略的对立统一,其主要外部定位问题在于如何发现和利用新的产品与市场机会,同时保持一个传统产品和顾客组合的巩固阵地,并保持二者的动态平衡。

企业的基本应对策略: 在多重经营领域内进行活动,既稳定又变化。在稳定领域内注重稳扎稳打,以期增进效率,在变化领域内强调迅速跟进,从而保持有效性。竞争信息监测系统主要着眼于营销方面,同时也关注研究与开发方面。主要通过市场渗透和产品开发并举而实现稳步增长。企业外部定位变化适中,少于前瞻者,而多于守成者。比如,在电子产品行业,松下采取的外部战略定位,在很大程度上,就是快速跟进索尼等先动企业的产品与市场创新。

优劣评价:研发投入较低,模仿成功产品,降低风险,但是经营领域必须随时保持稳定与灵活之间的平衡。相对于前瞻者而言,分析者属于快速跟进者而非先动者,因此不需要过多的先期投入,可以"搭便车",享受前瞻者开创市场所带来的外部溢出效应。相对于守成者而言,分析者研发投入较小,对经营活动效率的承诺不够,但具有新的发展空间。分析者的一大弱点可能是顾此失彼,既没有效率优势,也没有先动优势。

(二) 操作运行问题

分析者的外部定位的二元性,决定了其技术流程和操作运行必须同时兼顾两个经营领域的任务与挑战,其核心的操作运行问题在于如何在经营领域的稳定部分增进效率,在多变的部分保持灵活。

企业的基本应对策略:构建和使用双重技术核心,既有适于稳定的成分,也有适于灵活应变的成分。拥有比较庞大和富有影响力的应用型研究队伍,并不花大力气进行基础研究,而是强调对产品与技术的快速模仿、改善和应用,并保持适度的技术效率。

优劣评价:双重技术核心适用于综合经营环境,但难以实现技术的完全有效性和最大效率。它的好处在于可以迅速大规模地跟进某些发展前景广阔的市场。而不利之处在于可能既不精尖,又不灵活,没有实现效率最优,也没有实现足够的有效性。

(三) 组织管理问题

与运行操作问题一样,分析者的组织管理问题也要同时兼顾两种经营领域,其主要挑战在于如何区分与整合企业的组织结构,以适用于稳定领域和动态领域的双重经营活动。

企业的基本应对策略:主管营销和应用研究的专家掌权,生产专家次之。对稳定经营部分的生产和营销计划缜密;对新产品市场的综合计划主要着力于营销、应用研究和生产部门的活动。通常采用以职能链和产品小组两个维度构成的矩阵结构,以及适度集中的控制体系,横向和纵向信息反馈系统兼有。协调机制复杂而广泛,某些矛盾冲突由产品小组解决,另一些由职能链条解决。组织绩效的评估对有效性和效率兼重。奖励体系偏重营销和应用研究。

优劣评价:组织体系适用于保持稳定性和灵活性的平衡。然而,一旦其平衡丧失,便很难恢复,很可能顾此失彼、摇摆不定,时而强调灵活反应,时而强调经营效率。

五、被动者战略

被动者战略并非一种有效应对竞争环境的稳定战略,缺乏一致的应对机制和反应模式。这种一致性的缺乏,大致可以归结为三类主要原因:首先,管理者没有明确清晰的战略定位,朝三暮四、随波逐流。其次,战略定位可能确定,但缺乏相应的组织结构、过程和技术,因而实施无力。最后,管理者可能固守已经不再适应现有竞争环境的某种"企业战略和组织结构关系"模式,惯性僵化,难以应对新的挑战。

六、迈尔斯和斯诺战略分类法的理论与实践意义

(一) 理论背景与地位

迈尔斯和斯诺战略分类法,依据企业应对竞争的基本态势和方法,对企业的基本竞争战略进行归类,可堪与波特战略分类法比肩。它与波特分类法同时成形于20世纪70年代中后期,正式发表于1978年,比波特分类法早两年,并在文献中得到了广泛的采用与验证。虽然迈尔斯和斯诺分类法的提出得益于对保险、伐木、造纸、出版、医院、电子产品、食品加工等许多产业中不同竞争战略的考察、思考、分析与提炼,但它并不仅仅是对实际案例观察后的简单归纳与总结,至少并非主要如此。与完全依靠所谓"让数据自己说话"所得出的自然类别体系不同,这一分类法的形成是有一定理论思路指导的。

首先,战略是连接企业与外部环境的桥梁。企业可以通过自己的经营意识来选择和造就自己的经营环境。不同的企业采取不同的战略来界定和应对自己的经营环境。其次,企业应对内外连接的基本战略,可以通过企业如何管理其主要经营活动(三种循环)来考察。最后,企业经营绩效不仅取决于企业如何与外部环境相连接,而且取决于企业的战略、组织结构和管理过程是否匹配以及如何匹配。这一战略分类法,第一次使得竞争战略的研究建立在牢固的理论基石之上,在其后的文献中得到了广泛的采用与验证,并在实证研究中得到了很大程度上的支持。

(二) 主要理论特色

迈尔斯和斯诺基本战略类型最显著的理论特色,在于它的理论基础完全地和牢固地根植于管理学本身的素材,从管理学领域本身对组织的战略、结构、过程的研究中汲取营养,并不依靠其他领域的理论与方法来支持。在整个分类法的阐述中,作者以"组合形态"的总体方式来描述具体的战略类别,同时揭示企业战略、组织结构、管理过程、技术体系、人员配置、管理团队等多个维度的特点以及它们之间的对应关系。它不仅涉及战略选择,而且关注战略实施,将竞争

战略过程视为一个各部分互相支持的有机整体,强调其内在的一致性。不仅如此,作者还强调"理想类型"与"殊途同归"的概念。理想类型指的是每一个稳定的基本战略都应该存在一个"理想的组合形态",这时,战略与结构、过程、人互相匹配融合,最优化地体现并实施该种战略。殊途同归指的是在"理想类型"状态下,不管是哪种具体的竞争战略,都可能会在某个产业中为企业带来竞争优势和优异的经营绩效。因此,这种分类法不仅仅是一种简单的类别定义,而且是一种理论推测,由战略选择推及相应的和必需的实施要素与特点,即企业中的组织架构与技术流程等,然后推及战略的功能与效用,即战略类型对企业经营绩效的影响与决定。因此,这种分类法实际上是一种能够自圆其说的理论体系。

(三) 实践意义

迈尔斯和斯诺战略分类法是一个非常清晰而且实用的分类体系。它对各个战略类型的描述简单明了、清楚准确。给定对不同战略类型的基本描述,请业内人士根据描述为不同企业的基本战略来贴标签,往往能够得出颇为一致的看法与结果。这说明了该分类法在实际应用中的有效性。迈尔斯和斯诺战略分类法还对不同的战略类型进行了总体的、内在一致的表述。因此,我们可以通过企业战略的一个领域推测它在其他领域的表现,比如,根据其外部定位特点来推测其技术与组织特色,或者通过其技术特点推测其组织过程与外部定位等。关于这一战略分类体系本身的妥当有效性(每个战略类型独立存在并且相互之间有显著差别)以及每个战略类型本身的内在一致性(战略、结构、过程等有某种特定的关系模式,符合理论推测),实证研究都在一定程度上提供了支持。然而,关于所谓殊途同归的预测,并没有得到非常明确的证实。不同竞争战略在不同的产业环境中的表现和成功概率是不太一样的。尽管如此,迈尔斯和斯诺战略分类法还是为企业的一般管理者提供了一个极具理论基础而又非常实用的基本战略分析手段。

第三节 基本竞争战略:波特的战略类型

一、波特基本战略分类法

(一) 波特分类法的早期呈示

波特的基本竞争战略分类体系,无论是在管理研究中还是实践中,都是应用最为广泛的。这一分类法的理论背景与产业分析框架如出一辙,主要关注企业竞争优势的源泉,即在一个具体的产业内,企业如何通过战略定位选择来比竞争对手更好地为顾客提供价值。波特总结了三种基本战略：差异化、成本领先以及专注，如图 8.1 所示。前两种战略分别对应两种具体的竞争优势——产品差异化优势和成本优势，而第三种则主要指的是竞争范围的选择，在有限的范围内采取专业化的经营，从而实现专精的优势。

图 8.1　波特基本战略分类体系
资料来源：Porter, M. E. 1980. *Competitive Strategy*. New York：Free Press.

1. 差异化战略

差异化战略取胜的基础是独特和卓越的价值提供。采取差异化战略的企业，其产品与服务与众不同，能够准确有效地满足顾客较高层次的需要或者某种特殊的需要，而且顾客愿意为这种产品与服务支付相对较高的价格。一个企业的产品与服务，能够被顾客认识和理解、认同和欣赏、追捧和抬举、颂扬与传播，并最终支付高昂的价格，在消费和使用过程中产生发自内心的愉悦和满足，这是差异化战略的实质和最高境界。

差异化战略的表现形式基本上包括有形差异化和无形差异化两个方面。有形差异化特指物理特性、设计制造和使用功能方面的差异，通常可以被顾客相对容易和清晰地观察和评价。比如，索尼公司许多产品造型优美的微型化设计，使之在竞争对手中脱颖而出。无形差异化特指心理感受、审美体验以及社会荣耀等方面的差异。比如，路易威登等奢侈品高端品牌，在其卓越的产品设计与质量保证之上，为顾客平添了一种华贵尊崇的感受。

差异化战略评判的最终准绳在于顾客是否愿意支付高昂的价格。企业自己认为非常独特的价值提供，很可能被顾客认为是过分的做作、多余的摆设。如果顾客不愿为这种差异化所作的努力支付企业的要价，那么所谓的差异化战略就没有真正存在。从另外一个角度来看，只要顾客觉得某种产品与服务具有差异化价值并愿意为之支付高昂的价格，尤其是在顾客觉得能够从无形差异化层面感到某种心理满足的时候，那么不管顾客以外的任何人与机构如何认为和评价，差异化战略都是在有效地发挥着作用。

2. 成本领先战略

成本领先战略，意味着企业的成本在一个产业内的所有竞争对手中保持最低，从而具有竞争力。最低的成本不仅意味着企业在与对手产品价格相同的情况下能够获取相对高额的利润,而且意味着在众多对手因为价格走低而被扫地出局时企业仍然能够生存甚至盈利。也就是说,有效地实施成本领先战略的企业,其抵御价格竞争压力的能力最强。将成本领先战略定义在最低成本这一尺度上,说明成本领先是一种理想化的范本。根据定义,严格说来,除非在极端情况下多个企业同时并列成本最低,一个产业内一般只有一个企业能够成功地实施和保持这种战略,虽然许多企业企图采用这种战略,并且在实施效果上非常接近这种战略。比如,沃尔玛在美国零售业即以成本领先战略著称。

通常情况下,最低的成本往往与较大的运营规模相联系。这就意味着采取成本领先战略的企业通常具有广阔的经营领域、众多的客户群体、宽泛的产品组合以及庞大的地域跨度。这种企业在原料采购、物流配送、生产制造、分销服务等多个环节具有规模经济效应,以量取胜。反映在市场地位上,采取成本领先战略的企业通常具有较高的市场份额。波士顿咨询公司等研究与咨询机构在20世纪六七十年代极度关注市场份额与利润率在统计上正相关的关系,提倡企业通过扩大市场份额来增进利润率。后来的研究表明,高市场份额与高利润率之间并不一定是因果关系。企业内部的成本控制与管理能力可能是更为重要的利润基础,同时导致利润率的偏高以及市场份额的扩大,比如美国西南航空公司在过去几十年间"有盈利的扩张"。

一个理想化的基本战略类型,通常意味着某种内在的一致性,这种一致性贯穿于企业的外部定位与内部运作。显然,成本领先战略并不仅仅依靠经济方面的因素来支撑,比如美国西南航空的市场定位、航线选择、飞机配置等,而且囊括了与战略实施密不可分的组织体系、管理流程、人力资源、企业文化等诸多方面的因素。成本领先靠的是经济因素与组织因素的共同作用,它不仅体现在企业的组织管理与技术实物方面的运作效率上,而且体现在企业的经营理念和文化氛围上。因此,同差异化战略一样,成本领先的贡献因素同样包括显而易见的因素(比如规模经济),以及隐匿无形的因素(比如沃尔玛公司从管理团队到员工队伍的勤俭意识和节约精神)。

3. 专注战略

专注战略,主要指的是企业在经营范围方面有选择的定位,聚焦于具体的细分市场,并通过专业化的经营实现竞争优势与利润。一个企业可以专注于某些特定的顾客群体、地域市场或产品组合,只在一个比较狭窄而确定的经营领域里发展,而并不企图染指整个行业的各个角落。比如,一个资产管理服务公司可以定位为只为高收入客户服务;好孩子童车专注于儿童市场;谭木匠专注于木质梳子市场。在自己专注经营的领域内,企业可以比那些在全行业经营的企业更好地为该领域的特定目标客户群体服务，从而实现该领域内的成本领先或者差异化，或者二者兼得。

根据定义，采用专注战略的企业，在整个行业中，通常不可能获得非常大的市场份额，是为小众服务的。但相关市场本身的界定是可大可小的。在自己的相关市场上，这些采取专注战略的企业的市场份额是相对较大的。这些相关的细分市场通常也被称为利基市场。这些专注经营的企业，由于它们在自己利基市场上潜在的差异化优势以及成本领先优势，其利润率是可能高于产业的平均利润率的。

4. 堵在中间

与迈尔斯与斯诺的基本战略分类法中的"被动者"战略相似，波特分类法中也存在一种"堵在中间"的可能，即一个企业没有明确地采取任何一种典型的基本战略的状态。具体而言，"堵在中间"指的是这样一种情形：一个企业既没有成本领先优势，也不可能实现差异化的优势，更没有关于针对某些细分市场进行专注经营的意识和考虑。与采取差异化战略的企业相比，它的产品与服务不够高档、精良、独特；与采取成本领先战略的企业相比，它的产品与服务没有价格优势；与采取专注战略的企业相比，它的产品与服务不够专业、准确、适用。因此，没有任何明显优势的那些被"堵在中间"的企业，通常利润率偏低。在零售业，许多城市中转型艰难的传统百货公司通常是"堵在中间"的典型案例，既不高、精、新、奇，也不足够便宜，而且缺乏足够的顾客针对性。

堵在成本领先与差异化中间，冲突尤为明显。按照波特早先的描述，二者基本上是水火不容。成本领先战略的企业，通常提供比较宽线的、大众化的产品组合，在价格上没有多少提高的余地，因而不得不极为关注成本控制。而差异化战略主要在于标新立异、尽显奢华，因而需要非常高的投入，追求价格高昂，成本控制根本不是什么需要考虑的因素，至少不是主要因素。在某些极端情况下，成本越高，投入越大，越浪费，越显价值。因此，总是以成本核算为准绳的企业基本上难以做出浮华显贵的奢侈品，而总是以制造精品为使命的企业是很难把成本控制放在重要的地位上的。两种基本战略体现的是完全不同的经营理念、目标定位、价值创造手段和竞争优势源泉。

要么成本领先，面向大众；要么差异化，面向高端；要么专注经营，专业精尖；要么不明不白，堵在中间。参见图8.2。

图8.2　波特分类法的图形表述

资料来源：本书作者整理。

（二）波特分类法的修正与补充

波特的基本战略分类法提出以后，得到了广泛的验证与应用，同时也得到了拓展与修正。

首先，对于波特所谓"堵在中间"的说法，后来的研究证明，至少在成本领先与差异化这两种战略之间，企业的选择并非一定非此即彼，而是可以齐头并进、赢者通吃。当一个产业中出现一个企业拥有主导产业标准的情况时，这一产业的结构近乎垄断，但是，由于替代产品的存在，仍然存在竞争，甚至激烈的竞争。这时，拥有主导产业标准的企业，根据定义，规模最大，因而通常成本最低。同时，由于对主导产业标准的控制，这些企业通常具有良好的品牌，其产品被视为原版正宗，差异化程度高，因而要价不菲。这便是赢者通吃的状况，既有成本领先优势，又有差异化优势，而不是被堵在中间。比如，英特尔的芯片和微软的 PC 操作系统等。

其次，如前所述，在波特早期的框架中，专注是作为三个基本竞争战略之一而提出的，与差异化和成本领先并列。在解释专注战略的时候，其实波特已经承认了差异化和成本领先共同存在的可能性。实际的案例，比如雷克萨斯高级轿车，在豪华车这一细分市场，既有性能良好、高档舒适的差异化优势，又有成本领先的优势（与丰田其他车系共享一些技术平台从而具有规模经济）。他所说的"堵在中间"，是指在差异化、成本领先和专注战略三者之间没有明确的选择,并不仅仅是在差异化和成本领先之间举棋不定。

最后,无论是堵在中间,还是二者兼得,在很大程度上是取决于定义的问题。即使我们把焦点聚集在差异化与成本领先两者之间,根据波特原本对差异化的定义,堵在中间也是可以非常容易地成立并通常存在的。所谓差异化,特指企业产品的价值卓越独特,而不是时髦流行。比如劳力士手表和劳斯莱斯汽车等真正差异化的产品,通常是不考虑成本的。许多差异化产品的卖点本身就是高成本、高定价。因此,差异化的奢侈品与成本领先是水火不容的。想用做电子表的方法廉价地制造劳力士注定是南辕北辙、非驴非马,堵在中间是必然的。

但是,如果我们把差异化的定义进一步放松,则堵在中间的可能性就会减小,而二者兼得,甚至赢者通吃的可能性就会增大。比如,耐克鞋、可口可乐饮料、佳能打印机、星巴克咖啡,甚至上述的微软和英特尔的产品等,都属于大众名牌,有一定的差异化优势,但都不属于奢侈品,或者属于"可以消费得起"的奢侈品。如果我们把差异化定位在这一层面,那么二者兼得和赢者通吃则完全可能。这些行业的一个重要特点是规模效应。比如,平均在单罐上的制造成本和营销成本,可口可乐最低,而其品牌最为著名,差异化优势最强,因此成本领先与差异化二者兼得。

二、成本领先战略

影响和决定企业成本的因素有很多,主要包括企业自身经营过程的技术和组织特点以及企业与其价值链中上下游企业的关系特点。首先,经营过程指的是与本企业内部的生产销售和服务相应的技术流及组织流,比如,生产制造的规模经济与范围经济、经验曲线效应、产品设计优化、生产过程优化、容量利用充分、组织裕度适当等。其次,与价值链中上下游企业和实体的关系决定了企业获取资源及投入的成本、销售以及服务成本,以及由于能够及时灵活地应对下游需要而获得的成本节约。显然,采用波特以及其他形式的价值链分析可以帮助企业更加清楚地理解企业成本的决定因素以及控制方式。

(一)企业内部因素

企业内部运作过程中影响其成本的主要有规模经济、范围经济、经验曲线效应、产品设计特点、生产工艺特点、生产能力利用率、组织裕度的大小以及其他因素等。

(1)生产过程中的规模经济影响企业运营成本水平。只有当产品的生产规模达到一定程度时,才可以实现盈亏平衡。这时的规模通常被称为"最低有效率规模"。只有当生产规模大于这个平衡点上的规模时,企业才会盈利。规模越大,分摊到固定成本上的产品数目就越多,平均单位成本也就越低。因此,一般而言，规模经济意味着企业成本的降低。当然，在另一个极端，当规模过于庞大时，也可能会产生所谓的"规模不经济性"，由于对生产过程中协调与控制的要求增高，从而导致成本随规模增大而提高。

（2）范围经济影响生产多种产品企业的成本水平。它指的是某种资源投入可以被同时应用于不同产品的生产制造过程，并且这时的资源投入比不同产品分别独立生产时所需要的该项资源投入的总和要小，因而造成总平均成本的降低。比如，国内许多高档的中餐馆，每道菜的配料都要独特精选、专料专用、非常考究，因而成本高昂。而北美的大部分中餐馆则是充分标准化，通常一料多用，充分实现范围经济带来的节约。不管你是要什么牛、猪、鸡、海鲜菜肴，配菜一律是胡萝卜、荷兰豆、小玉米、西兰花和玉兰片。

（3）经验曲线效应同样影响企业生产成本的水平。它指的是当一个企业在生产某项标准产品时，其累积生产数量的总和每增长一倍，比如从100万单位到200万单位，其单位平均成本就可能降低20%到30%左右。其原因在于企业内部的经验积累、学习改进和逐步提高，从而提高效率和质量，减少浪费与损耗。这种现象在制造业中表现得尤其突出。对于一个具体的产品制造而言，学习和经验不是无止境的，因此经验曲线也会达到一个"地板极限"，即一定的最低成本水平，而不可能无止境地降低成本。

（4）产品设计优化可以降低生产过程中某些不必要的浪费与支出，从而降低成本。比如，汽车制造公司在设计新车型时，可以使不同车型的制造共享某些平台和元器件，增强零部件标准化程度，减少零部件的种类和数目。加强设计部门与生产制造部门的沟通，使设计部门能够充分理解制造部门的难处与挑战，使制造部门在产品设计阶段及早介入并提出建议和意见。总之，基本的理念是设计不仅要从产品本身的功能与特点出发，而且要考虑生产制造过程中的可行性、可靠性与经济性。

（5）生产过程与工艺的改善和提高可以帮助企业更加灵活而有效率地进行生产制造活动。生产线的布局是否合理、不同功能领域间的协调与整合、上下游环节之间的连接与转换，都会影响生产制造的成本。通过生产流程再造，企业可以优化其工艺过程，缩短生产周期，降低生产成本。丰田的柔性制造系统、看板管理与零库存等堪称工艺过程优化的典范。相反，某些机构，比如医院，生产（服务）流程混乱，挂号、就诊、划价、付费、取药、实验室检查之间衔接不当，总体效率低下。

（6）生产能力的容量利用也直接影响到企业生产成本的水平。其道理与规模经济相似。在一定时期内，企业的生产能力是相对固定的，即使没有生产任务，一些固定成本支出仍然存在（比如场地租赁和设备维护等），因而优化生产能力的利用,可以降低企业的平均生产成本。对于市场需求波动性相对较强的企业而言,在旺季到来之前,提前预制某些零件,在淡季到来之前,提前准备缩小生产能力,对于控制成本而言尤为重要。这就意味着保持固定和新员工与设备、半固定和临时员工与设备之间的平衡。

(7) 组织裕度同样影响企业的运营成本。简而言之,所谓的组织裕度,可以理解为组织对员工的报酬激励与员工实际贡献之间的余额。比如,一个组织中的正式工可以工间休息,享用免费饮料,参加组织付费的娱乐活动等,而不像小时工那样被严厉监管。这种余额使得员工显得从容,使之灵活自主,并对组织产生某种"剩余好感"。对于组织而言,组织裕度也是一种润滑剂。组织裕度的缺乏,可能会导致员工的不满甚至憎恶,从而消极怠工。过多的裕度则会导致浪费。因而,保持适当的组织裕度也是控制成本的重要环节。

(8) 许多制度安排以及企业文化方面的因素也会直接影响企业的生产成本,比如工会组织的出现与其谈判能力的高低、员工的敬业精神高低、组织中从高管到基层的监管机制与力度,等等。

(二) 企业与价值链中上下游企业的关系

企业内部因素主要是影响企业这一环节内的价值创造过程中的成本水平。而如何在一个具体的价值链中定位并与上下游企业合理地连接也在很大程度上决定了企业的总体成本水平,比如原材料投入的价格以及产品和服务的销售费用。而决定这些价格与费用的因素包括企业对上下游企业与实体的议价能力、企业的生产地点与运输手段和费用等。

(1) 一个企业相对于其供应商的议价能力直接影响该企业原材料或半成品投入的价格。比如,由于其强大的购买规模,全球最大的零售商沃尔玛在全球采购中与其供应商相比有着巨大的议价能力,可以以此打压谈判对手,威逼利诱供应商就范,因而实现采购成本最低。不仅如此,就是与供应商电话联系,沃尔玛也是坚持对方付费。

(2) 一个企业相对于购买商或分销渠道的议价能力直接影响自己产品与服务的销售成本。强势的企业(由于规模、品牌、信誉等)可以要求购买商提供预付款或者在规定时间内付款,并且上门取货,从而降低企业自己的库存,并减少运输费用。强势企业甚至可以要求购买商参与研发投入与广告投入,从而降低自己的成本与风险。

(3) 生产制造的地点也对原材料的购买价格产生重要影响。某些地方的原材料价格相对低廉,靠近这些廉价资源的地点设点生产显然可以降低投入成本,比如靠近矿泉水源的瓶装水公司。再如,美国许多电话营销公司都设在生活费用和商务费用相对低廉的边远城镇。

(4) 与生产制造地点相关的一个重要因素是基础设施条件以及运输手段和费用问题。某些地方可能人工费用较低,但基础设施欠缺,因而通信费用高昂,运输成本巨大,协调比较困难。因此,地点与运输必须综合考虑。有些企业选择靠近原材料产地生产,有些企业选择廉价劳工地区生产,有些企业选择靠近客户生产与服务。不管怎样,企业不仅要考虑原材料价格、生产费用、运输费用、客户服务灵活性和反应迅速等具体方面的成本优化,而且要考虑企业在整个价值链上的总成本优化。

(5) 其他一些因素也会影响企业内部运营之外的成本。一个房地产开发商可以由于远见、运气或者政府关系,比较廉价地拿到优质土地。一些大企业可以对大宗原材料投入在期货市场上套期保值购买。

三、差异化战略

所谓的差异化,其存在的主要证据在于消费者愿意并实际对该种产品与服务支付的价格,远远高于产品实际功能本身所需要的价格,或曰"产品溢价""价格溢出"。一瓶普通矿泉水可能零售价3元,而同样大小的一瓶依云矿泉水通常要价14元。这便是世界级品牌产品差异化优势的力量。差异化的形成,不仅仅在于产品本身的实用功能如何卓越,而且,更重要的在于人们对差异化的品牌形象本身的不可抑制的好感,以及从中感受到的卓尔不群、荣耀尊崇、心理满足、审美情趣或愉悦快感。而这种差异化,需要不断地从社会效应、文化传统和心灵感受方面得以增强,才能长期持久。下面我们讨论差异化的种类及其决定因素。

> 我们所追求的是产品疯狂的伟大。
>
> 史蒂夫·乔布斯
> 苹果公司创始人

> 如果房地产销售的三个关键是地点、地点、地点,那么消费品营销的三个关键就是品牌、品牌、品牌。
>
> 罗伯特·戈伊祖塔
> 前可口可乐公司老板

(一) 差异化的不同类型

差异化表现的是企业所提供的价值的独特性,并且得到消费者的认可与赏识,比一般产品更有效地满足了他们对产品的各种复杂而又特殊的需求。差异化是生产厂家与顾客之间的一种非常密切的沟通与默契、互相欣赏与信任。因此,我们不妨从顾客与厂家两方面来考察差异化的形成。首先,我们可以从顾客的需求特点来考察差异化的不同类型。

简而言之,差异化可以分为有形差异化与无形差异化两种。有形差异化通常表现在产品的实用功能(比如最新 iPod 160GB 的容量),以及某些附加功能(比如红木家具零售商提供终身回购保证)上。无形差异化通常暗藏于某些产品对顾客心理需求与社会需求方面的关照。比如,某些有机食品供应商给信奉全天然食品的顾客带来的心理与认知上的满足:该商家和我都很在乎我的健康;再如,豪华汽车给车主带来的社会尊荣与炫耀性快感。

无形差异化一般是建立在一定的有形差异化基础之上的,而不是完全凭空捏造就能够鼓吹出来的。即使能够造出来,也是不大可能持久的。当然,在很大程度上,消费者对有形差异化的体验,实际上可能是来自于无形差异化之造势而产生的幻觉或者盲目好感。

实际生活中的产品差异化的具体形态和表现,通常是有形差异化与无形差异化之间不同形式和程度的组合。主要基于有形差异化的产品一般比较容易被对手模仿;而无形差异化,由于通常比较难以模仿,其可持续性也往往较强。

当然,我们从分析上可以将差异划分为有形或无形,甚至更加详细的类别。需要提醒的是,顾客对差异化产品的认同和好感往往是一种非常综合性的体验过程。

(二) 差异化的需求分析:产品的功能体系

下面,我们从顾客对产品的不同方面功能的需求特点来详细探讨产品差异化的具体种类和构成要素。我们聚焦于顾客对产品的实用功能、附加功能、心理功能和社会功能四个方面的需求,参见表8.2。

表 8.2　差异化的构成:顾客对产品多种功能的需求

实用功能	附加功能	心理功能	社会功能
产品特点: 尺寸、形状 颜色、重量 材质、复杂程度 技术含量、设计构思 工艺水准、加工质量 **产品性能:** 有效性、易用性 稳定性、一致性 可靠性、耐久性 安全性、舒适性 速度、效率、多功能性	**特适性:** 量身定制 **配套性:** 配套产品 系统集成 售后服务 技术支持 **周到性:** 购买的便利 处理的便利	**认知方面:** 文化理念 价值情操 **审美方面:** 个性特点 审美取向	**符号性:** 身份地位 财富成功 信赖可靠 符合规范 **炫耀性:** 极端奢华 过度张扬

资料来源:本书作者整理。

1. 实用功能

实用功能,亦可称为核心功能,指的是一个产品原本的设计用途及其满足这种用途的能力,也就是发挥其应该发挥的作用的本领。提供这种实用功能的产品构造与特点,一般属于物理性征的范畴,而且可以相对简单、直接和迅速地观察、判断与检测,如产品的尺寸、形状、颜色、材质、重量、复杂程度、技术含量、设计构思、工艺水准、加工质量等。常见的例子包括索尼产品的微型化设计,轻巧便携;保时捷跑车的流线型车体,圆浑遒劲;美国大都会歌剧院以金红两色为基调的内饰,高雅华贵;郑州合记大碗羊肉烩面,实惠爽气;镶钻手表首饰、名贵紫檀木家具、手工造纯金钢笔,等等。

而产品实用功能的实际判断与检验,则依赖于一系列的操作与性能指标体系,包括有效性,即能否解决产品要解决的问题;易用性,即产品使用和操作的难易程度;稳定性与一致性,即在不同的环境条件下(甚至在非正常使用条件下)仍然能够照常发挥作用的能力;可靠性与耐久性,即经过长时期多次使用后仍然能够保持原有性能的实力;安全性,即降低对自身和他人的健康与生命威胁;舒适性,即减少疲劳与身体消耗,增进使用快感。速度与效率可以帮助顾客迅速低耗地享用产品的功能。比如,拿无线耳机来说,一个差异化的产品应该能够清楚、准确、连续、无干扰地接受信号,不看说明书就能很快凭直觉正确使用,经得起磕碰和天气变化、无辐射或者低辐射,佩戴舒适,充电电池的容量大、寿命长,充电速度快,等等。再如,某些产品的多功能特性也是差异化的一大亮点。比如,苹果的 iPhone 手机将多种功能和 APP 一网打尽,真正使得手机智能化。

2. 附加功能

附加功能,亦可称为延展功能,指的是在产品的核心功能之外的,与产品的整个购买、使用和处理过程相关的所有环节上,能够为顾客提供附加价值的功能,从而进一步增强产品的特适性、配套性和周到性等。

(1)特适性。这里的特适性指的是产品满足个体客户特殊需求的能力,亦即量体裁衣、随身定制的能力。均码产品强调的是标准化与普适性,最大限度地满足大多数顾客的需求。这种均码以及它带来的方便,就许多对号码敏感性不大的产品而言,本身很可能就是一种差异化。然而,更多的情况下,差异化恰恰意味着均码的反面,即按照个体顾客的具体需求来定制产品,准确和精确地满足客户的特殊需求,比如量身定制的衬衣与西服,较之于货架上买来的现成服装,就具有很大的差异化优势。再如,助听器厂家可以根据每个顾客耳道的不同形状取模,然后定制助听器的外形,从而达到最佳的匹配,保证其使用效果与舒适性最优。

（2）配套性。与特适性一样，配套性要解决的也是产品使用过程中的方便与满意，包括配套产品的提供、系统集成的程度、售后服务的质量、技术支持的能力。差异化产品不仅需要自身质量可靠、功能优异，而且需要有相应水准的配套产品供客户选择与享用。比如，高档别墅区需要有周边的高档医院、学校、餐饮等服务配套，才能尽显差异化的总体优势。IBM 的系统集成能力是它在大客户商务服务业务中脱颖而出的制胜法宝。售后保修与服务也是非常重要的差异化环节。现代汽车在美国提供的 10 年内或者 10 万英里内免费保修的承诺，极大地提升了其品牌的独特吸引力。同样，对某些技术性较强、使用和维护复杂的产品提供免费咨询与技术支持，也可以促成产品的差异化特色。比如前些年的戴尔公司，技术支持与量身定制比翼双飞、优势互补。

（3）周到性。周到性指的是产品的购买与处理方面的便利、灵活及舒适。售前服务与售后服务一样，都是为顾客提供总体价值的必要环节，也是差异化可以大做文章的地方。比如，潜在顾客去雷克萨斯 4S 店参观或试驾，会受到热情周到的接待和耐心解答，使人感受到该公司对细节的关注以及对人的尊重，而并不会觉得受到像许多售楼人员那样的死缠烂打。许多产品需要专业安装才能保证质量上乘。比如，海尔的安装服务相对规范高效。还有一些产品，其产品本身或者耗材及配套产品，需要抛弃处理掉。由于物理特性(比如笨重巨大)、技术特点(需要专门拆卸)或者耗时费工(不划算)等原因，顾客难以自己处理或者不愿意自己处理。这时，厂家提供处理服务也会增进顾客的好感。比如,《北京青年报》不仅送报上门，代理瓶装水等其他产品的配送业务，而且代理回收旧报纸，既为许多订户解决了弃置旧报纸的便利，也象征性地给他们带来了小小的收入回报，皆大欢喜。

3. 心理功能

心理功能与社会功能实际上通常是密不可分的，社会功能的满足可以导致心理的满足，而心理的满足又往往受社会性因素的影响、暗示与制约。为了便于区分，我们可以简单地作如下定义：心理功能，主要指的是通过自己的审美与认知而感受到的愉悦与快感；社会功能，主要指的是由于别人的认可、赞赏、羡慕，甚至嫉妒而产生的骄傲与满足。

在认知方面，企业可以通过某些产品的特性，有针对性地选择特定消费者群体，对其某些独特的文化理念和价值信奉进行触动、迎合与褒扬。这样可以与消费者在比较深入和亲切的层次上进行交流、沟通及吸引，从而在与对手产品的竞争中胜出。比如，某些饭店明确标出该店不使用味精及其他人工调味剂与添加剂，并且只选用有机蔬菜和自由放养禽畜肉类。这就非常符合对自身健康极为关注及敏感的顾客的口味与认知，使之感觉放心、满意。再如，某些企业坚持为社区做某种公益事业,因而导致大家对其品牌的信赖与好感,愿意支付一定的溢价,表示对其行为的认同,并对自己的这种认同与溢价支付感到自豪和欣慰。

在审美方面,企业可以通过独特的形象定位来博取特定消费者群体的青睐与追捧。比如,Body Shop 强调保健护肤而并非化妆美容。对于那些认为化妆庸俗而平淡唯美的人士,这种定位无疑满足了特定的审美情趣与价值取向。同样,符合个体或者某些特定群体的特殊个性,也是审美方面的一个重要因素。有些需要怀旧,有些需要摩登,有些需要平和适中;有些需要传统经典,有些需要另类先锋。能够准确地满足顾客在审美层次上的特定要求,要远远难于对实用功能的满足,需要深入地了解相关顾客群体的教育程度、职业背景、文化传统、风俗人情。日本在汽车与电子等消费品行业,由于其实用功能优异,而且易于判别鉴定,因而风靡全球市场。而其化妆品则很难打进美国市场,因为欧美老牌的化妆品品牌通常有上百年的广告推广,对顾客的审美情趣进行了多年的操纵与培养。况且化妆品的质量和实用功能本身较难判别,因此心理感觉尤为重要。而心理感觉主要靠的是顾客自己的文化习惯及既定的审美取向。

4. 社会功能

产品的社会功能主要表现于其符号性与炫耀性,前者主要是自然地显示和流露某种社会身份和地位、生活水准与品味、产品使用者与提供者的可信赖性,以及合乎特定阶层预期规范的意愿与能力。后者主要是让别人(尤其是社会阶层较低的人)知道其身份地位,对其产生某种关注、羡慕或者嫉妒,并以此来证实自己的价值、获得优越感。

就身份与地位的象征性意义而言,奥迪车在中国做到了极为成功的地步。作为官员的指定用车,它根据排气量的大小与配置的高低,准确无误地显示了车主的官方地位、政治势力和社会荣耀,凸现了产品的差异化,以及差异化中更加细微的差异化,可以很好地满足其社会功能。而宝马与奔驰,至少在中国主要代表的是民间的荣耀与地位,象征着通过私人奋斗而达到的财富与成功。

某种产品的消费,意味着消费者本人或者产品提供者的值得信赖和坚实可靠。比如,着装讲究的销售员,至少在表面上要比衣冠不整的同行更值得信赖,尤其是在其所销售的产品通常无形、需要经验、难以预先判断质量的时候。

炫耀性是产品社会功能的主旨,尤其是刻意追求的炫耀性,表现于极端的奢华或者过度的张扬。这时的身份和地位已经不是自然流露或者为了符合规范预期,而是为了显示而显示,为了炫耀而极度的张扬与奢侈。最好能把炫耀性消费引向社会效益大的方向,比如冠名赞助艺术节、图书馆、大学等。

(三) 差异化的造就:价值提供手段

如前所述,产品差异化是顾客对一个产品多种功能的综合体验。如何为顾客造就和提供这种功能,取决于企业的意识、眼界、品味、实力与承诺。企业可以通过多种价值提供手段,有针对性地提高自己产品在不同功能领域的表现,从而提高其总体差异化水平。具体的差异化价值提供手段包括:原材料投入质量、产品开发与设计、制造工艺与过程、销售渠道与力度、售后服务与支持、限量供应高定价等,参见表8.3。显然,有些手段可以同时满足多种功能,比如产品材料的质地精良人人可鉴;有些手段主攻心理与社会功能,比如故意高额定价提高门槛。因此,不同的手段需要适当搭配,更好地提供综合体验。

表8.3 差异化:顾客需求的功能特点与企业的价值创造手段

顾客需求特点 价值创造手段	实用功能	附加功能	心理功能	社会功能
原材料投入质量	+ +	+	+ +	+
产品开发与设计	+ +	+	+ +	+
制造工艺与过程	+ +	+	+ +	
销售渠道与力度	+	+ +	+ +	+ +
售后服务与支持	+	+ +	+ +	
限量供应高定价			+ +	+ +

资料来源:本书作者整理。

1. 原材料投入质量

高质量的原材料或者元器件的投入,意味着产品的投入成本高昂,是差异化产品价格走高的主要原因之一。这种投入,可以增强产品的实用功能与配套产品的功能,也可以增加用户的心理满足与社会尊荣感。比如,世界著名的维也纳音像公司所制造的音乐大师系列音箱,其顶级产品以马勒命名,选用上等红木为材料,既满足了技术要求,也增进了审美指标。再如,豪华汽车中配置的高级音响系统,便是高质量配套产品或曰元器件,一如真皮坐椅、实木内饰,有利于提升豪华车的整体档次。

2. 产品开发与设计

产品的差异化还取决于产品的研发力度、设计特点以及技术含量等。通过长期研发积累而推出的独特产品,一般而言,技术含量高、技术体系复杂、难以被对手模仿,因此可以为顾客提供难以替代的价值。比如,世界著名药厂研制的品牌药品、吉列公司研发的三层刀片剃须产品、GRADO公司研制的高保真耳机等。通过明星设计师的经心设计,企业可以推出高档产品,比如,百达翡丽手表、路易威登手袋、阿玛尼时装、Ferragamo 皮鞋、Ray Ban 太阳镜、爱马仕围巾等,使其具有更强的造型特点、更高的审美价值或者更多的个性化选择。

3. 制造工艺与过程

差异化产品,靠的不仅是研发着力、设计独特,通常还要靠制造过程的工艺精良、方法考究,比对手技高一筹。比如,正宗茅台酒的酿造过程需要经过一百多个工序,历时数年。西安的"陕西第一碗"羊肉泡馍,坚持一锅一碗,单独为每位顾客现场烹制。当年东来顺师傅手工切羊肉,巧夺天工。夏普公司在液晶显示屏的研发与制造工艺方面世界领先,因而其 AUQOS 平板电视引领潮流、要价不菲。美国新秀丽品牌旅行箱包的制造过程注重细节,质检过程严格把关,其高档箱子需要经得起被从 10 层高楼向地下摔扔若干次的折磨拷打,才算合格产品。美泰洗衣机的生产不仅要经过若干道自动检测程序,而且最后还要通过有几十年经验的师傅的人工抽查,才算拥有美泰质量。

4. 销售渠道与力度

销售渠道要解决的主要是产品的附加功能、心理功能以及社会功能方面增值的问题。比如,机场的贵宾休息厅、常客休息厅和付费休息厅,都是满足顾客乘飞机出行总体过程中需要的附加功能,可以使乘客感到舒适、从容、尊贵、与众不同。高档水果店冬天专卖空运西瓜;人造滑雪厂夏天可以经营;灯光高尔夫球场可以使顾客下班后社交、放松。通过时间和地点上的便利,商家可以提供超乎寻常的实用价值。另外,排他性的销售渠道更是可以增加顾客的心理满足与社会荣耀,比如,Cartier 和 Tiffany 的专卖店。再如,香奈儿等名牌香水只在某种级别以上的商铺里或者国际机场免税店中销售。还有一些高档特殊服务,比如保镖,只凭同一层次客户的口碑与推荐开展业务,并不对外公开揽活。特定的销售渠道有选择性地按照身份与地位的要求寻求目标客户,并不是有钱就能入伙。这种渠道选择既注重身份地位,又不过分张扬暴露。

厂商可以通过保持和加大其广告力度,来打造品牌形象,诱发顾客好感,争取品牌忠诚,提高其产品满足顾客心理与社会需求的功能。比如,古奇、雅芳、欧莱雅、雅诗兰黛等化妆品厂家,分秒必争地通过平面媒体、影视广告、户外招贴等各种广告促销手段组合,雇用成批的高级名模。这种形象塑造和对人们消费理念的操纵与导引,已经超出了简单的审美体验,成为一种社会化的时尚和风俗、一种思维定式和行为规范。

5. 售后服务与支持

厂商可以在产品的售后服务和技术支持等方面为其差异化作贡献。这里的贡献主要在于附加功能方面,使顾客感到使用方便、配套齐全,总体消费体验良好。具体例子可参看前述有关附加功能的讨论,兹不赘述。

6. 限量供应高定价

高价，一般而言是差异化的最直接的信号。在某些情况下，甚至高价本身就是差异化的直接导致因素和构成基础。当人们看到超高的标价时，能够消费得起的顾客的反应通常是"肯定有某种特殊性使该产品值这么多"。虽然质疑者可能也不在少数，但通常是买不起该产品的人："就这破玩意儿，咋值这么多?!"对于炫耀性消费的产品，高价更是不可或缺的要素。一旦高端产品降价促销，实际上是降低了购买者的进入门槛，使得原本的核心消费者的心理满足和当众炫耀的权利荡然无存。限量版发行、有限供应、独此一件、高价定位，这些都是炫耀性产品成功的法宝。比如，小批定制、手工打造、超级豪华、价格奇高的劳斯莱斯汽车。

7. 总体品牌形象

我们一再强调，顾客对差异化的认同和赞赏是基于一种综合性的体验。这种综合性的体验，就是该产品在顾客心目中的总体品牌形象。这里之所以没有把品牌当作一种价值创造手段，是因为品牌是上述手段应用的结果。品牌不是靠营销部门做出来的，而是产品各种功能对顾客产生的总体影响的结晶。

第四节 竞争动态与竞合博弈

业务竞争战略的主旨在于获取和保持在某一业务中的竞争优势。在竞争中采取什么样的定位与行动，如何应对对手攻击，如何与其他企业缔结联盟等，都会影响企业的竞争优势的产生与持久。因此对企业间竞争动态的分析与考察是业务战略研究的核心内容之一。这里我们简单介绍两个基本理论框架：一个是有关竞争分析的所谓"意识-激励-能力"框架，另一个是有关竞争与合作动态总体分析的所谓"竞合"框架。

一、竞争动态："意识-激励-能力"框架

在竞争动态分析的文献里，陈明哲教授所正式提出和极力提倡的"意识-激励-能力"分析框架很好地总结和概括了影响竞争动态的各类要素，对不同情况下的"行动-回应"序列及模式的分析提供了一个比较系统的思路和相对实用的方法。

(一)"行动-回应"序列

正如我们在第五章中所讲的，企业间的竞争动态由一系列的"行动-回应"或者"攻击-报复"单元构成。竞争动态分析的实质在于对这些"行动-回应"单元及其连锁系列的考察，比如，航空公司的价格战由谁发起、针对谁、谁做出反

应,降价促销的明显性与轰动性、时间长短、降幅大小、航线多少,回应者的速度如何、范围大小、力度强弱,等等。对这种"行动-回应"的单元分析及其境况特点的分析,有助于我们理解竞争交锋的具体节点上的行为。对于这些"行动-回应"单元的连续性系列分析,尤其是对相似事件的前后比较分析,有助于我们理解企业在竞争中的比较长期性的行为模式和特有表现。

(二)"意识-激励-能力"框架简述

首先,"意识"指的是竞争对手对攻击者的存在、行动以及行动的影响与后果的关注和在意程度。比如,奥迪可能会在中国市场上将奔驰和宝马视为竞争对手,而奔驰和宝马在全球市场上可能并不将奥迪当作直接对手,至少不是主要对手。因此,奔驰可能会更容易意识到宝马的攻击,而对奥迪的攻击则相对意识浅淡、重视不够。同样,当本田等日本摩托车进入美国市场时,哈雷等老牌劲旅根本不把它们放在眼里,对于其潜在的杀伤力毫无意识和警觉,因此,任何严肃的回应都无从说起。如果不想挑起事端、引起对手注意,最好是在其盲区建立根据地。

其次,"激励"指的是促使竞争对手做出反应的理由与动机,是诱发报复和反击行为的导火索与催化剂。比如,企业的核心目标未得实现,正着急上火;在具有战略潜力的市场上被他人占先,恐惧焦虑;主要对手表现得过于猖狂,趁火打劫;自己看不起的对手也公然挑衅,不自量力;决策者情感受挫,需要挽回面子,等等。比如,在北京市场上,燕京啤酒面对竞争者的攻击,促使其报复的激励程度一般要远远高于它在三线边远市场上受刺激时的激励。

最后,"能力"指的是竞争对手是否有实力回应与报复,是否有足够的资源和能力与对手展开厮杀,甚至进入持久战、阵地战。比如,财物资源是否充足,成本结构是否合理,技术能力是否到位,生产制造是否有效律,营销队伍是否得力,全体员工是否齐心等。在力所不及的情况下,纵有意识与激励,企业也通常不得不暂时咽下一口气;否则,要么两败俱伤,要么自掘坟墓。比如,许多创新性企业面对微软的高压打击,很难正面反击,大多或投降被收编,或被挤出主流去。

没有意识,难有激励;没有激励,难有反击;没有能力,反击没戏。虽然意识和激励在一定情况下,可以促成实际的反击和报复行为,但意识和激励本身并不意味着实力。没有实力支撑的反击一般很难奏效。然而,有些时候,实力本身倒是可能成为行动或反击的激励。比如,一个实力一般的企业主动挑衅对手,降价促销,而一个实力雄厚的对手可能正为库存过高而寻求对策,这时其库存实力便很可能是迅速反击的直接激励。英雄正愁无用武之地。还有的时候,显示自己的实力就是导致企业行动与反击的直接激励。

(三)"意识-激励-能力"框架的延展

显然,能力在很大程度上决定了反击的可行性。然而,广义而言,反击的可行性还取决于除了实力之外的可供企业选择的方案空间。比如,一个企业可能总体财务实力较强,但由于跨国资金转移的限制,难以在某个具体国家市场需要时及时到位、派上用场。另外,对于不同类型的攻击,竞争对手的反应模式应该至少是有细微差别的。因此,笔者曾经对"意识-激励-能力"框架进行了一些修正和补充,并将其引入到多点市场竞争的分析中。修正后的框架为"意识-激励-可行性-竞争活动类型"。

笔者认为,在一组企业同时在多个市场上碰面的多点市场竞争中(比如跨国公司同时在多国市场上与同一个对手竞争),其行为(攻击与反击、强硬还是忍让)取决于至少如下四种因素:企业是否清楚地意识到自己与同一个对手在不同市场上的相互关联性和相互依赖性;是否有足够的激励促使和导致跨市场的统一行动;企业内部资源与能力和外部环境特点是否给统一的跨市场行动提供了可行性;不同的竞争类别(比如攻击的类别,无论是价格上的、产品上的、市场开发上的,还是广告促销上的),因为企业对不同类型挑衅的愤怒程度与敏感性不同。

简言之,影响企业跨市场行动可行性的因素,不仅包括企业内部的资源与能力,而且包括外部的环境因素,比如市场进入壁垒和经营限制以及市场的多样性。这里扩充的是有关后者的讨论。在国际竞争中,由于不同国家市场的法规、文化和经济发展程度差异等多样性,跨市场统一行动的难度也会随之加大。显然,不同的国家市场所代表的多样性越多,跨市场的协调就越费时费力,有时甚至不可能。因此,许多竞争手段不具可行性,难以施展。比如,有些国家限制外汇汇出,影响资金周转,有些国家禁止某类广告,因而不能在广告宣传方面在不同的国家市场回应对手在一国的广告进攻。

同理,意识、激励、可行性之外的第四种因素,即具体竞争内容与类型,也会通过影响前三种因素而影响企业的竞争行为与动态。比如,某国政府的价格管制、对新产品开发和投放市场的控制、新市场开发与培育的技术难度、不同的基本建设平台和交易费用等,都会影响跨国市场统一行动的可行性。一个企业在本国市场受到国外企业打击时,它可以在外国企业的母国市场对其进行报复,从而缓解国内压力。然而,如果对手的母国市场进入壁垒高筑,对跨国公司限制极多,那么在本国被打击的公司也基本上无可奈何,只好在本国市场反击和回应对手。比如,柯达与富士在传统成像时期的胶卷市场上的竞争,富士可以在美国低价倾销,而日本的营销渠道则不允许柯达在日本的售价低于富士。

二、竞争与合作并举：竞合学说

从某种意义上说，合作也是另外一种形式的竞争。合作者之间存在着竞争，竞争者之间可能进行合作。因此，一个企业相对于另外一个企业，其关系可以是既竞争又合作：在技术上合作，在市场上竞争；在制造上合作，在销售上竞争；在材料上合作，在产品上竞争；在国内竞争，在国外合作；或者干脆同时在同一项具体领域里竞争与合作并举。这种竞争与合作同时存在的现象通常被称为"竞合"。

（一）博弈论与竞合

博弈论通常视企业为单一决策者、富于理性（或超级理性）的企业，在给定的信息和对手可能的行动空间时，企图达到企业利益的最大化。布兰登伯格和内尔巴夫根据博弈论的基本精神，提出了一个名为"竞合"的分析框架，将竞争与合作并存的事实和应对战略渲染得淋漓尽致。它鼓励企业按自身的需求去主动改变所面临的游戏，而不是碰见什么游戏就玩什么游戏，从而增加自己在博弈中取胜的机会。

它强调互补者和竞争性替代者在游戏中共同的重要角色。互补者是这样一种选手，它的产品在市场上的出现，可以提高你的产品在顾客眼中的价值。比如，软件对硬件的互补。两人认为，常规的竞争动态分析中，经常被遗忘的就是对互补者的考虑。这与传统分析对竞争的过分强调不无关系。把互补者的角色放回到分析图景中，能够帮助企业更好地思考和寻求合作的机会以及双赢的可能。

（二）改变游戏

竞合学说的核心主题是，企业可以通过改变游戏而获取竞争优势。具体而言，一个企业可以改变游戏的构成部分——PARTS，即参赛的企业选手（Players）、每个选手所能增加的价值（Added-value）、各种游戏规则（Rules）、游戏中的策略（Tactics）和游戏的范围（Scope）。比如，当年通用汽车公司曾经大肆收购美国大中城市的有轨电车公司。其目的并不是进行多元化经营，而是使其快速破产倒闭。这样它们可以拆除市中心的铁轨，重新铺平马路，便于汽车行走。于是，原来汽车公司替代品（公共交通）的提供者，摇身一变，成了汽车的互补者（城市中公路的始作俑者）。这便是改变游戏参与者的魔力。

企业在与对手博弈的过程中，也可以通过改变对手的附加价值而赢得优势。比如，企业在与某个核心供应商进行谈判时，可以引入其他潜在的供应商，有偿地诱惑其参与竞争。这样可以降低核心供应商的附加价值，因而削弱其议价能力。企业也可以通过改变游戏中的规则，来促进合作、避免恶性竞争、稳定总体关系。比如最优惠顾客条款,不管给新客户什么样的促销优惠,该条款保证同样适用于长期的忠实客户或者重要大宗客户。这样的供应商让人放心。再如最后回应权条款,不管现有供应商的对手给购买企业多大的折扣或优惠,该企业总会按照合同,要让现有供应商拥有提供同样折扣或优惠条件从而保证现有供销关系的机会。这样的购买商也让人放心。许多策略或者战术可以使企业间的关系趋于合作与稳定,而不是一味地把刀架在对手的脖子上,一次性买卖,冷酷无情。比如,某些保值产品的商铺可以等价回购顾客原先购买的产品,条件是顾客愿意升级消费,在等值折价的基础上,加钱购买价值更高的物品。

最后,竞争者之间也必须明白,任何游戏之外都有更大的游戏。具体竞争游戏的范围是可以改变的,为了获取竞争优势,有时需要把自己的游戏放在大的游戏里,有时需要把自己的游戏从大游戏里择出去。比如,一家在中国经营日本料理的企业,为了标榜正宗,可以挂牌昭示,说它们的食品是正宗日本银座供应、每日空运送货。然而,当反日情绪高涨、群情激愤的时刻,它们可能会很快挂出牌子,说它们的食品是正宗本地产品、百分之百的国货。

第五节 超级竞争与蓝海战略

战略的成功大致可以归结为"不战而胜"和"战而胜"。孙子的"不战而屈人之兵"的思想,在当今的战略管理文献中,主要体现在波特的产业结构分析法以及资源本位企业观这两大主流学派的观点中。前者强调产品市场上的垄断强权和进入壁垒,后者强调资源市场上的偶然运气和战略远见。而一旦拥有了强大的市场定位或独特资源,强势企业便可独占高山、耀武扬威、大行其道,其他选手只好俯首称臣、望峰兴叹、难以挑战。在这种地主庄园式的市场中,秩序井然、基业常青。地主往往世代都是地主,贫农基本辈辈还是贫农。而正如熊彼特的创新理论中所揭示的,长期发展过程中间断性的、突发性的、革命性的震荡,破坏性的创新,所要摧毁的正是这种地主庄园中的黄粱美梦。

基于熊彼特的创新理论,在过去的十几年里,出现了两种比较有代表性的有关竞争的学说:超级竞争学说和蓝海战略学说。超级竞争学说公开为"战而胜"做出了最好的代言。该学说认为地主庄园每天都面临被革命的危险,可谓创新之举天天有、各领风骚两三年;仿佛产业壁垒瞬间坍塌,霸主地位昙花一现。英特尔公司前掌门人格鲁夫"只有惶惶不可终日者才能生存"的名言更是为此学说增砖添瓦、推波助澜。在这种环境下,不战基本不可能,穷追猛打、互相厮杀才应该是家常便饭。也就是说,战,而只有战,才能屈人之兵;不战,连生存都没有可能。蓝海战略学说,应该说更接近"不战而胜"的理想,但其主旨并不在于屈人之兵,而是在于与世无争、独辟蹊径,专注于提高自己的水平,而不是打压对手的威风。这时的竞争,很像体操或游泳(而不是篮球或足球),没有直接的接触和交锋,自己发挥自己的长处就行。

然而,一般来说,熊彼特式创新的机会并不是比比皆是、复现频仍。这也就决定了资源本位企业观、产业结构分析法、超级竞争学说和蓝海战略理论并存的必要性。只凭超级竞争或者蓝海战略提出之新,并不一定说明它们能取代现有经典,并将其扫荡一空。毕竟一直存在着经典理论仍然能够成立和发挥解释力的环境与可能性。比如,在迈克尔·乔丹时代,所有对手能够达到的顶峰最高也就是第二名,除非你拉乔丹下蓝海比赛乒乓球才可能赢。而你乒乓球玩得再好,在某些地方乒乓球运动却可能本身根本就不时兴。这意味着某些"红海"中的企业永远也看不到蓝海的踪影。其实,仔细想想,今天的红海无非就是昨天的蓝海,如果没有红海的存在,也就无所谓什么蓝海,而世界不可能到处都是蓝海。基于这种忠告,我们现在考察这两种学说的实质与贡献。

一、超级竞争学说

(一)超级竞争的特征与理论背景

由达文尼(D'Aveni)教授所提出的超级竞争学说,描述了一种企业间狂争恶斗的竞争场景。在这个场景中,企业竞争在四个不同而又比较相关的领域里递进前行、不断升级:从价格质量领域,到时间和诀窍领域;从争夺势力范围领域,到打造丰厚资源储备领域。超级竞争的一大特点就是竞争优势难以持久。毫不奇怪,这种学说将每一企业看成是一个超级竞争者,无时无刻不在与对手过招较量,企图不断地创造短期竞争优势。颠覆性的举动是家常便饭,谁也难以永远做大。这一学说融入了关于竞争动态(进攻与反击)研究的一系列成果,提出了所谓"新7S"战略武器,来帮助企业打破现状,在竞争中胜出。

> 我不相信"友好竞争"之说,我要把对手扫荡出局!
>
> 米切尔·莱博维茨
> Pep Boys 汽车配件公司 CEO

超级竞争,就其实质而言,可以说是熊彼特型竞争的极端表现形式。也就是说,破坏性创新不仅时间跨度缩短,而且发生频率加快。达文尼还认为,合作战略并不能导致企业走出超级竞争的困境。在超级竞争中取胜的唯一手段就是毫不犹豫、无所畏惧、全面拥抱、拔剑而战。只有适应不断打硬仗的挑战,企业才有可能在超级竞争中获得竞争优势,虽然这种优势往往是非常短暂的。不断获取短期竞争优势,大概应该算是超级竞争中企业战略管理的最高境界了。

(二) 超级竞争中的应对武器:"新7S"

面对超级竞争的企业,必须通过一系列行动来建立短期的竞争优势,通过建立一系列不断继起的短期竞争优势,而实现长久的生存与优势更替。企业的行动必须依据竞争对手的特点和反应来选择及实施。此时的战略目标主要是打破现状,而不是稳定和均衡。有鉴于此,达文尼归纳总结出了应对超级竞争的所谓"新7S"准则,以"新7S"命名,以区别于麦肯锡公司"追求卓越"研究项目中的"7S"要素。"新7S"具体包括:

- 利益相关者卓越的满意度(Superior Stakeholder Satisfaction)
- 战略预言(Strategic Soothsaying)
- 速度制胜(Speed)
- 出其不意(Surprise)
- 改变游戏规则(Shifting Rules of Games)
- 昭示战略意图(Signal Strategic Intent)
- 同时性的以及顺序性的战略出击(Simultaneous and Sequential Thrusts)

前两个"S"主要解决远见的问题,决定在什么方向通过创新打破现有均衡。利益相关者满意度,旨在界定企业最重要的利益相关者(通常为用户)并确定在哪些方面为哪些顾客更好地提供价值。而战略预言则旨在发现新的市场和创造新市场、开发新客户的契机。中间两个"S"主要解决能力问题,决定企业打破现有均衡的实力基础,表现于企业行事的速度以及进行出其不意攻击的能力。最后三个"S",主要解决打破现有均衡的策略问题,决定如何改变游戏规则从而对自己有利,如何通过各种信号昭示自己的战略意图和取胜的决心,如何妥善地在时序上协调企业的攻击行为,是顺序而动、步步为营,还是同时出动、全面袭击。

可以说,"新7S"框架很好地总结了现有竞争分析文献中的要点,可以帮助解释超级竞争中的许多现象,但各个"S"的探讨本身并不一定具有革命性的新意。然而,超级竞争之说毕竟有其近乎振聋发聩之功效,而"新7S"框架应该说也颇具直观吸引力和一定的实用价值。

二、蓝海战略学说

(一) 蓝海战略学说的背景与贡献

W. 钱·金教授和莫博妮教授,根据其自1997年以来发表于《哈佛商业评论》的一系列文章,于2005年出版专著《蓝海战略》。蓝海战略学说,从创新的角度丰富了"不战而胜"的理论传统。也就是说,在传统理论描述的现有地主庄园以外,还有再建新庄园(甚至空间站)的可能。而这里我们需要关注的恰恰是这种可能性。蓝海战略主张开辟尚未有人占领的全新市场空间,远离现有的红海市场,创造新的价值和客户群体。不是与竞争对手争斗,而是强调价值创新。他们的研究表明,无论是新兴企业(比如戴尔之于PC组装与销售),还是现有企业(比如IBM之于360主型机),都可以进行蓝海创新。该学说不仅为我们展示了有益的理论视角和哲学理念,而且为我们提供了一套简单易行、非常有效的分析手段和工具,来发现蓝海,在蓝海中航行。具体而言,价值曲线图以及四种价值杠杆,可以帮助企业更加准确地针对顾客的具体需要进行价值提供。

(二) 蓝海战略的应用:价值曲线图与价值杠杆

蓝海战略的两个主要分析手段——价值曲线图(或曰价值折线图)以及价值杠杆(或曰价值创造举措)体系,是基于这样一种理念:通过更加准确的价值定位,来满足尚未被满足的客户,吸引新的客户。顾客需要的和注重的价值要素,一定要给足;顾客偶尔需要的价值要素,尽量减少;顾客不需要的价值要素,干脆不提供。这种思路实际上是市场细分和产品差异化的一种极致,同时类似于所谓"利基战略"的基本精神:在合适的时间、合适的地点,以合适的方法和价格,向合适的顾客提供他们所需要的价值。这就意味着,并不是任何消费者都是一个企业的顾客。企业只为(或者主要为)它们选定的那部分顾客服务,以区别于同质化经营的、随大流跟风的、大而全和小而全式的企业。

比如,美国的葡萄酒市场上的竞争,通常可以用酒庄在七种价值要素点上的定位来描述:

- 价格水平的高低
- 与顾客的沟通是否使用行业术语
- 是否通过具有行业特色的营销努力使自己的产品更容易被顾客选择
- 酒的陈年期长短
- 酒庄在业界的声誉名望
- 口感的丰富性和品位
- 酒庄出产酒的种类(依据不同葡萄类型与酿造工艺)多少

研究显示,高档酒与低价酒之间的价值特点有巨大的区别。而在两组酒庄之内,不同酒庄的产品之间的价值组合形态却是惊人地相似。比如高档酒,每一家的特色和定位可能都非常独特,然而,在独特这一点上,大家却是非常相似。大家同样地价格走高,营销铺张,每家都同样地极力标榜自己的特色、声誉、传统、品位、口感等。再如低价酒,大家也都低档得非常相似。虽然在各个价值要素上,低价酒都远远低于高档酒的指标,但却是样样都有、样样都差,是高档酒的一种完全的劣质翻版。如果高档酒在 7 种指标上通常都得 9 分的话,低价酒往往平均在 3 分左右。依此推测,中档酒都在 6 分左右。以这种逻辑参与竞争,必然遭遇红海,大家都非常同质化。价值曲线图通过不同类企业在各种价值要素上的表现,可以非常清楚直观地展示其特定的价值组合,参见图 8.3。

图 8.3　价值创造:战略调色板上的价值曲线图

资料来源:Kim, W. C. and Mauborgne, R. 2005. Blue ocean strategy. *California Management Review*, 47(3):105—121.

问题是,一个三流大学并不需要样样都学一流大学,平均达到每样都是一流大学 30% 的水平,而是应该突出重点与特色,有些地方可以完全不学。一个三星级酒店,并不是把五星级酒店的价值指标同比例缩小或降低 40%,而是在某些地方与五星级酒店抗衡,在某些地方什么都不提供,比如干洗业务。一个 40 平方米的公寓,非要建造一个 1 平方米的阳台,基本上是浪费空间。同样,低价葡萄酒,没必要努力按照高档酒的路数和指标去包装自己。针对自己的目标客户,低价酒庄应该思考:客户为什么要买我们的酒?为什么不买我们的酒、我们这一类型的酒、这一档次的酒,或者干脆不买葡萄酒?我们可以在哪些方面有所突破,使原先不买葡萄酒的消费者成为我们的顾客,使其他品牌的消费者成为我们的顾客,使我们已有的顾客消费得更多?

价值杠杆体系可以帮助企业系统地分析如何去创造一个全新的价值曲线。其实很简单,价值杠杆无非是减少、提高、剔除和创造。首先,减少不必要的价值要素:哪些价值要素可以降低到行业平均水准之下？其次,提高顾客真正需要的价值要素:哪些价值要素应该被提高到远远高于现有行业平均水准之上？再次,剔除某些不必要价值要素:哪些本行业认为理所当然的价值要素应该被完全剔除掉？最后,创造新的价值要素:哪些本行业从未提供过的价值要素应该被创造性地提供给目标客户？这四种价值杠杆的综合应用导致具体的价值组合,参见图8.4。

图 8.4　价值创造:四种价值杠杆

资料来源: Kim, W. C. and Mauborgne, R. 2005. Blue ocean strategy. *California Management Review*, 47(3):105—121.

比如上述葡萄酒行业的例子。酿酒业的行规和传统,过于强调品位高尚、文化特色、专业知识以及总体神秘性,使得许多普通美国人敬而远之。然而,来自澳大利亚的品牌 Yellow Tail,却一反行业常规,并不强调传统、历史、特色、工艺、口味复杂等,而是以时尚饮料的姿态来定位其产品,强调简约、面向大众,尤其是年轻人。其产品品种集中(红白各一)、装瓶统一、标签明确、避免行话,容易辨别、挑选和购买,容易饮用,并且具有清新时尚的品牌形象。Yellow Tail 迅速成为社交聚会中的常备之物,大家可以像饮用啤酒和其他饮料一样饮用这种葡萄酒,没有任何由于缺乏品酒知识而产生的困窘,感觉快乐、随意、放松。其独特的价值组合使之很快成为进口葡萄酒中的佼佼者,其价格也提高到了比一般低价酒群体的价格稍高一筹的独特档次。

第六节　竞争优势的种类与特点

在给定的业务上应对竞争并获取竞争优势,是业务战略的核心要务。因此,检验业务战略成败的一个最为关键的指标,便是企业能否构建并保持一系列的竞争优势,为企业在竞争中取胜奠定坚实的基础。什么是竞争优势?如何考察竞争优势?下面我们简要介绍竞争优势的实质内涵与分类特点。

一、竞争优势的分类

广而言之,竞争优势可以是企业与对手在任何一种竞争维度或者层面上的差异或者不对称性。这种差异或者不对称性,无论是真实客观存在的还是凭空主观臆想的,如果可以使企业能够比对手更好地提供价值,便可被认为是企业的竞争优势。这种竞争的维度和层面,可以是企业的人财物资产(比如财大气粗),也可以是技术实力(比如工艺先进);可以是有形的资产与能力(比如应收款回收迅速),也可以是无形的知识与诀窍(比如创造力强);可以是某种具体的实体项目(比如商铺地点优越),也可以是某种关系属性(比如属于某个战略联盟)。我们可以根据竞争优势的时序状态、实质内涵以及构成特点来对竞争优势进行基本分类,以利于更加详细的考察与探讨。

二、竞争优势的时序特征

(一) 先动优势与后发优势

按照时间顺序考察,竞争优势可以分为先动优势与后发优势。显然,二者发生作用的时间是有所不同的,至少在同一个市场或者产业中如此。某些企业,由于远见、运气或者二者组合,可以首先进入某种市场,享有各种先动优势。随着进入者的增多、竞争程度的逐步激烈,先动优势可能逐渐丧失。而后来进入的企业,通过快速学习和模仿等多种因素,也可以享有所谓的后发优势。

先动优势,根据定义,主要包括多种与早先进入市场相关的优惠待遇。

(1) 先动者可以在暂时没有竞争的情况下,抓紧建立品牌知名度,深入人心,比如亚马逊商城;或者甚至使自己的品牌成为该产品的代名词,比如施乐复印机。

(2) 先动者可以以优惠的条件获取资源与投入,买断长期供应。

(3) 先动者可以尽早地形成规模,尽快地累积产量,从而尽享范围经济并迅速"蛙跳"经验曲线,实现低成本高效率的运作。

（4）先动者可以通过技术专利与知识产权保护等手段,保护自己的技术领先。

（5）先动者可以通过影响和拥有产业标准与规范来建立排他性的地位,甚至垄断,比如微软。

（6）先动者可以千方百计增强用户的转换成本,使之最大限度地被锁定在先动者的阵营。

（7）综合而言,先动者还可能享有一步领先、步步领先的多阶段优势,以早期优势诱发、培育和滋润后期优势。

后发优势,主要包括各种与借力、模仿、替代和二次创新有关的竞争优势。

（1）后动者可以享受搭便车的待遇。先动者往往需要花重金研发产品、开辟市场、教育客户、指导供应商、劝说配套产品提供者等。这些工作为行业发展奠定了基础设施,并获取了大家的认可以及社会合法性。而后动者可坐享其成。

（2）具体而言,后动者可以较低的成本模仿先动者的技术创新,从而增加自己的实力。

（3）技术的突飞猛进,也使得后动者可以采用最先进的技术,避开前几代的技术与产品,直接迅速地进入市场,占据强势地位。

（4）后动者可以享有比较充分的配套与互补产品与技术的供应,因而可以学习众家之长,重新组合,二次创新,更好地设计自己的产品,提供卓越的产品综合价值。

（5）由于消费者口味与潮流的变化,后动者也会有更加接近消费者需求的契机。

显然,在企业的创新缺乏法律保护、互补资源匮乏、基础设施薄弱、产业标准难以建立的市场与行业,先动优势通常比较小,而且难以持久。在技术更新换代机会较多、市场不确定性较强、不同地区市场需求不均衡并且需求多样化较强的行业里,后动者往往比较可能创造和利用后发优势。

（二）短期优势与长期优势

从某种具体竞争优势的生命周期来看,它可以是短期的,也可以是持久的。短期优势指的是时间跨度短、过渡性的、不可持久的竞争优势。可持续的优势指的是时间跨度长、不可能被对手轻易模仿和超过的优势。比如,当年美国航空公司首先推出的 SABRE 计算机航空订票系统。推出之初,它为该公司在航班席位利用等方面带来很大的优势。但是,这种系统很快就会被别人模仿,因此,它带来的优势是短期的。相反,可持续优势则能够经得住时间和各种模仿与替代企图的考验。比如,可口可乐持续达一个世纪的品牌优势常为大家称羡。

比较理想的状况是,可持续优势意味着比较稳定可靠的领先,很少受到挑战,比如 De Beers 长达一个世纪的对世界钻石市场的垄断和操纵。而实际的情况是,许多力量都会摧毁企业的竞争优势。因此,保持长期可持续竞争优势,就是与那些导致其衰退消亡的因素进行战斗。当然,不管怎样努力,很少的优势能够持久,大多的优势转瞬即逝。如果所有的优势最后终将衰亡,那么,与其孤注一掷地把宝押在某一个具体的竞争优势上,不如大力开发多种潜在优势或者系列短期优势,以备长期之需(当然不能满地撒种、分散实力)。比如,英特尔在 CPU 芯片市场上 30 年左右的绝对领先地位,便是一系列的短期优势前后继起的积累结果,由不断的产品更新换代来保持,从 X86、奔腾到酷睿系列。

三、竞争优势的实质内涵

企业的竞争优势通常不外乎如下三种基本类型或其不同组合:以占有为基础、以获取为基础、以能力为基础。简而言之,欲在商业竞争中享有优势,企业必须仔细、认真、系统地考量它拥有什么、能够获取什么、知道什么以及能干什么。

(一)以占有为基础的竞争优势

以占有为基础的竞争优势是指这样一种情形:企业所拥有的位置和资源能使该企业在与对手竞争中抢占上风。也就是说,由于拥有某一特质、形象或地位,一个企业能够享受相对于对手的竞争优势。以占有为基础的竞争优势大多居于企业内部,包括市场上的强势定位,比如微软操作系统在 PC 业中的霸主地位;独特的资源禀赋,比如卡特彼勒的全球供应和服务支持系统;卓越的经营管理人才和团队,比如,当年 GE 的杰克·韦尔奇和他培养的管理梯队;优秀的组织文化,比如 3M 公司鼓励创新的企业文化;令人敬仰的品牌和企业声誉,比如宝洁和吉列等公司在个人卫生保健用品方面的知名度、可信度及美誉度。

(二)以获取为基础的竞争优势

以获取为基础的竞争优势是指这样一种情形:一个企业对资源要素市场或产品市场在优先和优惠条件下的接触与获取,使它能够比对手更好地提供顾客价值。这种获取取决于一个企业是否能够有效地借用其他营利或非营利机构的知识、资源、经验、长处、市场覆盖面,以及任何有关的权力和权威。也就是说,以获取为基础的竞争优势存在于企业和经营环境中其他有关方面的关系。举例而言,以获取为基础的竞争优势包括一个企业与供应商,合作者,分销商,各类政府牌照、许可证、配额等的发放机关,新产品批准和监督机构的关系。

(三) 以知识和能力为基础的竞争优势

以知识和能力为基础的竞争优势是指这样一种情形:企业的知识、技巧和能力使得它能够比对手更有效果或者有效率地运行和操作,从而为顾客创造优异的价值,享有竞争优势。与外向型的、以获取为基础的优势不同,以能力为基础的竞争优势主要处于企业内部。与以占有为基础的优势不同,以能力为基础的优势取决于企业实际运作的能力,制造、营销、服务的能力等,而前者则在于企业的地位和所拥有的资源。以能力为基础的竞争优势包括高超的研发能力、技术诀窍、对顾客的详尽了解、识别市场机会的本领、组织学习与创新的能力等。

(四) 位置优势与动态优势

进一步而言,我们可以按照竞争优势的实质内涵,将其更加简单地分为位置优势和动态优势两种。位置优势来自企业自身的特点与资源禀赋,以及企业的市场定位,即相对于环境中其他企业与机构的地位及谈判能力。它们主要是以占有为基础的和以获取为基础的,通常是静态的。比如,便利连锁店 7-Eleven 的卓越地理位置使它在城市市场中受到以方便为首要选择标准的人们的青睐。再如,宝洁公司产品在货架上的显著和大规模摆放,使之易于被消费者发现、识别和拿取。

动态优势能够使企业比对手更有效果或者有效率地进行经营、操作和运行。它们往往是以知识和能力为基础的,是行动中的竞争优势。比如,丰田的柔性制造系统使它能够对不同客户的特殊需求迅速做出反应。在信用卡行业,MBNA America 具有独特的知识和能力来鉴别那些能为银行带来较高收益,并有很高偿付能力的客户群体。动态优势通常表现为如下的知识和能力体系:(1)开创市场的能力——识别新市场,创造新市场,发现和了解有价值客户的能力;(2)技术操作能力——基本研究与开发能力及生产制造能力;(3)组织运行能力——激励员工精神、增进组织学习、促进组织变革的能力;(4)动态管理能力——获取、组合、配置企业资源与能力,以及重新组织、重新配置资源与能力,从而应对和利用市场良机的一种更高层次的协调、整合与调配能力。动态优势通常体现于企业的效率、速度、灵活性、创造性以及质量。

位置优势和动态优势经常互为影响、互为促动。一方面,动态优势可以由位置优势产生。比如,联邦快递所拥有的复杂广泛的地上和空中交通系统(位置优势),使其快速隔夜传递文件和小包裹的能力(动态优势)成为可能。另一方面,动态优势也可以导致和增强位置优势。比如,佳能的研发和制造能力(动态优势)帮助其获得产品优势,从而导致其在很多与图形处理有关的产品类别中具有强势市场地位和高品牌认知度(位置优势)。

四、竞争优势的构成特点

按照竞争优势的构成特点,我们可以从结构、形态以及依托来分别考察竞争优势的分类。

(一)单体优势与复合优势

竞争优势可以表现为独立存在的单体优势,也可以表现为多种单体优势构成的一种整体复合优势。复合优势可以被认为是比单体优势更高一个层次的某类综合竞争优势。单体优势多是位置优势,以占有权或以获取权为基础。这种优势本身通常直接为企业经营绩效做贡献。典型的单体优势包括优良的地理位置、独特的实物资产、专利等知识产权、独家合约、特许经营证或现金储备。

可口可乐在饮料业多年的卓越经营绩效主要来自它的品牌知名度,很可能是世界上最知名的品牌。这种品牌优势,粗看起来,似乎像一个具体的资产、一个单体优势。其实,品牌优势是一种更高层次的复合优势。也就是说,它包括了可口可乐公司在多种竞争层面的优势,从它的机密配方和特殊口味、几乎无处不在的分销渠道,到经过一个世纪的广告促销造成的经久不衰的顾客好感等。

当然,典型的复合优势也可以是动态优势,比如佳能的优秀管理能力使它能够成功地驾驭多种技术体系并形成以图形处理为核心竞争力的动态优势。加之它的制造和营销实力,佳能可以高质量、高效率、迅速地在照相机、复印机、打字机等多种产品市场上纵横驰骋。显而易见,波特所总结的成本优势以及差异化优势,便是高层次的复合优势。

(二)有形优势与无形优势

有形的竞争优势指的是这样一种优势,它表现在某种具体的、可观察到的形式上,可以被企业自身以及对手清楚地认识。沃尔玛在美国的地点优势是一个理想的例子。微软的 PC 标准同样如此。有形优势通常来自一个企业在某个领域采取的不可逆转的大规模资源投入与承诺。有形优势,根据定义,显而易见,既给企业的顾客以及合作者带来熟悉、稳定和可信赖的感觉,也给其对手带来某种威慑力量。

无形的竞争优势指的是这样一种优势,它不表现在某种具体的、可观察到的形式上,或者隐匿于某些现象之后,不易发现、识别和把握。无形优势可以来自企业的商业机密、商标品牌、企业声誉、技术诀窍、企业文化,甚至某种程度的"组织裕度"——基于组织平时给予的优厚待遇,员工在某种极端情况下愿意为组织做出一定的牺牲和提供超额奉献的这种对组织的好感和忠诚的储备。应该说,无形优势往往比有形优势更难以复制。

(三) 自有优势与虚拟优势

企业的竞争优势之依托可以是自身,也可以是企业以外的实体。因此,根据企业竞争优势的依托属性,我们可以将竞争优势分类为自有优势与虚拟优势。自有优势又包括以个体为依托的优势以及以集体为依托的优势。以个体为依托的竞争优势指的是从个人或者其他可流动的资产派生出来的竞争优势。比如,一个广告公司、经纪人公司甚至某些咨询公司,它的核心竞争优势可能就是企业内几个关键人物与各方面的个人关系网络、知识与经验以及客户资源。如果企业所依托的个体(人或资产)流动性非常强,那么这种以个体为依托的竞争优势,虽然名义上属于企业,但很难长久持续。

以集体为依托的竞争优势指的是从那些存在于企业集体间的、共享的资源和能力所派生出来的竞争优势。这种资源与能力,通常具有企业特定性并无法轻易地与企业分开,甚至根本就是不可流动的。优秀的企业文化可以说是以集体为依托的竞争优势的经典实例。对于以集体为依托的竞争优势来说,企业集体大于任何个人。通常是企业作为一个实体,而不是个人或某个资产所有者,获利最大。无形优势,尤其是那些以知识、专长和诀窍等为基础的无形优势常常是以集体为依托的竞争优势。

企业的竞争优势也可以是以虚拟为依托的。虚拟优势存在于企业的边界之外,存在于某种关系中、某个网络内或者某个其他实体里面。以获取权为基础的竞争优势,通常属于虚拟优势。IBM 公司曾经在 PC 业务上竞争优势的源泉,主要来自与其合作伙伴微软与英特尔的初始关系,此乃虚拟优势的典型例子。以此观之,除非一个企业能够对虚拟的竞争优势有某种程度的控制,否则该企业很难从这种虚拟优势中获得最大的利益或者长期保持这种竞争优势。

本章知识要点

业务战略的实质在于选择应对竞争的基本态势与模式以及获取竞争优势的主要方法与手段。业务战略研究的重点，主要是通过系统分类的方法来考察一些常见的、具有代表意义的基本竞争战略类型，详细考察企业之间的竞争动态，发现和捕捉竞争优势的来龙去脉。

基本竞争态势：迈尔斯与斯诺的战略分类法

企业的基本竞争战略，可以通过一个企业在经营活动中如何应对三种"调整变化周期"的基本问题来考察界定。这三种调整变化周期即三种基本经营领域，分别是外部定位、运营操作与组织管理。

依据企业对这三种领域的应对态势与方法，企业的竞争战略可以被划分为四种基本类型：

守成者：独辟蹊径、耕作精细、全神贯注、讲求效率，是专业化经营的典型。
前瞻者：预见未来、引领潮流、跑马圈地、抢占先机，是市场导向型的典型。
分析者：攻守兼备、双轨并举、关注潮流、并重效率，是快速跟进者的典型。
被动者：内部困窘、外部凄迷、不识时务、深陷僵局，是被动挣扎者的典型。

基本竞争战略：波特的战略类型

三种基本战略：差异化、成本领先以及专注。前两种战略分别对应两种具体的竞争优势——产品差异化优势和成本优势，而第三种则主要指的是竞争范围的选择，在有限的范围内采取专业化的经营，从而实现专精的优势。

同时执行成本领先和差异化战略，如果能成功则可"赢者通吃"，如果失败，则是"堵在中间"，高不成，低不就。

成本领先战略：

企业内部运作过程中影响其成本的主要有规模经济、范围经济、经验曲线效应、产品设计特点、生产工艺特点、生产能力利用率、组织裕度的大小等因素。

如何在一个具体的价值链中定位并与上下游企业合理地连接，这也在很大程度上决定了企业的总体成本水平。比如，原材料投入的价格以及产品与服务的销售费用。而决定这些价格与费用的因素包括企业对上下游企业与实体的议价能力、企业的生产地点与运输手段及费用等。

差异化战略：

所谓的差异化，表现的是企业所提供的价值的独特性，其存在的主要证据在于消费者愿意并实际对该种产品与服务支付的价格远远高于产品实际功能本身所需要的价格，或曰"产品溢价""价格溢出"。

有形差异化通常表现在产品的实用功能和附加功能上。无形差异化通常暗藏于某些产品对顾客心理需求与社会需求方面的关照。无形差异化一般是建立在一定的有形差异化基础之上的，而不是完全凭空捏造就能够鼓吹出来的。

竞争动态分析：

企业间的竞争动态由一系列的"行动-回应"或者"攻击-报复"单元构成。

竞争动态分析框架："意识-激励-能力"。

意识：竞争对手对攻击者的存在、行动以及行动的影响与后果的关注和在意程度。

激励：促使竞争对手做出反应的理由与动机，是诱发报复和反击行为的导火索及催化剂。

能力：竞争对手是否有实力回应与报复，是否有足够的资源和能力与对手展开厮杀，甚至进入持久战、阵地战。

竞合博弈：

企业与竞争对手间的关系，通常是竞争与合作同时存在。在分析竞争和替代的同时，也要注重合作与互补的关系。企业应该学会通过改变游戏的构成部分（选手、附加价值、规则、策略和范围）来改变游戏，从而在竞合博弈中获益。

超级竞争学说：

企业竞争在四个不同而又比较相关的领域里递进前行、不断升级：从价格质量领域，到时间和诀窍领域；从争夺势力范围领域，到打造丰厚资源储备领域。超级竞争的一大特点就是竞争优势难以持久。这种学说将每一企业看成是一个超级竞争者，无时无刻不在与对手过招较量，企图不断地创造短期竞争优势。

蓝海战略：

蓝海战略的实质在于通过精准价值定位实现价值创新：积极发现并专注于满足那些还没有被满足的市场需求。这种思路实际上是市场细分和产品差异化的一种极致：在合适的时间、合适的地点，以合适的方法和价格，向合适的顾客提供他们所需要的价值。蓝海战略的考察可以借助于两个主要分析手段——价值曲线图以及价值杠杆体系。

竞争优势：

竞争优势是业务战略追求的目标。竞争优势指的是一个企业与竞争对手间的某种差异性或不对称性。这种差异性或不对称性，不管是存在于企业的资源、能力、属性特点和关系网络，还是体现于任何其他竞争维度，都能够使企业比竞争对手更好地为顾客提供价值。

竞争优势的种类与特点：

竞争优势的时序特征：先动优势与后发优势；短期优势与长期优势。

竞争优势的实质内涵：以占有为基础；以获取为基础；以知识和能力为基础。

竞争优势的构成特点：单体优势与复合优势；有形优势与无形优势；自有优势与虚拟优势。

本章思考题

1. 迈尔斯与斯诺战略的四种类型是否可以在一个产业内同时存在？每一种战略的成效主要取决于哪些因素？

2. 成本领先战略是否适应所有的竞争环境？差异化战略是否适应所有的竞争环境？如何判定它们各自相应的适用范围？

3. 一个企业的同一种业务是否真正能够同时实施成本领先战略和差异化战略？决定"堵在中间"和"赢者通吃"的关键要素是什么？

4. 决定企业间竞争动态（行动-回应）的主要因素有哪些？它们之间有什么关系？

5. 竞争对手之间真的能够合作吗？竞合思维的主要启示是什么？

6. 超级竞争真的无处不在吗？一个企业是否能够逃离超级竞争？是否能够将超级竞争转换为常态竞争，放缓速度，减低强度？

7. 蓝海战略同波特分类法和迈尔斯与斯诺分类法有哪些异同？蓝海战略成功应用的前提是什么？

8. 竞争优势的实质内涵、构成特点以及时序特征之间有哪些可能的关系模式？

第九章
商业模式：系统思维与价值创新

> 商业模式通过逻辑阐述和数据支持来揭示企业如何为顾客创造并交付价值。商业模式界定与价值交付相关的收入、成本和利润的总体架构。与其说商业模式是一个财务模式，不如说它是一个概念模式。
>
> 大卫·梯斯

第一节 战略管理回溯：从企业政策到商业模式

当代战略管理学作为一个重要的管理学研究领域，可谓风华正茂、成就斐然。一个世纪的发展历程中，学说繁盛、流派纷呈、论著颇丰，其中不乏经典力作。在很大程度上，这些文献和研究结果对战略管理的实践形成了广泛的影响并产生了许多积极的作用。如任何社会科学一样，管理学的研究和理论发展必然反映管理实践的变迁以及现实管理问题的核心焦点。不同历史时期和发展阶段的管理学说及理论框架，也注定自有其鲜明的时代烙印和语境特点。从最初的企业政策，到战略规划，再到战略管理，及至如今的所谓商业模式，与战略和战略管理相关的核心概念也在不断转换，但其实质可以说一脉相承，都在于通过某种价值定位来创造价值并收获价值。在此，我们首先回顾战略管理领域过去一个世纪的发展简史，以帮助我们更好地理解和把握最近风行的商业模式思潮，洞察其实质特点与历史传承。战略管理学领域发展简史参见表9.1。

表 9.1　战略管理学领域发展简史

20 世纪初	哈佛商学院企业政策教研组的工作
1962 年	钱德勒《战略与结构》
1965 年	安索夫《公司战略》
1965 年	哈佛商学院《企业政策》(SWOT)
20 世纪 70 年代	战略规划运动;战略过程研究
20 世纪 80 年代	波特《竞争战略》;资源本位企业观;高管团队研究
20 世纪 90 年代	普拉哈拉德与哈默尔《核心竞争力》
1997 年	梯斯《动态能力》
21 世纪初	商业模式创新

资料来源:本书作者整理。

一、战略管理领域的奠基阶段

关于战略(Strategy)的一般研究,至少可以追溯到古希腊时代对军事指挥艺术(Strategos)的考察。这种研究在后来受到克劳塞维茨《战争论》以及《孙子兵法》等著名军事战略论著的广泛影响;并且,战略一词本身从一开始就被赋予了极其浓厚的军事色彩。随着世界经济的不断发展和进步,日益激烈的商业竞争促成了人们对经营战略的兴趣和重视,于是,着眼于企业管理的当代战略管理学也应运而生。战略管理学科的起源,应该追溯到 20 世纪初源于哈佛商学院的企业政策(Business Policy)教学与研究。勒恩德等(Learned, Christensen, Andrews, and Guth, 1965)及其同事安德鲁斯(Andrews, 1971)等对企业政策方面的贡献集中地体现在他们所创立的 SWOT 分析框架的精髓中,强调企业经营战略是在企业外部环境因素(决定企业可能干什么)和企业内部资源与运作(决定企业能够做什么)之间寻求契合,并不可避免地需要同时兼顾管理决策者的个人偏好(决定企业想干什么)以及企业的社会责任与预期(决定企业应该干什么)。

与企业政策和一般管理遥相呼应,并同时成为当代战略管理学理论基石的还有企业史学大家小钱德勒的《战略和结构》(1962)和安索夫以系统论为基础背景而构建的《公司战略》(1965)蓝图。钱氏在其巨著中对战略的概念给出了相关文献中最早的并且非常全面和系统的定义,至今仍然流传沿用。他用战略一词表述企业关于长期目标的制定、资源配置的选择和行动序列的设计,并以企业史上多种案例举证组织结构必须与企业战略相匹配这一重要命题。安索夫的论著则凸显多元化经营战略中的协同作用以及企业成长战略的设计与思考,通篇洋溢着理性思维的光辉以及类乎工程师一般的对可操作性的强烈欣赏和关注。

至此,1965年左右,当代战略管理学的奠基之工可谓尘埃落定。以战略为基本概念、以企业政策为暂用名称的一个新兴学科宣告诞生,形成初步的理论框架和研究议程。

二、战略管理领域的早期发展和应用

在20世纪70年代,主流派的战略管理研究出现了较大的突破。儒梅尔特于1974年出版了《战略、结构和经济绩效》一书,在哈佛前辈学长工作的基础上提出了一套后来具有广泛影响的"公司层"战略的分类法,提请大家注意相关性多元化经营的竞争优势(由于一个企业的不同业务间共享研发、品牌、渠道等资源所导致的范围经济或协同效应),以及选择与企业战略相应的组织结构对企业经营绩效的重要性。此著作照应、接续小钱德勒的开山之作《战略与结构》(1962)中的主题,并开战略管理研究中大规模数据应用和统计分析之先河。自此,战略管理领域的研究日益推崇现代科学方法论和实证研究(Positivism)的范式,开始逐渐形成重视正规和严谨的理论发展的风气。

对于应用研究而言,20世纪70年代的另外一个风流占尽但终究昙花一现的时尚潮流是所谓的战略规划。美国通用电气和欧洲的壳牌石油公司等大企业是战略计划运动的积极倡导者与实践者,同时也资助了关于战略计划的大量研究。著名的波士顿矩阵和麦肯锡业务屏等帮助多元化企业进行业务组合管理的战略计划手段正是在这样的一个大背景下提出的。虽然关于战略计划的论著在后来仍不断出现而且战略计划的传统和组织机构在很多大企业至今仍然存在,但战略计划的说法逐渐被战略管理所代替,战略本身的形成和实践意义早已摆脱了计划体系和机构的束缚。在很多大企业里,战略计划部门所做的工作不过是该部门职员每年自娱自乐的季节性游戏而已。

三、战略管理领域的正式形成

在20世纪70年代后期,战略管理作为一个独立学科与研究领域的地位逐渐在商学院、学术界及企业界得到承认和重视。首先,主流派的研究取得了实质性的进展,受到管理学者和临近学科的广泛关注。其次,战略管理的博士项目日益增多,开始培养和开发学科快速发展所必需的人才储备。最后,战略管理学者的自我认知逐渐增强,开始自觉地用战略管理的名称来表述自己的领域。迈尔斯和斯诺(Miles and Snow)在《组织战略、结构和过程》(1978)中首次提出一种基本竞争战略的分类体系。该书强调战略、结构和过程的有机组合与

理想状态,并承认殊途同归的可能性:基本战略体系中的任何一个稳定战略都可能导致优秀绩效。迈尔斯和斯诺的开创性工作,第一次在战略管理自己的领域内,以管理学本身的素养为依据,独立地提出了一套完整的理论体系,并且可以通过实证研究来进行证伪。这一创建在很大程度上为战略管理学作为一个独立学科的存在奠定了及时有效的合法性基础。

同时,关于战略过程的研究也在有声有色地进行着。基于其博士论文(于20世纪60年代末完成,于70年代逐渐发表)关于对管理者的角色和管理的实际过程的研究,明茨伯格(1978)正式阐述了"自生战略"的现象,并指出战略不仅可以被"制定出来"(Formulated),也可以自动自发地"形成"(Formed)。战略决策可以是理性设计、上行下达的,也可以是随机滋生、上下互动的。这样,明茨伯格对战略概念和现象本身做出了超乎寻常的定义及诠释,令人耳目一新。奎因(1980)在同一时期关于逻辑渐进主义的系列研究与明茨伯格的理论遥相呼应,强调战略决策过程的复杂性、不确定性、系统性和开放性。如此,战略选择的过程必须考虑到人的心理因素、行为因素和政治因素等。

从两位学者对"自生"和"渐进"的青睐有加,我们可以看出,这种对战略过程特点的关注继承了管理决策理论先驱西蒙(Simon)的理论衣钵。西蒙关于决策者有限理性(Bounded Rationality)的忠告在明茨伯格和奎恩的理论中得到了很好的回应。不仅如此,二者对政治因素的敏感性大大地突破了西蒙对于有限理性这一技术性原因的关注,更加丰富了对战略过程的把握。在20世纪80年代,同样沿袭了西蒙等学者对管理决策的重视,汉布里克和梅森(Hambrick and Mason,1984)提倡对CEO与高层管理团队(Top Management Team 或 Upper Echelon)的构成、特点和动态进行研究,将战略背后的人——战略决策者——再一次突出地置于战略管理的总体图景中。至此,战略管理学自身的理论建设可以说是粗具规模。

四、波特革命:产业组织经济学的强势洗礼

20世纪80年代,波特的《竞争战略》(1980)和《竞争优势》(1985)风靡一时,尽显产业结构分析法之魅力。五因素模式、三种基本战略、价值链等为战略研究者、实践者和咨询者等奉为至宝,津津乐道,广为流传,至今盛誉不衰。可以说,战略管理学领域经历了一次产业组织经济学的全面侵袭和洗礼。经历了无数实证研究的检验以及其他理论的批评和补充,在波特革命骤然兴起的30年后,我们可以比较客观地审视和评价波特的贡献,以及产业经济学的理论和方法在应用于战略管理学研究时所表现出的某些缺陷和不足。关于波特的贡献,第五章有详细评介,兹不赘述。

五、资源本位企业观：持久竞争优势的探寻

1984年，沃纳菲尔特（Wernerfelt）在《战略管理杂志》上发表了一篇研究通讯，题目是"资源本位企业观"。随后，它的发展和影响如奇迹一般，渗透到战略管理几乎所有的分支，甚至波及国际管理、创业学、市场营销乃至管理信息系统等诸多领域。与沃纳菲尔特同时独立进行以资源为基础的战略研究的学者主要包括儒梅尔特（1984，1987）、巴尼（1996，1991）和狄瑞克与库尔（Dierickx and Cool, 1987）等。沃纳菲尔特提出的资源分析可以说与产业分析分庭抗礼，但又兼有与之结合之意。他首次提出了与产业经济学中进入壁垒相似的"资源位置壁垒"等概念，并以企业的资源组合为基点，分析企业多元化经营的方向与模式，为后人展示了理论大家的游刃有余和无穷尽的想象空间。巴尼的总结性工作为资源本位企业观提供了代表性的总结和呈示，系统阐释了资源和能力的特点与企业持久竞争优势的关系。资源本位企业观在通俗文献中的代表性论述，当属普拉哈拉德与哈默尔（Prahalad and Hamel, 1990）有关核心竞争力的研究与解读。

六、动态能力：理论整合的尝试与SWOT分析的精神回归

然而，柯达与诺基亚等近期的失败案例提醒我们，一个企业原来的核心竞争力也可以沦落为使企业故步自封的所谓"核心包袱"或者"核心僵硬性"。因此，大家将注意力转向梯斯（Teece）等人在20世纪90年代所倡导的所谓"动态能力"，亦即适时更新和重组核心竞争力的能力。波特革命，使得SWOT分析中的环境分析（OT）全面系统、细致严谨。资源本位企业观，使得我们能够对企业的资源与能力（SW）进行更加生动准确的描述。动态能力的说法，则代表着双方的融合以及向SWOT分析初衷与主旨的精神回归：战略的实质在于造就和保持企业内部运作与外部环境要求的动态契合。没有良好的市场定位，独特的资源可能得不到完全施展。资源组合配置不当，也会影响企业对市场机会的把握。企业的资源位置应与其市场位置互为支持和补充，从而相得益彰。

七、商业模式：战略管理在新时期的创新应用

值得一提的是，上述动态能力理论的提出者梯斯，也是少有的在学术文献中专注于研究商业模式的学者。梯斯一针见血地指出，商业模式，就是盈利模式，主要在于清楚地设计企业的价值主张并保证自己从中获利。与考察资源和能力时主要关心的问题一样，梯斯对商业模式最关注的仍是所创价值的"可收

益性"（Appropriability）。沃顿商学院的阿密特（Amit）、欧洲管理学院以研究蓝海战略著称的钱·金与莫博妮，以及哈佛商学院以研究"颠覆性创新"著称的克里斯滕森（Christensen）等学者，也是战略管理及创新管理领域商业模式研究的重要贡献者。如今，商业模式这一主要来源于创业实践领域的概念，正在席卷全球企业界，不仅直接影响和激励创业企业，而且时刻威胁和警示现有企业：你的商业模式在互联网时代还继续靠谱吗？

第二节　商业模式要素：价值主张与盈利机制

正如上述战略管理学发展简史所展示的，每个时代都有自己独特的语境和流行的词汇。商业模式、互联网思维、大数据、云计算、生态系统等，是当下人们关注的重点。战略一词，略显老旧虚空，很少被大家提及，取而代之的是商业模式或者盈利模式等更加时髦的说法。到底什么是商业模式？商业模式与战略是什么关系？

一、商业模式的要素和定义

（一）定义解析：什么是商业模式？

商业模式的说法，原本主要见诸创业学的文献中。20世纪90年代中期，随着互联网的兴起，商业模式的概念开始逐渐出现在流行商业文献的语汇中，并且逐年升温。如今，无论是新创企业还是业内老牌劲旅，在互联网时代，大家都在不断地审视自己的商业模式。然而，大家对商业模式的实质内涵和定义解析却是各取所需，莫衷一是。而且，这个源自美国的英文概念，翻译成中文更是多了一层歧见。Business 一词，可以代表商业活动、一家企业、一项事业，或者一个业务。更加准确地说，Business Model 是业务模式。

而对于一个业务的定义本身，就已经或多或少地隐含地界定了与其相关的业务模式的主要维度：谁是我们的顾客，他们到底需要什么，我们如何满足他们的需求。传统文献中对于业务的这一定义（Abell, 1980，甚或德鲁克在更早时期的类似定义），我们在第七章已经有所涉及。如今有关商业模式的各种定义，基本上也是沿袭这一业务定义的思路，在不同的程度上涵盖或强调上述三个基本要素。参见表9.2列出的比较有代表性的商业模式定义。

（二）商业模式的构成和驱动

根据上述不同定义的梳理，我们可以发现商业模式最为核心的三个构成部分：价值主张与创造（Value Creation）、价值提供与交付（Value Delivery），以及价值捕捉与收获（Value Capturing）。说得更加简约直白一点，商业模式就是要搞

表 9.2　商业模式的定义

商业模式是产品、服务和信息流动的架构,包括对不同参与者的角色描述、对不同参与者潜在收益的描述,以及对收入来源的描述。

Timmers,1998

商业模式界定了一个企业与其交换伙伴(比如顾客、供应商、互补品提供者)之间交易的架构、内容与规制,从而使之得以利用机会去创造价值。商业模式是一个超越企业自身边界的、与其他伙伴相互依赖的活动体系。

Amit and Zott,2001,2010

商业模式就是讲故事,讲述企业如何运作的一系列故事。一个好的商业模式回答德鲁克的经典问题:谁是顾客?顾客认为什么是有价值的?它也要回答每一个管理者必然要问的一个问题:我们如何在这个业务上挣钱?我们如何通过适当的成本为顾客交付价值?背后的经济逻辑是什么?商业模式失败,无外乎两方面:一是故事本身不能自圆其说,二是盈亏数字不能平衡自持。

Magreta, 2002

商业模式是连接技术潜能与经济价值实现的直观逻辑。

Chesbrough, 2007

商业模式包括四个相互关联的要素,它们共同为顾客创造和交付价值。这些要素是:价值主张、盈利公式、关键资源、关键过程。

Johnson, Christensen, & Kagermann, 2008

商业模式是一个企业有关其价值创造过程的总体架构设计,包括价值创造、交付和收获机制。其实质正是确定企业价值创造的逻辑和方式:如何向用户交付价值,吸引客户为价值付账,并将这些支付转换为利润。如此,商业模式反映了企业经营者的一系列假设:顾客需要什么?他们怎样需要?企业如何组织自己的活动去最好地满足这些需要、收取费用并获得盈利?

Teece,2010

资料来源:作者根据 Teece, D. J. 2010. Business models, business strategy and innovation. *Long Range Planning*, 43: 172—194; Zott, C., Amit, R. and Massa, L. 2011. The business model: Recent developments and future research, *Journal of Management*, 37: 1019—1042 等文献翻译整理。

清楚如何通过为顾客创造价值从而为自己收获价值。比较而言,梯斯的定义在概念层面最为全面具体。

首先,一个企业要选择为谁创造价值,创造什么样的价值。如此,企业需要准确清晰地定位其目标客户群体,了解顾客需要完成的任务或者强烈的需求,并提供相应的解决方案。用流行的话说,就是要找到顾客的"痛点"。新东方最初的商业模式,就是建立在大量的学生对出国英文考试成绩提升的需求,而不是英文水平本身的提高上。其次,企业要通过一系列的资源配置、活动安排来创造和交付价值。新东方有别于常规学校的教学方法和轻松愉悦的课堂气氛,夹杂着励志鼓动的宣讲和集体学习的相互激发作用,使得大多数学生觉得上课很值。最后,企业必须有清晰并且可以持续的盈利公式,来保证企业在整个价值创造过程中收获到属于自己的经济价值。从成本结构到收入模式,从收入流量到盈利空间,这些都是企业价值收获的关键考量。俞敏洪当年用麻袋装现金的经历,形象地说明新东方的商业模式找到了用户的痛点,比较成功地为用户创造并交付了他们所需要的价值,并且自己也从中收获了很高的价值。

需要指出的是,价值创造、价值交付和价值收获,三个部分在逻辑关系上貌似是顺序递进、按部就班的,而实际上它们应该是环环相扣、密不可分的有机整体。在商业模式的实践应用中,三个部分往往齐头并进、同时发生。任何一个部分受阻,都会影响整个商业模式的顺畅运行。

在操作层面,克里斯滕森与其合作者认为商业模式的应用在于对企业"运作过程"的设计安排。他们着重强调人员、技术、产品、场地、设置和渠道等多种关键资源,以及组织和运营流程、行事准则与规范、经营活动的评价标准等主要过程要素在商业模式中的重要作用。

同样,在操作层面,阿密特与其合作者着重强调"活动体系"(Activity System)的概念:商业模式的参与者之间如何分工,谁进行什么活动,活动之间如何连接,应该采用什么样的治理机制,如何为每一位利益相关者创造价值,等等。

阿密特等还详细勾勒了商业模式中的四类主要价值驱动因素:新颖、锁定、互补和效率。新颖,意味着活动系统中的创新程度。哪些活动是新颖的?创造了什么新的价值?锁定,意味着参与者有足够的激励留在活动系统内,这是商业模式得以持续的重要原因。互补,主要指的是不同参与者或者不同活动间的相互增值效应。效率,则意味着不同活动之间的关联所带来的成本节省。正是这四种要素的共同作用,决定着一个商业模式的生机活力与可持续性。

> 当你开始状告你的客户的时候,你大概知道你的商业模式已经崩溃了。
>
> Paul Graham
> 程序员、风投、作家

二、商业模式与战略的关系

说到商业模式,战略管理领域的学者自然会问及它与战略的关系。在很多情况下,大家认为战略和商业模式是可以互换通用的。而且,在实践中,也很难分清两者的区别。然而,两者的分析层次和实质内涵毕竟还是有所区别的。

(一)商业模式与战略的相似之处

同样一种现象和做法,有人喜欢用商业模式称谓,有人则喜欢以战略名状。比如说,蓝海战略的说法,已经为大家广为传颂。蓝海战略的精神实质和指导思想,其实与商业模式的思维如出一辙,就是强调通过独特的价值创新从而获得超高的价值回报。说得直白一点,其实蓝海战略说的就是商业模式创新。

再有,如果仔细分析对比,克里斯滕森等人对商业模式的定义,简直就是战略定义的翻版。价值主张相当于战略定位。盈利公式说的是竞争优势的来源。关键资源和主要过程说的是战略实施的必要条件。

(二)商业模式与战略的不同

至少在分析层次和实质内涵方面,战略与商业模式存在着根本差异。一般而言,商业模式可能要比战略的适用范围更广,属于更加基础性的分析层次。比如,20世纪60年代美国风行的折扣店商业模式,是对其他零售模式的挑战和替代。很多企业都拥抱了这一商业模式,但大部分都没有获得成功,只有沃尔玛和塔吉特两家至今仍然屹立不倒、业绩良好。也就是说,在同一种商业模式下,不同的战略定位和选择乃是在更加具体的层面上的决策,影响到一个企业是否能够成功地应用某种商业模式。沃尔玛一开始选择专注于几乎没有竞争的农村和乡镇等细分市场,而避开了竞争激烈的城市。塔吉特则在折扣经营的同时强调时尚和特色,相对较好地融合了低成本和差异化战略。

就实质任务而言,商业模式,主要体现一定社会和经济发展阶段企业经营模式的大趋势和一般性方法,通常受到技术进步的影响。比如,生产线对手工作坊的替代以及电子商务对传统零售的替代,便是商业模式的大规模转换。商业模式界定了经营活动和交易的方式,但并没有阐述不同的企业在选择同一种商业模式时如何相互竞争。战略,则是要在企业的经营中,相对于竞争对手(无论它们是采用相同还是不同的商业模式),造就自己独特的地位和差异性,从而获取竞争优势和卓越的经营绩效。商业模式比较容易模仿,而某个具体企业的战略,由于其背后的独特资源与能力支撑,则相对难以被模仿。因此,仅有一个好的商业模式也许是远远不够的,企业必须能够在激烈的竞争中胜出。

(三)商业模式与战略之间关系的总体把握

其实,如果我们把战略和商业模式定义成不同的东西,那么,至少从概念上,我们可以从多种视角和维度来考察它们的关系。同一种战略(比如差异化战略或者分析者战略)可以被应用到不同的商业模式上。比如,无论是实体店销售还是网购,某些企业一如既往地保证其高端品牌的形象,拒绝折扣,拒绝促销。而在同一种商业模式内,不同的战略则可以导致截然相反的结果。比如,在电子商务领域内,有些企业的战略定位专注于标准化商品的买卖,而有的企业则不假思索地进入那些由于技术手段和消费习惯的原因而尚无盈利前景的业务,比如对冷链物流要求极高的生鲜物品贸易等。

当然,最终的差别也许都是语义的问题。比如,谷歌的搜索业务,搜索结果的展示是按照与某个网页相连的网页的多少来排序。这就保证了信息本身的客观性和公正性。而其他竞争对手可能要求商家直接付费参与竞价排名。由于谷歌的排名方式具有相当高的技术要求,谷歌需要使用自己独特的算法和软件在100万台以上的计算机上进行运算。与竞争对手相比,这到底是同一种商业模式之下的不同战略选择,还是谷歌选择了跟对手不同的商业模式?再比如,电动车企业会考虑采用出租而非销售的模式来进行推广,这到底是新的商业模式,还是经营战略?

另外,当一种新的商业模式刚刚出现,其前景尚未明朗之际,率先采用者的行为本身,其实也是具有战略意义的。比如,相对于专业化经营,多元化经营可以算是商业模式的变更。而在战略管理领域内,多元化举措一直是以"战略"一词来描述的。因此,在某种程度上我们可以说,当一个新的商业模式出现的时候,对这种模式的率先或者早期采用本身就是一种战略。从另外一个侧面说,一个企业既有的经营战略也会影响它对新兴商业模式的态度和反应。当然,无论我们如何解读战略与商业模式的关系,如前所述,有一点是可以肯定的,那就是,战略也好,商业模式也罢,其实质是通过价值定位与创新来最终收获价值。

第三节 商业模式思维:互联网与生态系统

一、互联网与互联网思维

有人说,互联网是一场革命,比工业革命还要更加广泛深远、迅猛彻底的革命,摧枯拉朽、汹涌浩荡、无处逃避、难以抵抗。它将全面地颠覆我们传统的学习、生活、工作、娱乐和交往方式。也有人说,互联网不过是一种技术手段,像以往的任何一种技术进步一样,只是在某些领域的具体运作机制上、操作流程上或者外部表象上推陈出新、变换花样,而人类行为的核心特质以及社会关系的基本要点并没有根本改变,故有的模式和传统也不会轻易消亡。因此,没必要各行各业的人都没来由地一哄而上,不分青红皂白地呐喊着要拥抱革命。显然,前者斩钉截铁、激进亢奋;后者冷峻沉稳、保守谨慎。

然而,革命一旦来临,无论你是积极踊跃地参与,举棋不定地旁观,明哲保身地逃避,还是负隅顽抗地反击,一个颇为明智之举,便是尽可能地弄清楚革命思维所将带来的可能结果与革命之前初始状态的各种联系。以此观之,尽可能清晰准确地理解和把握革命潮流背后的那些更为根本的人类行为与社会关系及其对革命进程的各类影响,也许是非常必要的。当下,大家不约而同、争先恐后地探讨互联网思维如何影响和改变传统行业,也许应该不合时宜地尝试一下逆向思考:互联网思维在哪些方面是传统思维的延续、拓展与放大?哪些所谓传统的模拟逻辑倒是可以补充或者对抗互联网思维?

(一)互联网对商业模式的初始影响

互联网的出现,催生了崭新的商业模式,改变了众多的行业,尤其是在即时通信以及可以标准化、数字化、模块化的流通性比较强的产品业务上,比如在线购物、视频、游戏等。通过便捷的信息搜索与商品比较以及免费体验、现场参与、实时互动、在线交易等举措,互联网时代的业务模式,比如电子商务,极大地改善了用户体验。一时间,仿佛实体经济的"渠道为王"大有被虚拟经济的"眼球为王"或者"流量为王"所代替的趋势。然而,仔细反思以上列举的一些例子可以发现,迄今为止,互联网的优势主要在于对标准化产品提供了信息和交易的便利。然而,互联网的光芒并没有普照大地,互联网思维也仍然存在众多的死角和盲区,对许多问题仍是束手无策,一时找不到改变现状的入口和契机。比如,各类在线教育和函授大学的兴起,并没有替代著名学府的精英教育和知识创造;信息传播的便捷加强了大家对世界著名景点的了解,导致了更为强烈的实地体验刚需以及难以缓解的交通拥堵和景区拥堵。

> 我们既要张开双臂拥抱互联网,又不能神化它。互联网并没有改变大多数商业的本质,也不会取代大多数传统产业,因为它无法取代它们的核心价值,它只是传统产业改进业务流程、提升效率的工具。透过互联网的喧嚣,我们应该看到生意的内核仍然是做好产品、服务好客户。
>
> 杨元庆

> 如果银行不改变,我们就去改变银行。传统银行是练太极拳,余额宝用的是冲锋枪。
>
> 马云

(二)到底什么是互联网思维?

提及互联网革命,大家津津乐道的是新兴的运作模式与商业模式,尤其是它们背后所彰显和遵循的思维模式与逻辑主题。事实是,革命的逻辑往往不可能是线性单一的。因此,也许并不存在一个公认一致的、全面系统的、单一总括的互联网思维。大家经常说起的所谓互联网思维其实是多维度的,体现了互联网的多种构成要素、存在形态、作用影响以及时序变迁。常见的现象和思维模式,包括瞬时搜寻、便利比较、用户体验、他方付费、虚拟空间、开放体系、粉丝文化、部落社区、平台模式、生态系统、众包众筹、迭代更替,等等。而这些思维方式之间既可以是互补的,也可以是相互矛盾的。

以苹果为例,它的平台战略和生态系统思维成功地改变了音乐、通信和娱乐等多个业务领域。以 iTunes 为开放平台,它为众多的 APP 发明创建者提供了曝光与销售的便利,也为音乐内容提供商提供了版权保护之下的用户有偿使用。然而,无论是 Mac 电脑与笔记本、iPod 还是 iPad,苹果的硬件和操作系统(在很长时间内)都是独家拥有、拒绝分享的。大家可能会倾情信奉互联网思维体现的开放、平等、互动等精神,但苹果的生态系统思维实际上是内外有别的,是有选择的开放和有意识的封闭。我们经常听到"某某互联网的某些举措有违互联网精神"之说,这种指摘者很可能只是把互联网思维偏执地界定到自己所理解的某个特定维度上去了。

专注、极致、口碑、快。

雷军

(三) 互联网思维与商业模式:多维解析

1. 革命与传统

在很大程度上,互联网思维不过是传统思维的延续。现在被归结为互联网思维的东西,反映的往往是既有的甚至是恒久的社会准则和人际关系的基本规律。从苹果公司坚持多年的独有操作系统来看,互联网思维(比如生态系统的理念)并不能完全改变人们原有的关于社会阶层和权力结构的思维定势,甚至还可能导致传统思维的强化。无论如何强调公开和平等,控制的意识和主导的企图从来就没有从商业世界消失过。微信等现代通信和社交手段确实增进了大家交流的便利以及貌似平等的参与,但是大家说话的姿势和腔调仍然取决于有没有上司或老板在群里。

2. 虚拟与真实

互联网时代,各种通信技术把人们更加紧密地连接在同一个网络世界——一个超越物理条件约束的虚拟空间里。网络拓展了人们的生活空间和想象空间。互不相识的人可以聚在一起聊天或者玩游戏。三星手表、谷歌眼镜、网聊中可以模拟拥抱感觉的夹克衣,各种数码时代的产品正在将我们的生活虚拟化。而虚拟的生活本身就是真实的存在,已然成为人们生活中不可或缺的一部分。即使如此,人们仍然需要身临其境的体验,用模拟世界的逻辑去放慢生活的节奏,暂时忘却互联网思维所带来的一切便利和羁绊。去看红叶,听音乐会,看球赛、泡酒吧、进歌厅、逛书店、做 SPA。将虚拟与真实更加完美地有机结合,有赖于诸多新兴商业模式的初现。

3. 简单与复杂

如前所述,越是简单的业务,越容易受互联网思维的影响和改变。简单,主要体现在产品和服务的标准化、模块化、流通性强、操作便捷、交易简单上。比如,现在热炒的 OTO 线上线下无缝对接和云商等新时代购物概念也只是在相对标准化产品的流通领域做文章。再比如,互联网极大地改变了股票交易模式,但复杂的欧元期指交易在纽交所仍然是先在场内进行,而不是实地和线上即时同步。而专业性强、不易存储、运送复杂、安装麻烦、质量难以清晰鉴定的产品则很难在网上销售。比如,生鲜食品和蔬菜水果是网购业务中的难点,使得大多数企业望而却步。这些难题,既是挑战,又是契机。也许,未来会有新的商业模式崛起,来解决这些复杂的问题。

4. 陌生与信任

新生事物往往具有"新面孔负债",缺乏广泛的信任度与合法性。网络时代的雇人刷屏,也许可以制造一时的轰动效应,而历史悠久的强势品牌以及在模拟世界里打造品牌的逻辑模式在互联网时代仍然会大有市场。号称以纯互联网思维打造的小米手机,可以在 IT 界的青年才俊之间很快风行,但在投行和咨询公司的从业者中则不大可能成为大家疯抢和使用的对象。亚马逊老板贝索斯完全可以依托其 Kindle 系统自己打造一个全新的数字报纸,而他却选择了收购传统深厚的《华盛顿邮报》。无论技术本身和产品本身性能如何,品牌及其背后所代表的消费者的信任与好感、熟悉与忠诚,通常是需要长期的经历和体验的。

5. 平庸与奢侈

广泛分享、平等互动是互联网思维的体现之一。以音乐录音为例,最早的 Napster 催生了网上的歌曲免费共享,将 CD 和其他形式的录音转换成 MP3 模式,一时间音乐爱好者似乎获得了一种解放。没想到,开放自由的网络世界里也会有警察和律师。这种免费的资源获取很快引来了各大唱片公司对盗版侵权行为的诉讼。当然,Napster 的遭遇也催生了苹果 iTunes 和其他付费网站。侵权仍然在以各种方式继续。免费听音乐的思维定势仍然在流行。一个普遍的现象是,由于音源和带宽等多种限制,我们现在免费获取的音乐,其质量远远低于 CD 与其他音像制品。大部分受众似乎不在乎。互联网思维在大众化的传播领域自是披荆斩棘,然而在品质和奢侈方面,却往往难以即刻奏效。免费传播的通常是劣质和平庸的产品。eBay、阿里巴巴的出现没有威胁到索斯比和克里斯蒂拍卖行与嘉德拍卖行的那些具有收藏价值及投资属性的高端交易。

6. 精英与大众

互联网思维在如今被大肆渲染,给人的一个错觉之一,好像到处都是机会,随地都是创意。其实,大家可能忽略了一个基本事实:虽然大家都享有广泛的、近乎错觉的参与感和与时俱进,但主要是作为消费者和被消费者参与的。真正的创新源头,那些想出点子、折腾事儿、吸引众人并从中盈利的仍然是少数精英分子。子曰,劳心者治人,劳力者治于人。其言不谬,至今能持。美国制度学派创始人凡勃伦在20世纪初预言,技术精英(Technocrats)将主宰世界的未来。这一预言,日益成为现实。精英日益强大,因为互联网思维可以帮助他们撬动更多的资源,影响更多的受众。大多数人之所以被称为受众,就是因为轻易接受甚或盲从。

二、生态系统与系统思维

生态学在管理领域的应用早已有之。组织生态学主要在企业集群层面研究企业的诞生与消亡、企业组织模式的兴衰变迁等现象。20世纪90年代,在超级竞争学说产生的同时,竞合博弈等理论亦应运而生。与传统理论对竞争和替代的强调不同,这些理论更加关注合作与互补,关注企业在其所属生态圈中的地位以及与其他选手的综合关系。而这些理论能够适时应景,正是因为它们比较准确地捕捉并相对有效地解释了生态系统中不同物种间关系的复杂性。大家熟悉的传统意义上的竞争,即一个产品市场或一个产业内的竞争,已经日趋稀少。取而代之的是新的竞争风景和新的描述语言。新时期的竞争,通常是在企业群体和其他企业群体之间、网络和网络之间、系统与系统之间、联盟和联盟之间进行的。因此,战略管理者应该把企业间的关系看成是不同的物种或有机体在生态系统中共同进化的过程。用系统的思维去设计和维护自己与其他选手之间的关系,正确地理解、把握自己所在系统在更大生态系统中的地位和角色,乃商业模式创新的重要前提。

> 一个企业在其产业生态系统中的具体位置不是最重要的,它的纵向一体化程度和横向一体化程度也不是最重要的。最重要的是它在最终的产品或者解决方案中所占有的"顾客价值份额"。
>
> 加利·哈默尔
> 战略专家

(一) 企业联盟与商业模式

由于现代创新的规模化要求、外部网络效应的压力以及产业标准竞争之升级,创新的主体通常不再是某个企业或单一组织,而是多个组织的集合、多家企业的联盟,可以是双边合作,也可以是多头互动。比如,索尼与菲利普合作研制开发了盒式录音带技术以及 CD 技术,改变了音乐播放的产业标准。再比如,在个人电脑业发展初期与中期,IBM 倡导的 PC 开放制式联盟(包括康柏、惠普、戴尔等)在与苹果的独家封闭制式的竞争中占据了上风,成为商务市场以及个人市场上的准产业标准。苹果则局限于教育市场以及平面设计与出版等局部市场。同样,JVC 的 VHS 系统,在与三菱等同行企业的协作中击败了秉持独家技术的索尼公司的 beta 制式,成为家用录像机的主导制式。单打独斗的商业模式,大概难以抵御一个强大的生态系统。其后,索尼老板反思道:我们败在没有建立一个大家庭。几年前,索尼倡导的蓝光 DVD,与飞利浦、三星、松下、理光、TDK 等企业合作,打败了以东芝为首的 HD-DVD 阵营。我们可以从三个方面考察企业联盟所采取的商业模式的特点:主导机构、合作模式与竞争领域。

1. 主导机构

首先,是否有主导机构的出现,无论是在研究开发阶段还是传播应用阶段,都会影响组织集合创新的进程以及创新的传播。比如,上述索尼与菲利普的合作,双方近乎势均力敌,取长补短,共同提高。而促使 CD 成为新一代的音乐播放技术标准的,则是索尼公司的全力商业化运作和推动。在全球市场前景仍然不确定的情况下,索尼顶着巨大的商业风险,对 CD 业务做出了大举承诺,最终获得了市场上的成功。没有索尼公司的主导与牵头,CD 技术创新便难以得到迅速推广并成为新的产业标准。

2. 合作模式

合作组织之间的地位差距自然影响到其合作模式,可以是松散的战略联盟,也可以是紧密的资本联姻,可以是众星捧月、一枝独秀,也可以是自成一体、平等互动。比如,曾经由美国政府牵头成立的美国半导体制造者联盟 SEMATECH,是一家非营利性的行业研发联盟,旨在帮助共同应对日本同业者的竞争。而由来自德、法、英、西四国公司共同投资成立的空客集团,则是以资本为纽带的实体联盟或曰共同体(Consortium)。而在开放创新空间的参与者,则相对独立平等,比如,Linux 等源代码开放式软件开发社区的个体与机构。另外两种常见的组织集合是邦联(Confederation)与联邦(Federation)。典型的邦联式合作是抱团取暖、应对危机的尼桑-雷诺合作。双方共享同一个董事会和 CEO,共享研发与制造平台以及供应商网络,以求节省成本、提升速度与灵活性,但各自保持自己企业的独立身份。联邦式合作,则在合作者独立身份之上共享一个共同的身份与形象,比如由美联航牵头的包括中国国际航空等在内的星空联盟,为旅客编织了覆盖全球的航线网络,使其能够共享联盟成员的常旅客积分与优惠计划。

3. 竞争领域

创新组织集合中,一个重要的考虑是如何规范和界定参与者的竞争领域与规则。比如,索尼与飞利浦的合作集中在技术领域的共同研发上,而其相互竞争则主要出现于终端产品市场的品牌与渠道推广。同样,合作双方可以约定,通过合作生产的新产品只在某些市场上销售。比如,丰田与通用汽车合资企业 NUMMI 出产的 PRIZM 车型只在美国市场销售,而并未进入日本市场。该合资企业当年曾着意渲染其性价比优势:由于与丰田花冠同系而使其品质声誉得以提升,但同时又因为比丰田花冠售价略低而具有价格优势。

(二) 生态系统与商业模式

创新的组织集合,不仅仅包括同业同类组织的合作,也通常涵盖了同一环境中周边的组织与机构——那些提供相关的互补、支持以及其他上下游活动的组织。这种多类组织的集合,可以被看作一个不同物种之间相互合作、共同演进的生态系统。所谓的产业集聚或者产业集群,便是典型的生态系统。这种生态系统内的创新来自各类组织的协作与互动。比如,美国加州纳帕溪谷葡萄酒产业集群,经过数十年的发展,已经成为新世界葡萄酒行业的主要支柱之一。葡萄种植,葡萄酒酿造,装瓶与包装,相关的大学与研究机构、行业协会以及宣传推广机构等多种参与者,构成了一个充满生机的葡萄酒生态系统。同时,这个系统又与其他生态系统交叉融合,涵盖并促进了诸多相关的要素与业务,比如生态农业、食品加工、主题旅游等,共同构成一个更高层面的大生态系统,成为加州经济发展的重要支撑之一。

在高科技领域,这种生态系统的集群创新作用尤为显著。比如,加州的硅谷、波士顿的 128 公路高科技产业集群、北卡罗来纳州的金三角研究园区、北京的中关村(尤其是后中关村——上地科技园区)。在这些园区里,著名的大学、研究机构、研发企业、风险投资、市场推广等互动发展,共同将 IT、电子、生命科学等领域的最新研究成果商业化和市场化。这种集群的存在与集体创新,已经不是单一的产业链所能解释的现象。一个企业可以同时参与多个产业,跨越不同的生态系统,在多个产业链交汇的关键环节建立自己的核心竞争力。比如,新浪与搜狐等企业的门户平台、新闻媒体、社交网路、娱乐服务等业务,横贯多个产业,互相推介和共享用户群体,可以促使某项新的业务项目得以在短期内迅速推广和传播。由于技术的传播、人员的流动、行业协会的推动等因素,一个企业的创新,也会迅速地在整个生态系统内被广泛地复制和推广。

在艺术领域内,整个生态系统内不同参与者的共同演进,也为创新活动提供了足够的规模经济和范围经济,有利于降低创新的成本,增进参与者之间的协同效应。以博彩业著称和主导的拉斯维加斯城,不断地丰富和改善其旅游业的价值提供,带动并提升了包括餐饮、演艺、娱乐、博物馆等多种项目和业态的发展,进一步提升了其作为旅游目的地的综合价值。这一生态系统的创新举措,还包括积极地吸引和鼓励家庭旅游者集体出行。他们不断尝试增添各类能够吸引儿童的娱乐项目,并在酒店和景点提供儿童托管服务等。同样,纽约曼哈顿的剧院区,大小剧院林立,编导主创人员、职业演职员、舞美设计、主办公司、经纪人等,竞争合作,推陈出新,将每一个时代最具代表意义的剧目和阵容呈献给来自世界各地的观众。北京的798工厂,将艺术前沿与商业运作有机地结合在一起,吸引着一批又一批各类寻梦人,不断催生出新的艺术与商业元素。

我们可以从三个方面对生态系统进行考察:核心物种、配套程度、更新力度。

1. 核心物种

核心物种,指的是在生态系统内占主导地位的产业类别,以及对主导产业内价值提供起决定作用的那些环节的参与者。来自系统内其他物种的参与者则与之补充、匹配,构建和维护基础设施,提供服务与支持,从而做到大家互相提携。显然,在一个产业众多的复杂生态体系内,核心的产业及其代表企业,即是该系统内的核心物种,比如,电脑行业的英特尔之于硅谷。如果以一个具体的产业来定义生态系统,在该产业价值链上起主导作用的企业,则是该系统的核心物种,比如纳帕溪谷的酿酒作坊。其他的参与者,包括以出售原料为主要目的的普通葡萄种植者、制瓶与包装企业、农业服务与金融服务等业务,都是为酿酒这一核心业务服务的。一个生态系统内,如果没有明确的主导产业,或者最具价值提供潜力的核心企业因故出走,则整个生态系统的活力以及合法性就会大打折扣。比如,号称中国硅谷的中关村,如果满大街都是批发零售的大卖场,其技术含量和创新性必然受到众多质疑。如果我们把这里的生态系统定义为一个商品集散地,这种状态当然无可厚非,甚至成效卓著。但如果从高科技研发、制造、贸易一条龙的高度来定义生态系统的话,这种状态显然群龙无首。销售本身并不直接促进技术创新与产品创新,不足以担当高科技生态圈的核心物种。

2. 配套程度

配套程度,指的是一个生态系统内各类物种的多样性、丰富性与匹配度。如果只有核心物种,而缺乏完善的配套参与者,仍然不能算作一个健全的生态系统。主导产业与企业的创新还是处于类似单打独斗、孤军奋战的境地。我们可以从纵向、横向以及系统这三个方面来看生态系统内不同物种参与者之间的匹配程度。

纵向配套,指的是产业链条的完善程度。比如,丰田汽车城,其周边的配件生产商,包括ODM企业,形成了一个互动良好的研发与制造合作机制。再比如,以推进全产业链著称的中粮集团,正在东北地区构建多种产业集群。以玉米业务为例,从种植、收储、初加工,到饲料、食品、能源生化产品,逐步完善价值链条。

横向配套,指的是生态系统内不同但相关产业或者业务的丰富性与互补性等特质。丰富互补的产业与业务积聚容易共享基础研究、人才群聚、制造平台,并且具有强大的外部网络效应与溢出效应,大家互相激发,互相促进。比如,前述的加州酿酒、生态农业、旅游等多产业互补的生态系统。

在一个复杂生态系统内,不仅横向和纵向业务之间的参与者要匹配,而且要有其他互补与服务业务以及各类其他第三方的配套及互动。这种集群内的亲密接触,有利于创新的促成与实施。比如,北京的金融街,容纳了银行、保险、资产管理等多种金融业务的企业与机构,以及电信与电力等多家大型国企。中国银监会、证监会、保监会,以及国家的外汇、结算等业务的主管机构,悉数于此驻扎。提供服务和管理的金融街集团与金融界商会为区内机构提供融资及信息等多项服务。丽兹卡尔顿、威斯汀、洲际等国际高档酒店,连卡佛购物中心,以及区内高档住宅等项目,为金融街的主人与访客带来生活的便利。金融街集资本、知识、信息、政策制定于一体,成了众多国内外企业趋之若鹜、争相挤入的一方宝地。

3. 更新力度

更新力度指的是生态系统内主导产业升级换代的潜力,尤其是决定系统内价值提供的最关键、最高端、最源头的核心企业与机构的不断涌现和继起。两种现象值得我们注意:首先,在与社会文化相关的领域,一个传统悠久的生态系统,往往具有创新的基础与实力,而且比较容易富于合法性和自信从容。比如,法国与意大利的时装业,引领潮流,界定风尚,他们的所作所为,往往容易自圆其说、自我成就。越是品牌历史悠久,越是便于在标新立异时具有话语权,可以独树一帜。

而在高科技生态系统内,创新的源头是国际前沿的基础研究、理论设想,或曰领先一步的点子。而这些源头的创新,通常来自世界级的著名研究型大学,例如波士顿的麻省理工大学、硅谷的斯坦福大学、北卡"金三角"的杜克大学以及北卡罗来纳大学教堂山分校等。因此,一个生态系统一时的兴旺,可能依靠的是运气,而持久的创新活力,则往往依靠源源不断的革命性思想和天才般的创意,以及一批又一批的创新者的前仆后继。

生态系统思维跳出了简单的行业思维的束缚和羁绊,可以把商业模式的创新引向更加广阔的前景,鼓励企业去打造平台、构建通道、创立属于自己的独特价值空间。

第四节 商业模式设计:价值球、平台和通道

一、价值球思维对商业模式的启示

生态系统思维的一个具体应用,便是对价值空间的拓展性想象。产业链、价值链、供应链等概念已经深入人心。但它们与单一线性思维相关的天然缺陷与潜在误区,却很少引起我们足够的关注。下面简单介绍笔者提出的"价值球"概念,剖析这一概念对商业模式创新的一些启示。

图9.1 价值链、价值柱与价值球的对比

资料来源:马浩,"从产业链到价值球",《北大商业评论》,2011年第12期,第40页。

(一)产业链与价值链:单一链条的线性解读

1. 产业链:产业层面的链条

所有的人类生产活动,都从自然环境获取资源,并通过一系列的增值过程,将其转换为具体的产品与服务,提供给最终端的消费者。从第一产业(农、林、牧、畜、渔、矿),到第二产业(加工与制造),再到第三产业(销售与服务),各类产品和服务得以与消费者见面。如此,贯穿这三类产业阶段的一系列经营活动,可以构成一个完整的纵向链条。这种链条通常被称为产业链。以粮油食品业务为例,从种植、收储、加工、包装、运输到销售,便是一个典型的产业链。

2. 价值链:企业层面的链条

价值链则通常指的是企业层面的链条,亦即一个特定企业的经营活动所囊括的所有价值创造环节或阶段。就企业作为一个独立的主体而言,其价值链是由贯穿该企业经营活动的主要环节构成的链条,从生产要素投入的选择与掌控(Input),到生产过程的设计与布局(Throughput),再到产出的规划以及销售与服务的安排(Output)。显然,一个企业的价值链,既可以涵盖其所在行业的整个产业链,也就是所谓的纵向一体化,全链通吃;也可以专注于该产业链上具体某一个或者多个环节,强调业务的专业精益,并保证其价值链与上下游企业的价值链良好对接。这一话题,我们在第七章讨论公司战略的时候有所提及。

3. 链条思维:供求关系系列

供应链的说法,则是特别针对一个产业链或价值链上各个环节之间的关系而言的。说白了,任何一个产业链或价值链,都是一系列的供给与购买关系,亦即每个上游环节对下游环节的供应关系,或曰下游环节对于上游环节的购买关系,只不过这种供求关系有时发生在一个企业内,有时发生在多个企业间。从下游往上游看,产业链或价值链的实质,自然是供应链。反之,自上游往下游看,则一切都是"购买链"或者"渠道链"。所谓的链条,不仅是实际存在的现象,而且更是人为的概念性总结,反映定义者和使用者的偏好与偏见。从物流的角度看,所有的产业链、价值链、供应链,都是物流过程。在搞金融的人或者做投资的人眼里,所有的链,实质上都是资金链、金融链。到什么山上唱什么歌。专业视角的侧重不同罢了。

(二) 价值管道与价值柱:同向链条的柱状变奏

1. 价值柱:同向价值链的组合

事实上,一个企业可以同时参与一个产业内的多种产品的产业链,也可以同时参与多个邻近产业中相似业务的产业链。如果这些产业链大都沿着一个相同方向纵深发展,我们就可以将这种多个同向产业链的纵向并列组合称为产业链集群。对于在这些业务上经营的企业来说,这种产业链集群构成了它们所面对的价值创造空间,可以形象地比拟为价值管道。一个企业在这个价值管道内的不同价值链,如果集合起来,就不再是单一线性的链条,而是一个立体的积聚,具体而言,是一个柱体的变形。中粮集团和新希望六合集团的多品种农产品链条组合便是价值柱的典型案例。

2. 价值柱的形态设计

一个企业的价值链集合,可以在其特定的价值管道内呈现柱体的多种变种和截取。长短不同,凸凹各异。陀螺、金字塔、纺锤、沙漏,等等。即使某个企业的价值链集合近似于一个比较完整的柱体,该价值柱里各段的构成也通常不是均质的,有些业务的价值链贯穿整个价值管道,即纵贯某类业务的全产业链,有些价值链偏重上游,还有的向终端下沉,有些则区间性地贯穿中上游或者中下游,有些则是只取上下两端而舍弃中段。也就是说,一个企业通常不是只有一个价值链,不同业务的价值链更可能形态不一。

价值柱中不同链条的管理,需要区别对待。虽然一个企业的经营活动总和(价值柱)可以贯穿某类产业链的整体(价值管道),但具体某个产品和业务的产业链,则需要根据自身条件、外部竞争、市场变动、监管政策、战略意义、掌控可能等诸多因素来设计和管理。所谓的全产业链,应该主要是价值柱层面的,并不是每个业务的价值链都跨全产业链。比如,中粮的大宗粮油进出口贸易,主要是上游定位,输赢取决于年景收成、汇率波动、国际风云、政策变更等;而小包装米面油产品,拼的则主要是中游的加工规模和效率,尤其是下游的品牌和渠道。

3. 价值柱的环节管理

价值柱的形态设计直接影响不同环节的管理重点。比如,可口可乐公司只专注于上下游两端的主要环节,控制可乐等碳酸饮料的上游配方与原浆业务以及下游的品牌经营和渠道管理。虽然可口可乐自己也拥有并直接管理一些装瓶厂商,但装瓶业务主要是由其合作伙伴来经营的。根据20世纪末在美国市场的估算,实质上以知识产权为核心的原浆业务,资本回报率是40%左右,而属于制造业范畴的装瓶业务,资本回报率是10%左右。以此观之,可口可乐有选择地参与产业分工,导致其价值链两头粗、中间细,在价值创造和价值收获方面占据制高点。这也是其战略定位与商业模式的魅力所在。还有,价值柱思维对商业模式的拓展与创新的启示,也许在于可以把同一种商业模式(同一个管理逻辑或者管理能力)应用到相似的业务上去。可口可乐利用其强大的品牌制造与推广能力和渠道管理能力,曾经使得其瓶装水品牌Dasani在三年内从无到有,做到了全美第一。

(三) 价值球与价值囊:纵横交错的跨链聚合

1. 价值球:广阔的立体价值空间

实际上,通常情况下,一个企业的价值链不可能只是一个链,也不一定规规矩矩地把自己圈框在一个价值柱里。即使是一个单一产品业务的企业,无论是从实际的运营还是从概念上分析,广义而言,它都可能隶属于多个互相关联交叉的产业链条。这时的产业链聚合,纵横交错、四通八达、流动聚散、演进变化,构成一个多维立体空间,可以比较准确形象地用价值球(或者价值场)这一概念来表述。仔细想想,每个企业的价值创造空间都是这样一个球体。而其价值链或者价值柱不过是整个价值球中的某个具体部分,某些区域里的特例而已。如此,商业模式的构建和应用才可能有更加广阔的想象空间。

比如，某包装产品与服务企业的价值创造活动，可以是属于饮料行业之价值链的一个环节，也可以属于食品行业的价值链，甚至可以兼及服装业、运输业、建筑业等多种行业的价值链，因为它每天都在生产不同材料和用途的包装产品。再具体到包装印刷这一环节，该企业还可能属于印刷行业的价值链。同理，该企业也可以属于设计行业的价值链，或者时尚行业的价值链。显然，这些相互交织的价值链根本不可能同时把自己局限在同一个平面网络上或者同向的价值柱体内。

2. 价值囊：多个价值链的交集

如果我们只把分析的眼光聚焦到某种人为界定和关注的狭窄的单一线性链条上，则可能忽视了有关企业价值创造的更加丰富的总体图像或者关键背景。具体而言，一个企业在其相关的价值球（它所能触及的最大、最全面的价值创造空间）内的具体定位表现，可以被理解为是该企业在这个价值球中某些节点上的实际立体集聚，可以想象成不同的价值泡，或曰价值囊。显然，正像一个企业可以同时参与多个价值链条，同样，它也可以在某个价值球中多处鼓泡，占据多个价值囊。这些价值囊既可以各自相对独立，也可以连接成一个复合的价值囊。

3. 价值球思维与商业模式

价值球思维对商业模式的启示非常清晰明确：一个企业在某个领域或者节点上的专业化精尖高强，可以使该企业从容进入多个产业链，并占据强势地位，掌握话语权，提高其经营活动的附加值，使得自己的价值囊强大宽厚、饱满充实。也就是说，一个企业需要构建一个全方位的生态系统，丰富多样、四通八达，自己则居于系统的核心。

比如，通过光学、微电子、精密仪器等领域的卓越技术，佳能公司牢牢掌握了图像处理的核心环节，稳居办公用品、家用电器、医疗器械等多个领域不同产业链的核心，涉及照相机、摄像机、复印机、打字机、扫描仪、对准仪、医疗成像设备等多种产品。同样，夏普在液晶显示方面的专注，带来了其在计算器和计算机屏幕、摄像机屏幕、平板电视等多项业务链条上的高附加值。迪士尼富于创造力的卡通形象开发，使得它的价值囊涵盖了影视、出版、娱乐、旅游等多个产业链条。苹果公司对于产品设计和平台打造环节的专注及倚重，使得它在电脑、音乐、通信、娱乐、设计、出版等多种产业的价值链条上具有超强的价值获取能力。这些公司所关注的，显然不是某个具体的线性价值链条或者其中的单个环节，而是如何在一个硕大的价值球内寻求强健的支点，从而构建并扩充自己的价值囊。

也许，价值球利用的最充分的例子发生在专营奢侈品的企业。过去，奢侈品行业的产品专业化特色非常强。在每一个品类内，通常的做法是纵向一体化,从原材料设计和制造(也包括定制采购)、产品设计和加工,到自有专卖店的独家销售渠道,层层把关,严格控制,保证质量精良以及品牌形象上的独特性、一致性与排他性。比如,不同的企业分别专注于化妆品、首饰、手袋、手表、时装、鞋子等。现在,大家意识到奢侈品行业最核心、最关键的环节是打造和管理品牌。于是,众多的高端品牌纷纷扩展其经营领域,将其品牌溢价尽可能地体现在多种相关的甚或不相关的产品品类上,大家都卖围巾、香水、手表、时装、鞋、包。在自己传统专注的领域之外,这些奢侈品品牌没有必要去操心整个产业链的问题,只需找到比较可靠的合作伙伴进行外包即可,甚至可以将品牌转让或者租借给某个品类专营的企业,而不用自己经营,只收转让费或者版权费即可。因此,对于这些品牌至上的奢侈品企业而言,其价值获取的主要挑战是如何保持其品牌本身的吸引力,并选择合适的产品作为平台和借口最大限度地收获及抽取其品牌的价值,而不是在每个业务上关注其价值链的运作和管理。

4. 价值球中的价值收获:抢占制高点

总结说来,企业面临的整个价值创造空间,不只是一个点、一条链、一个平面、一个柱体,而是一个立体的价值球。价值球中存在着各个企业不同的价值囊的群落积聚,形态纷呈。

在产业层面,产业链的概念和现象,只不过是多产业聚合的价值球体中的一个具体的线性特例。同样,在企业层面,价值链也只是更加广博宽厚的价值囊中的一条线索。针对一个具体的产品,割裂来看,价值链的分析也许有很大的益处。然而,就一个企业在其参与的所有价值创造活动的总体而言,也许价值球和价值囊的概念,可能会帮助企业经营者开阔思路,从而避免与单一链条相关的线性思维所带来的片面性和局限性。用价值囊的概念替代和拓展价值链的说法,也并不是鼓励虚浮臆想与盲目的多元化扩张,而是劝诫企业,无论聚焦于某类业务还是横贯多种产业,都要从某一特定领域或节点上的卓越能力和强势地位出发,控制附加值最大的制高点和话语权,然后自然延展、顺藤摸瓜。毕竟,商业模式的核心,在于从价值创造中盈利。

二、平台战略

与生态系统关联最为紧密的另外一个常用的概念,是所谓的平台战略及其背后的平台思维。在商业文献中有关平台的说法,主要聚焦于交易平台、技术平台和信息平台。

(一)交易平台及其搭建与维护

1. 配电盘式的交易平台

交易平台的出现和更新,将不同的供应商和购买商同时聚集在一起,促成交易的便利和经济性。相对于供求双方一对一的搜索、谈判、签约、履行,这种配电盘似的大平台上的交易可以促成双方的迅速匹配并降低交易成本。平台的架构者不仅提供了交易的场所和信息渠道,而且还可以提供咨询、担保、仲裁、支付、赔付、短期融资等多种增值服务,增进交易的便捷性与安全性,从而进一步吸引更多的卖家与买主。在模拟世界,早期的庙会和集市、旧货买卖的跳蚤市场,都是这类交易平台的典型案例。在数码时代,eBay 的出现将传统的贵族社会的拍卖活动引入平民百姓的日常生活当中,也将跳蚤市场搬到了网上。阿里巴巴的登场,为来自供求双方的全球各类小业主牵线搭桥,帮助他们投怀送抱。淘宝网让众多的网络达人、时尚个体,既买又卖,体会自己开店的乐趣和烦恼,品鉴淘货经历的跌宕精彩与无奈,体验占小便宜的庆幸窃喜以及吃哑巴亏的郁闷悲哀。网上的股票交易平台更是给炒股者带来前所未有的即时信息和便捷手段,催生了一大批当日短线交易者。Monster.com 和 51job 等专业平台增进了用人单位和求职者的信息沟通与诉求匹配。在人际关系领域,网上征婚交友也在很大程度上改变了旧有的交际模式。

2. 总承包商:平台的搭建者与维护者

平台的初现,可能是自愿自发、自然形成的,也可能会有一个或者若干个主导机构去竭力促成。这些牵头的主导机构负责设计、管理并控制整合机制以及平台的主导架构,是发起人、总承包商或者核心参与者。他们订立规矩,监督运营,收取费用,维护着由多方参与者共同构成的一个生态系统。比如,苹果公司以所构建的 iTunes 平台,为第三方 App 开发者(比如"愤怒的小鸟")和广大的用户群体之间提供了一个规范的交易场所。同样,阿里巴巴集团在 B2B 的阿里、C2C 的淘宝、B2C 的天猫等系列平台上扮演的也正是总承包商的角色。亚马逊网上商城,由相对容易进行搜索比较、分类存储、运输配送的图书业务开始,波及电子、服装和礼品等多种业务的加盟。亚马逊掌控着由其主导的生态系统的总体架构,统一用户界面的购物体验,提供支付便利、标准配送服务、查询与退货服务等,不仅以自营业务为主导核心,而且吸纳第三方商家在其架构中经营,增进了自己收入的来源种类与数额,也为第三方商家提供了展示的平台和销售的窗口,各有所得。

(二) 技术平台

1. 技术平台的架构与插件

在云计算时代,阿里巴巴和亚马逊,通过其技术实力和战略布局,又分别成为中美两国云平台的典范,为无数的企业和个人用户提供数据储存、计算分析、技术测试和应用开发等多种服务。其实,技术平台的说法,至少可以追溯到 PC 时代。IBM 倡导的 PC 平台为第三方克隆厂商以及应用软件开发商提供了一个开放的平台。只是,后来平台的主导者由初始的总承包商 IBM 转换成了控制核心技术的元器件厂商微软和英特尔。进入网络时代,思科的路由器业务堪称网络时代的幕后英雄。通过主导技术架构的设计和管理,思科系统地吸引了各类提供"元件"和"插件"等专业技术要素的企业在其平台架构中演化合作。到了移动互联网时代,谷歌以开放的安卓打造了迄今为止最为生机勃勃的智能手机技术平台。2014 年 6 月,美国著名电动车企业特斯拉宣布将公开其专利技术。这项以开源哲学为基调的大胆举措,其实正是企图建立一个由特斯拉主导的电动车技术的开发平台和产业标准。

2. 技术与商业模式的融合

技术平台的总架构师和实际拥有者,最终目的在于控制和盈利。这也恰恰是商业模式的核心。一家企业掌控技术平台,盈利来源无非两个:一个是直接收费,一个是第三方补贴。如果技术平台是封闭系统,有技术诀窍和专利等法律保护,那么按照其他商家对技术平台的使用进行收费,应当是盈利的主要来源。如果技术平台是一个开放系统,所有用户(包括商家和个体)基本上可以免费使用该平台,那么注定要有另外一个与此技术平台有利益相关的第三方来付费,通常是广告商。比如,在上述谷歌的安卓平台上,与移动搜索相关的广告收入,乃是谷歌主导和运营安卓平台的主要回报方式。

(三) 信息平台与商业模式

1. 信息平台是互联网时代的要塞

说到谷歌,自然会涉及所谓信息平台。通过为大家提供有用的信息,谷歌以其技术卓越和客观精准的搜索引擎服务为平台,打造了一个从核心向外逐渐扩散的生态系统。无论是 Google Mail 邮箱、Chrome 浏览器,还是 Google Map,这些业务都是为其信息搜索平台导入流量,吸引人气。从谷歌眼镜到无人驾驶汽车,也是鼓励人们随时随地使用互联网,使用谷歌 App。如果说 21 世纪初的互联网是门户网站的天下,当下的移动互联网推崇的则是便捷的信息搜索和相应的精准服务提供。美国的研究表明,40% 左右的搜索背后具有商业动机。信息平台是通向多种商机的天然跳板。

> Facebook 从来就不仅仅是一个社交平台。它的存在并不是帮助我们交友,而是通过我们的关系网络、品牌偏好和长期的活动行踪——亦即我们的"社会肖像"——为他人挣钱。
>
> Douglas Rushkoff
> 美国作家

2. 免费的信息最终也要有人付费

对终端用户而言,信息是免费的。然而,信息的提供注定要有人为此付费,以覆盖成本,提供盈利,从而使该业务得以经久持续。广告商自然是第三方付费者。由第三方补贴信息平台构建者,并不是互联网时代的独特现象,在报纸、广播、电视等多种信息平台上都曾经是屡试不爽的商业模式。当然,与搜索信息相关的商家,也可以直接补贴或者操纵信息平台,比如某些搜索服务的竞价排名等服务项目。这种商家直接付费模式,容易对信息的客观性造成损害,从而在用户对该信息平台的公信力认知上产生负面影响。当然,商家也可以利用流行的信息平台对潜在目标用户进行有针对性的信息发放和优惠提供。比如,大众点评网在商家和用户之间搭建了一个相对公允和可信的信息共享平台。用户可以真诚自由地评价商家服务,商家可以通过发布团购信息和优惠方案等举措吸引客流。

三、通道思维与商业模式

在新兴的商业模式语境下,B2B、B2C、C2C、C2B、O2O、P2P 等各种缩略语,简直令人眼花缭乱、云里雾里。仔细想想,这些词汇的一个共通点,就是"to",意指"到"或者"到达"。说来道去,其实万变不离其宗:无论怎么"to",都是通过某种通道(Route)将可能发生关系(比如交易或者协作)的双方(或者多方)连接在一起。如此,"to"指的就是点到点、面到面、平台到平台、体系到体系,或者点、线、面、体之间各种可能的连接通道。当然,我们也可以说是连接方法、形式、路径、媒介、跳板、渠道、管道、桥梁或者机制。但归根结底,其核心就是"打通"与"连接":打通连接的道路。因此,我们不妨以"通道"思维总括之。

(一)通道的争夺无所不在

鸡鸣犬吠相闻,老死不相往来。两个近在咫尺的社区,如果没有交往的通道,可能长期各自独立封闭,井水河水两不相犯。"一桥飞架南北,天堑变通途。"通道既出,天翻地覆。你来我往,互通有无。"要致富,先修路。"此言不虚。一部人类社会发展史,就是个体、人群、社区、国家之间相互交流的历史,也正是连接他们之间的各种通道之演化与拓展的历史。秦始皇统一中国,车同轨,书同文,界定的就是便于天下沟通的实体通道和语言通道。

1. 战略空间通道

中国文明的发祥地,无论是黄河流域还是长江流域,依托的正是水上通道。塞纳河、莱茵河、密西西比河、亚马逊河,无疑扮演了同样的角色。丝绸之路,构成了连接欧亚的通道。哥伦布航海,开启了欧洲与北美新世界之间的通道。荷兰、西班牙、英国等帝国的崛起仰仗的亦是海上通道。就军事战略而言,所有大国都必须寻求和把控自己的出海口以及海上通道。而以美国"星球大战"计划（高边疆计划）为代表的制空权之争夺则将通道战略从地面引向空间。

2. 关键物流通道

当代社会，无论是物质世界还是信息时代，依赖的也是无所不在的通道。19世纪末期，美国石油大亨洛克菲勒，其最大的成就，也许不在于石油开采业务本身，而是尽早地意识到运输的重要性并控制了铁路这一重要运输通道。同样，当今世界，西方的A、B、C、D四大粮商（ADM、Bunge、Cargill、Louis Dreyfus）控制了全球约80%的粮食的贸易通道和走向。断人粮道和保护粮道，中国古代的军事理论与实践，亦多有涉及。

> 控制石油，你就控制了所有的国家。控制粮食，你就控制了所有人群。
>
> 亨利·基辛格

3. 商机信息通道

如今的互联网世界，大家拼的是眼球和流量。早在20世纪80年代，微软就千方百计地要控制信息服务进入用户家庭的渠道，从电话、有线电视、卫星电视到机顶盒，但最终未果。再后来，谷歌开始拓展各种潜在的通道，从而使人们更多地使用互联网以及与搜索相关的业务。从谷歌眼镜到无人驾驶汽车再到家居管理（比如最近对家居温控仪器企业Nest Lab的32亿元的收购），其通道战略清晰可见。中国的BAT（百度、阿里、腾讯）之所以引人瞩目，正是在于它们占据了互联网上重要的信息通道以及这些通道（从入口、传输到出口）所催生的各类商业机会。

（二）通道思维与通道战略

互联网也好，物联网也罢，任何两种事物之间的连接都离不开通道。无论是信息流和资金流，还是实物流和人群流，所有的流动和传导皆需通道。在需要用所谓互联网思维武装自己的当今大数据时代，大家都在千方百计地寻求各种通道，打通关节，释放能量，吸引眼球，聚拢人气，引爆需求，推拉交易。可以说，通道，是把事儿办成的必经之路，是由现实境遇通向理想彼岸的桥梁。通道思维，是极具实用性的立体思维，具有宏观层面的系统性以及微观层面的可操作性。

1. 通道的宏观与微观布局

就宏观布局而言，谷歌的外围业务，从Gmail、Youtube到Google+社交，都是为了吸引和留住客户，扮演为其搜索业务导入流量的通道角色。就微观层面，所有的业务，一旦导入搜索领域，便通过AdWords和AdSense的各种"毛细血管"通道传播至最终端的页面,成为其广告业务的直接贡献者。阿里巴巴,从云计算到大物流,搭建的是信息与货物流动的宏观布局和主干通道。而腾讯注重的则是终端群体在社交层面的微观通道。同时,无论是支付宝,还是财付通抑或微信支付,两家都极力试图把控用户的支付通道。

2. 通道的细分与整合

通道思维可以拓展想象力和选择的空间。如果你认为只有门才是唯一的通道,你就不会从窗户出走。如果你的目标是从 A 到 B,二者之间的任何连接方式,都可能是潜在的通道。粗放的通道可以细分或者智能化,比如谷歌的 AdSense 服务,可以基于搜索情境而投放更加有针对性的广告。单体的通道可以汇聚成复合通道,比如时下流行的团购。小区物业或者专业服务公司为不同的电商与快递公司跑完最后一公里等,也会促成相应的各种新兴商业模式的诞生。

3. 通道的寄生与借用

现有的通道可以被跨越,比如微信免费使用电信运营商的网络(占用信令),也可以被短路,比如电商对实体分销渠道各个环节的替代与冲击。当然,你也可以借用别人的通道。创建 CNN 之前,特纳起家靠的正是免费使用有线电视运营商依照政府规定而提供的社区公共服务频道。北京的一些小型同城快递公司,非常巧妙地利用北京地铁网络作为其运输通道。收件取件的"外联"员工在地铁出口处与"内勤"员工交接。而内勤员工则在地铁网络内穿梭往返,不用出站。内勤一天的运输成本只是每人很低的票价款。

有志而有心者,通道无所不在。上天入地,旁敲侧击,拓宽收窄,整合拆分,寄生借力,短路废弃。通道思维正在催生新的商业模式。

四、商业模式思维的综合应用

上面我们从多个维度和视角探讨了互联网时代的有关商业模式的思维与实践,从互联网思维到生态系统思维,从价值球到平台战略与通道战略。然而,需要强调的是,影响当下商业模式设计与选择的众多要素,本身并非当今所谓的互联网时代所特有的。借鉴历史,可以对我们今天的商业模式创新有所启发。而且,在设计商业模式时,综合地运用多种思维方式的优点也许更是必要的修为。

1. 18 世纪的互联网思维:公平与效率兼顾的通道网络

由本杰明·富兰克林出任首任总督的美国邮政总署成立于 1775 年,比美国建国还要早一年。美国邮政并不是国有企业,因为它根本不是企业,而是根据宪法授权存在的美国联邦政府的一个独立部门。成立伊始,美国邮政便拥有普通信件(first class mail)邮递的垄断权。这保证了它有足够的规模以及收入去服务所有的美国人。如果完全由市场来提供邮政服务,商家肯定专注于盈利丰厚的邮路。那些偏远地区的用户则可能无人问津。通过政府垄断提供此类邮政服务,实际上是政府强制性地打造了一个全天候、全方位的网络系统。这个网络系统毫无例外地包含了美国所有的民众,无论你在比肩接踵的繁华都市还是人迹罕至的深山老林,通道都细致入微、四通八达。你付同样的邮资,得到同样的服务。每个人都能平等地使用邮政服务,既可保证公民按照自己的意愿、喜好选择其生活方式和居住地点,又能使其与美国社会这个大网络中的任何人通过邮件联系沟通。平等、开放、参与、互动。现今的互联网精神,不过如此。这项源自18世纪的顶层设计,先知先觉地采用了网络思维,相对较好地兼顾了平等和效率。

2. 平台与通道思维的综合应用

在美国邮政这个平台上,人与人交往,组织与组织对接,公民与政府沟通,企业与顾客相连。用现在时髦的说法,双边、多边、平台效应竞相凸显。围绕着这个平台,生息着万千个目标繁杂、形态各异的生态系统。早在19世纪末,乡村居民就已经可以通过邮购的方式购买城里人享用的商品。现在的网购,不过是当年的邮购在新技术手段下的翻版。无论你采用什么用户界面,货物的实际运送最终还是要与邮递环节牵连。如今火爆异常的Netlix最初就是依靠美国邮政的渠道从事DVD租用业务起家的。当然,美国邮政自然也可以在自己的平台上开展其得天独厚的业务。作为政府的一部分,它可以受理代办公民护照申请。基于其良好的信用,它同样可以提供多种金融服务,比如汇票与汇款。

美国邮政四通八达的网络通道,亦可为竞争对手提供业务方便。以包裹和快递为主业的联邦快递和UPS等公司,也通过美国邮政的网络和渠道运营某些时效性不强的邮递业务。同样,美国邮政也会付费利用这些对手在空运方面的优势和专长。在邮递业竞争如火如荼之际,美国邮政这一通道依然实用可靠。美国邮政虽然没有诞生在互联网时代,但它却比几乎所有的当代企业或机构都具有"所谓"的互联网精神。竞争性的市场通常可能会更有效率。政府机构做事则主要应该关照平等。美国邮政作为一个公共服务的提供者,其网络思维、平台设计与通道构建,在如今的互联网时代,仍然值得我们的企业和政府去思考与学习。

第五节　商业模式更替：创新机制与退出战略

一、创新机制

商业模式创新，如同任何内容和形式的创新活动，其路径方法，好像没有一个比较公认的标准或者固定的模式，可谓形态繁杂、异彩纷呈。内功与外因交汇，运气与折腾并行。然而，仔细观察与梳理，我们大概还是能够粗略地勾勒出有关创新的一些基本手段和路数。下面我们简单介绍几种典型的创新方法和路径：发明创造、模仿移植、替代转换、系统整合、剥离分拆。参见图一。

（一）发明创造

创新，尤其是所谓的原创，亦即在全世界范围内首次出现的创新或者完全独立自主的创新，可以是有意地通过探索与实验去创造和发明，也可以是偶然发现或识别的。首先，许多创造发明是通过有目的、有意识的探索和尝试造就及促成的。爱迪生发明的电灯泡，不仅是有意实验和探索的结晶，而且是其构想的包括电力制造、输送和使用在内的整体照明系统中的有机构成部分。在技术发明的背后，已经蕴含了比较完整的商业模式的设计和酝酿。关于电话的真正发明者至今众说纷纭。但是，贝尔却是第一个推出具有大规模商业化使用前景的电话系统的发明家。他创造了现代电话产业。在一代又一代的梦想飞天者当中，怀特兄弟无疑是杰出的代表，他们发明的飞机奠定了现代航空业的基础。

> 领袖与随从之间的分野在于创新。
>
> 乔布斯

> 在成为大众的需求之前，创新只不过是精英的突发奇想。
>
> 路德维希·冯·米塞斯

其次，某些偶然发现或者创新，通常是在尝试实现其他意图时顺便发现的，即所谓的种瓜得豆。历史上，能够创造巨大商业化价值的基础理论创新、元技术创新或者原材料创新，许多都是偶然发现和识别的。商业模式的创新，也可以是见机行事、灵活应变。20 世纪 60 年代，本田摩托车刚进入美国市场的时候，只是希望能在美国的进口摩托车市场上拿下 10% 的市场份额。其主打产品是美国市场时兴的大型摩托，而本田销售人员自用的 50 毫升排量的小摩托却意外在美国走红，受到以年轻的城市职业人士为主的新兴客户的大肆追捧，而小摩托车的研发和制造恰恰是本田当时最拿手的。通过体育用品商店而不是专卖店销售，本田生生地在美国传统的摩托车市场之外开辟了一个全新的细分市场。如果它们坚持以大摩托为主打，很难突破哈雷等美国强势品牌高筑的进入壁垒。

（二）模仿移植

通常情况下，创新是一个系列过程，由概念想象，到初始尝试，基本成型，再到大规模商业推广，历经多个阶段与时期，可能长至几个世纪，也可能短至几年甚至几个月。在创新的成果基本成型之前，如果前期序曲过程漫长，参与人物众多，便很难清楚地界定到底谁是原创，谁是模仿。那些被公认为某项创新的发明者的人，通常是在前人的基础上进行改进和提高的人，是相对的后来者而不是急先锋，是对前人阶段性成就的模仿或者替代，而不是开山原创。他们提出系统可行的方案，建立初始的技术规范，或者在商业化推广中奠定准行业标准。因此，从这个意义上说，大部分的创新都是模仿性的，受到前人的启发和惠泽。比如，现代流动生产线并非亨利·福特首创发明。但他是第一个将流动生产线引入汽车制造的先驱，并对生产线的流程设计、配套使用以及相应的人力资源管理和组织管理等领域做出了重大贡献，为当代各类大规模制造产业树立了典范。

模仿也可以是通过对影响某项创新成果广为传播的瓶颈要素的掌控或者改变，从而在保持原创新基本风貌的基础上使之能够在更加广泛的范围内得以传播扩散。比如，日本的照相机行业早期对德国和英国等欧洲老牌企业的模仿。通过日本相对廉价的劳动力和注重质量的制造过程，日本照相机企业能够大规模地生产质量可靠、价格适中的照相机，使得原先只能为摄影界职业人士和极端富有家庭所享用的高端产品成为遍及中产阶级家庭的大众消费品。可以说，在从基础化工、钢铁制造，到造船与汽车行业，再到家用电器等一系列现代制造业中，日本企业的模仿性创新为日本经济在第二次世界大战后的复苏做出了巨大贡献。同样，以三星、大宇、现代和LG为代表的韩国企业也是模仿性创新的卓越实践者。现今时代中国的山寨风潮，也基本属于这样一种模式，其创新点在于提升低端区域的性价比，从而推动某项技术与产品在更为广泛的受众范围内迅速传播。

移植嫁接指的是将一个子系统内的创新成果复制并引入到另外一个子系统的创新行为。一种情形，是在同一个行业内将一个国家或者地区的某种现有的技术、方法、模式引入另外一个国家或地区。从全球范围内或者既定的大系统内的全局视角来看，这种跨地域子系统的模仿实质上也是已有创新成果传播扩散的一种方式。但对于被引入的子系统而言，这种原先并不存在的东西，本身也是一种创新。比如,声称"率先模仿就是创新"的企业家陈东升,其参与创立的嘉德拍卖行、泰康人寿保险公司和宅急送等,都是在国外已经有成型的商业模式可以借鉴的情况下创建的。

(三) 替代转换

显然,属于真正原创性的、史无前例的发明创造极为罕见,比如日晷与漏壶等计时器的发明,大多数发明创造则是属于替代性的创新,用新的技术手段或者资源组合去实现已经存在的某种功能,比如现代机械钟表以及电子钟表的相继发明。熊彼特所谓的"创造性破坏"以及当下时髦的所谓"颠覆性创新",在最极端的情形下,表现为全盘替代型的创新。新的材料投入、技术手段、产品设计、产业标准、商业模式等,在相对较短的时期内,迅速地得到市场和受众的认可,在某个相关系统内全面地传播扩散,相对彻底地清除现有阵地,成为主流主导的新建常态。在中国的大众照相机市场,由于人们生活水平的大幅度提高,对电子产品的青睐,家用计算机的普及,以及相对廉价的国产 OEM 印色等诸多因素,数码相机在短短的几年内就已经将传统相机扫地出局。

大英百科全书,一个拥有 230 多年历史的值得信赖的品牌,其传统的"人盯人销售"商业模式在数码时代受到严重冲击。1990 年至 1994 年间,其纸板书销售量锐减了 50%。从 CD-ROM 的引入到在线检索的盛行,纸板逐渐让位于数码手段。2012 年,大英百科全书在进入数码时代 20 多年后,终于停止了纸版发行,完全拥抱并专注于在线业务。某些替代性创新,即使在很大范围内得到推广,也只是对现有体系的一种补充或者拓展,或者专注于服务少数细分市场,如专业人士、高端客户、特殊群体等。因此,对质量、成本、速度和个人喜好的不同考量及要求,导致了多种商业模式共生共存的现象。比如,外资医院在中国的兴起,为富裕家庭的患者平时就医打开了方便之门。但对于重大病症,大家仍然还是相信历史悠久的专科医院。可以想见,替代性的创新,往往是开发拓展了各类细分市场,丰富了顾客的选择空间。

(四) 系统整合

将本来分散的事物集中整合在一起,可能会产生比各自分散更加经济有效的结果。这也就是所谓的规模经济加范围经济(或曰协同效应)的道理。IBM 将自己的硬件制造与设计、软件开发、系统集成等多种实力集中在一起,形成了在商务服务方面的合力,成为首屈一指的整体解决方案提供者。这种以系统整合为基础的价值提供,比单一要素的经营与销售更加符合客户对优质可靠的一站式服务的需求。然而,并不是所有的整合都意味着价值创新。在 20 世纪 80 年代末期,索尼希望控制电影厂和唱片公司等内容业务来配合其硬件推广。由于媒体娱乐与家电制造业务之间的巨大差异,索尼面临巨大的管理挑战。纵观其 20 多年来的经营状况,结果并不乐观。

简而言之,整合可以发生在供给、需求的任何一方抑或双方。在钻石市场,De Beers 通过其集中销售机构整合世界钻石主产区的出产量。这一商业模式,在一个世纪以来帮助该公司控制全球原钻的供应量和价格水准。在其最风光的时候,De Beers 曾经控制全球原钻产量的 90%。创新也可以在需求方通过系统整合来实现。比如,美国旅游服务企业 Priceline.com,它最初的商业模式是把许多散户的个体出行需求集中起来,形成足够的规模,从而依靠该规模优势来与酒店及航空公司等出行服务供应商砍价并获得巨额折扣和优惠。对于消费者,它的卖点是你可以报出自己愿意承受的价格,然后让 Priceline.com 把同道者的报价汇总去找供应商谈,而不是由个体散户单独去与供应商交涉。其实,现今的网上团购也是这样一种道理,通过对需求方的积累整合,扩大规模,增强砍价实力和主动权。

(五) 剥离拆分

创新的一个基本路数就是与众不同。如果大家都分散零落,创新可能源自系统整合。如果大家都大而全、小而全,创新可能来自拆分、剥离、单列等独自专业化的运作模式。一项创新,通常既需要现有大系统的资源与能力支持以及平台的推举和衬托,也需要相对独立的环境与氛围,不受现有体系内各种传统与惯性的束缚和制约。因此,剥离拆分式的创新,既可以在现有企业内实施,也可以在独立于企业之外的空间尝试。可以通过裂变去叠加扩散,也可以通过削减来去粗取精。

当年美国政府对独家垄断的电报电话公司 AT&T 一分为七的分拆,强迫该企业改变其垄断霸道的商业模式,在一定程度上促进了行业的竞争。在中国,被长期合并经营管理的邮电业务,在信息需求突飞猛进的时代,被分拆成了邮政业务与电信业务。随着移动通信的发展与普及,电信业务板块中又分拆出了中国移动的业务。再后来,联通集团的成立,又打破了中国移动的独家垄断。双方的竞争,促成了移动通信业务中从服务项目到服务手段的多项创新。2013 年,中国铁道部的撤销以及其原有职能的分拆重组,也是政府管理创新(尤其是政企分开)的一个最新尝试,是铁路行业迈向市场化经营的第一步。

在现有的企业框架内和平台上进行创业,也是创新实践中的一个惯用捷径。依托于现有公司,尤其是声誉卓著、实力雄厚的公司,可以为企业内的创业者带来资金与技术的支持以及行动本身的合法性。同时,如果固囿于现有体制的约束,创新者可能举步维艰,甚至寸步难行。毕竟,一个日常的组织里,需要连续性和稳定性。现有的体制和流程,主要是为了维护现有的战略方向和既得利益而存在的,难免有碍于创新。因此,为了鼓励创新,某些企业有意识地通过独立或者相对独立于现有体制的设计安排来推进创新的实验。这种创新方式不妨称为体内裂变。通用汽车公司在20世纪80年代成立的Saturn事业部便是这样一种尝试，希望在研发、制造和销售渠道方面探索一种新的模式。松下公司也曾经有这样的口号："一个产品，一个事业部。"谁能新创产品，就可以成立独立的事业部。卡拉OK的发明正是在这种背景下产生的。腾讯的微信研发者——广州研发中心，也是一个比较特立独行的团队。

在经营战略方面，当一个企业内的创新项目发展到难以被该企业所容纳的时候，或者由于企业本身的规模和资源无法支撑进一步的研发，或者创新的方向与公司的主营业务以及管理逻辑缺乏足够的吻合时，剥离出去也许是更加适当的选择。这时的企业，就像一个风险投资者，要适时退出。此处与系统分拆不同的是，将创新项目从中剥离出去的那个母体机构将仍然存在。当安捷伦的业务与惠普的计算机业务等主业渐行渐远之际，惠普对安捷伦的剥离，便属于这种类型的创新尝试。同样，在20世纪50年代由美洲航空公司（AA）与IBM联合开发的电子订票系统（SABRE）在2000年被AA剥离，成为一个独立交易的上市公司。该公司的独立加速了与更多航空公司、酒店以及旅行社的合作，以及技术与业务上的创新，成为全球旅行预订业务背后强有力的技术支持提供者。

（六）不断创新：创新手段的综合应用

显然，上述这些创新路径方法，虽然各有侧重，而且在很大程度上各自相对独立，但毕竟有重叠与交叉的一面。具体的一项创新，从不同角度和层次来看，也许可以同时被归类于多个不同的路径方法。我们可以想象这样一种情形：通过模仿另外一个行业的商业模式，一个企业可以在自己的行业里对主导的商业模式进行替代性的创新，而这种创新可以是自己的发明创造，也可以移植嫁接，具体可以表现为系统整合，也可能是剥离拆分。比如，前述的福特汽车生产线，既是对已有生产线概念和实践的模仿与移植，也是在汽车工业领域内的一项重大的发明创造，是对手工作坊式小批量生产模式的替代，也是对汽车制造各个生产环节和要素的系统整合。

当然，一个企业也可能同时应用多种路径方法进行创新。京东商城便是很好的一个例子。可以说，它的商业模式直接受益于亚马逊的启发。而在中国的率先模仿赋予了它创新者的地位。它所代表的新的商业模式是对传统商城的一种替代，甚至是近乎毁灭性的打击。它通过系统整合打造了一个包括自营与第三方商户的运营平台以及涵盖供应商、仓储物流、支付手段等的B2C生态系统。它迅捷的配送服务（有时某些商品可以在下单的当天送达）应当是其独有的创新举措，甚至超出了客户的合理预期。而最近拟推出的团购业务独立运营则可能为剥离分拆这一创新手段做一个贴切的注脚。

也许,京东持续创新的关键,在于通过良好的客户体验以及更大力度的推广宣传,推动消费者消费习惯的根本改变,使其更加全面彻底地拥抱网购模式。如果消费者喜怒无常、供应商集体反抗或者自谋出路、投资者信心与耐心失效,则所有的创新举措都有可能功亏一篑、难以为继。在当今竞争加速升温的时代,正应了英特尔前任老板格鲁夫的那句话——只有惶惶不可终日者才能生存。也许,使自己感到安全的最佳办法是永远不要感到安全。虽然创新毕竟是少数人和少数组织的作为,是小概率事件,但对于一个意在追求长期卓越经营绩效的企业而言,创新必须是家常便饭,而不是一时兴起的时髦图鲜。

二、退出战略

对于一个新兴企业而言,如欲在竞争中生存并胜出,需要致力于打造其商业模式,发现新的市场机会并提供令人信服的价值主张。对于一个既有的企业而言,与时俱进和永续经营意味着企业要不断地进行战略调整,一方面不断地进行商业模式创新,另一方面主动退出或剥离已经不合时宜的业务。毕竟,战略不仅在于决定要做什么,而且在于决定不做什么,不再继续做什么。因此,警觉而系统地思考其退出战略,也是企业战略管理者必须应对的日常挑战。

相比于那些"永不言败"的各类豪言壮语与励志经典,"该撤就撤"的忠告自然很是令人泄气。但它切中了要害。应该什么时候退出呢?参见表9.3中给出的思考退出战略时需要进行的四大检验。如果一个业务不再符合外部大势,不能与时俱进,或者企业没有能力使之胜出,甚至不能保证其正常的成长,或者就是最简单的一条,不能满足既定的预期,那么企业必须有坚定的决心和相应的办法适时退出。自己不主动退出,迟早会被强制清盘,这也是生态系统的自然规律。传统的看法是,退出通常意味着失败,说明你玩儿不转。也许应该换一种思路。一个好的企业,可能应该专注于自己能够做好的并符合时代大势的事情,而不在于抱残守缺或者总是企图挽救失足青年。

表 9.3　退出战略的四大检验

外部契合检验:该业务是否符合现在或者未来环境发展的大趋势?
业务实力检验:我们是否拥有能够使该业务成功的能力和条件?
替代机会检验:是否存在其他机会可以更好地利用我们现有业务所占用的资源与能力?
内部冲突检验:现有业务之间或者现有业务与企图新进业务之间是否有内在冲突?

资料来源:根据本书作者与吕晓慧、谢绚丽对退出战略的专题研究结果整理。详见 Ma, H., Lu, X. and Xie, X. 2014. Business exit as a deliberate strategy for incumbent firms, *Organizational Dynamics*, 43(4): 266—273。

2013 年，通用电气完成了对 NBC 国家广播公司的全部剥离。NBC 于 1926 年由通用电气和它控股的 RCA 等公司共同建立，其后与 RCA 一样，数次进出通用电气。2007 年，入主通用电气六年的伊梅尔特倾囊出售通用电气持有 77 年的塑料业务。他本人和前任 CEO 韦尔奇都曾于此业务领域在通用电气起家。1984 年，出任 CEO 三年的韦尔奇，毅然剥离由他的前任琼斯在 1976 年兼并入通用电气的犹他矿业。琼斯当时的兼并曾创下美国历史上并购交易值的最高纪录。进入退出，取决于现有商业模式的逻辑。决策的关键在于对事不对人。英特尔无奈退出 DRAM，壮士断腕，浴火重生。IBM 剥离 PC 和低端伺服器业务，瓜熟蒂落，水到渠成。不能适时退出已经没有发展前景或者没有竞争力的业务，必定会阻碍企业领军者对新业务以及新商业模式的积极拥抱。

如果经济规律、环境因素或我们的能力决定了我们不能实现我们的意图，那么我们必须采用与当时乘兴而来同样的兴致和果敢，从那些我们不能比最好做得更好的领域内迅速推出。

杰克·韦尔奇

其实，退出也可能更加积极主动。20 世纪 60 年代，沃尔玛老板毅然决然地告别其业绩良好的杂货店经营，全面投入折扣店的浪潮，拥抱崭新的商业模式，自此领跑美国零售业 50 年。20 世纪 90 年代，深圳的万科在王石的坚持下力求做减法，剥离了所有其他业务，全力专注于房地产开发，创造了以品质均好与优质物业服务著称的独特商业模式，并发展成为全球最大的住宅房地产企业。美国第二大粮油食品企业 ConAgra，曾经不惜牺牲近 50% 的销售收入，出让仍然盈利的业务，以保证其 20% 的 ROE 的经营目标。法国企业达能以营养健康为主旨重新定位业务、重塑商业模式。在过去的 20 年间，达能先后剥离了啤酒、奶酪和肉食等处于欧洲市场相对领先地位的业务以及全球排名第二的饼干业务，专注于鲜奶制品、水饮品和婴儿营养等领域。

即使在高歌猛进、你追我赶的高科技领域，退出战略（恰如并购战略一样）也正在日益成为企业战略布局的重要手段。2012 年，谷歌以 125 亿美元收购摩托罗拉移动通信业务。2014 年年初，谷歌宣布以 29.1 亿美元的价格把该业务转手联想。谷歌吸纳了摩托罗拉账上近 30 亿美元的现金，又获得了 10 亿美元左右的税收减免，2012 年年底出售摩托罗拉的机顶盒业务又进账 23.5 亿美元。关键是，谷歌保留了摩托罗拉最有价值的资产——估值达 55 亿美元的专利。单从数字来看，此次倒手的损益至少是账面持平。谷歌很清楚自己想从摩托罗拉得到什么。简短地进入智能手机制造业务，给谷歌提供了一个良好的机会去更好地推广其最核心的搜索和地图等 APP 服务。洗劫摩托罗拉的专利宝库，为谷歌主导的安卓系统提供了强大的技术与法律后盾。试图拯救摩托罗拉的手机业务，在安卓阵营内对一家独大的三星启动了一种潜在的制衡。适时退出手机制造业务，又向三星等其他制造商表明谷歌不会在终端业务上与其争利。而找到联想这样擅长规模化制造的买家，也有助于进一步促进整个安卓系统在智能手机 OS 市场上的全球份额。毕竟，谷歌不是一个擅长做硬件的企业，它也不想。此次进出，标志着谷歌在大肆进行兼并与并购的同时，开始有意地主动使用退出战略，也显示了它对自己既有商业模式核心逻辑的坚守。2013 年，谷歌 90% 以上的收入来自与信息搜索和管理相关的广告收入。

最近，腾讯公司在扩张其企鹅帝国的征程上也开始既买又卖、进退并行了。在当下中国的企业，尤其是互联网企业中，这算是一个比较冷静成熟的表现。腾讯将一直不温不火的搜搜卖给搜狐之后，又在收购京东部分股份之际将 QQ 网购和拍拍的电商与物流等业务出售给京东。在这一整体布局下，腾讯两年前入主的易迅网，也已经部分出售给京东，最终的自然归宿也许如同其他腾讯电商一样。并不是所有的滩头都要抢，并不是所有的业务都要亲自去干。退出是一种战略选择，需要领军者的主导推动，也需要企业去建立相应的制度程序和执行能力。这一战略的灵活应用，首先需要从正确地认识其重要意义开始。

本书终语

战略的实质在于取胜。战略管理在于确立组织的目标并制定和执行战略去促成目标的实现。组织的目标不仅包括大家共同奋斗和追求的集体目标，也应该适当地关照每个成员各自的职业目标和个人期许。战略的要务在于做正确的事情，管理的挑战在于用正确的办法做事。战略的实施，最终要落实到每个人的行动中去。组织在完成任务与实现目标的同时，应该使所有参与者幸福愉快、身心健康。因此，战略管理的理想境界，或曰所有企业管理的最高境界，也许应该是这样一种状态：一群比较通达靠谱而又相对志同道合的人，有幸聚集在一起，尽量心境舒展地用正确的办法做正确的事情，力求达到大家共同的目标和各自的期许。

本章知识要点

战略管理回溯：

20世纪初	哈佛商学院企业政策教研组的工作
1962年	钱德勒《战略与结构》
1965年	安索夫《公司战略》
1965年	哈佛商学院《企业政策》(SWOT)
20世纪70年代	战略规划运动；战略过程研究
20世纪80年代	波特《竞争战略》；资源本位企业观；高管团队研究
20世纪90年代	普拉哈拉德与哈默尔《核心竞争力》
1997年	梯斯《动态能力》
21世纪初	商业模式创新

商业模式：价值主张与价值获取

商业模式的构成部分：价值主张与创造；价值提供与交付；价值捕捉与收获。

商业模式价值驱动因素：新颖、锁定、互补和效率。

商业模式与战略的关系：

商业模式要比战略的适用范围更广，属于更加基础性的分析层次，主要体现一定社会和经济发展阶段企业经营模式的大趋势和一般性方法，通常受到技术进步的影响。战略，则是要在企业的经营中，相对于竞争对手（无论它们是采用相同还是不同的商业模式），造就其独特的差异性地位，从而获取竞争优势，享有卓越的经营绩效。

互联网与互联网思维：

常见的所谓互联网思维模式，包括瞬时搜寻、便利比较、用户体验、他方付费、虚拟空间、开放体系、粉丝文化、部落社区、平台模式、生态系统、众包众筹、迭代更替，等等。而这些思维方式之间可以是互补的，也可以是相互矛盾的。

互联网思维与商业模式：多维解析

革命与传统；虚拟与真实；简单与复杂；陌生与信任；平庸与奢侈；精英与大众。互联网思维与传统思维有难以割舍的关系。

生态系统与系统思维：

战略管理者应该把企业间的关系看成是不同的物种或有机体在生态系统中共同演化的过程。用系统的思维去设计和维护自己与其他选手之间的关系，正确地理解和把握自己所在系统在更大生态系统中的地位和角色，是商业模式创新的重要前提。

企业联盟与商业模式：
主导机构；合作模式；竞争领域。

生态系统与商业模式：
核心物种；配套程度；更新力度。

价值球思维对商业模式的启示：
即使是一个单一产品业务的企业，无论是从实际的运营还是从概念上分析，广义而言，它都可能隶属于多个互相关联交叉的产业链条。这时的产业链聚合，纵横交错、四通八达、流动聚散、演进变化，构成一个多维立体空间，可以比较准确形象地用价值球体（或者价值场）这一概念来表述。如此，商业模式的构建和应用才可能有更加广阔的想象空间。

价值球思维对商业模式的启示非常清晰明确：一个企业在某一个领域或者节点上的专业化精尖高强，可以使该企业从容地进入多个产业链，并占据强势地位，掌握话语权，提高其经营活动的附加值，使得自己的价值囊强大宽厚、饱满充实。

平台战略与平台思维：
平台的种类：交易平台；技术平台；信息平台。
总承包商：平台的搭建者与维护者。
盈利模式：服务直接收费；第三方付费补贴（比如广告）。

通道思维与商业模式：
通道无所不在：战略空间通道；关键物流通道；商机信息通道。

通道思维与通道战略：
通道的宏观与微观布局；通道的细分与整合；通道的寄生与借用。

商业模式创新：
发明创造；模仿移植；替代转换；系统整合；剥离拆分。

退出战略的四大检验：
外部契合检验；业务实力检验；替代机会检验；内部冲突检验。

管理的境界：
一群比较通达靠谱而又相对志同道合的人，有幸聚集在一起，尽量心境舒展地用正确的办法做正确的事情，力求达到大家共同的目标和各自的期许。

本章思考题

1. 企业战略与商业模式到底是什么关系？战略管理一个多世纪以来的研究对商业模式创新有哪些启示？

2. 商业模式的核心要素是什么？如何判断商业模式的成功？
3. 如何理解互联网思维及其对商业模式的影响？
4. 生态系统与平台战略是什么关系？
5. 价值球的概念对思考公司战略和业务战略分别有哪些影响？对商业模式的创新有哪些启示？
6. 平台战略和通道战略是什么关系？二者背后的主导思想有何异同？
7. 商业模式创新有哪些可行的基本方法？它们之间有哪些可能的关系模式？
8. 退出战略和商业模式的关系是什么？如何管理企业的退出战略？
9. 在你心目中，战略管理的最高境界是什么？为什么？

教师反馈及教辅申请表

北京大学出版社本着"教材优先、学术为本"的出版宗旨,竭诚为广大高等院校师生服务。为更有针对性地提供服务,请您按照以下步骤在微信后台提交教辅申请,我们会在 1~2 个工作日内将配套教辅资料,发送到您的邮箱。

◎ 手机扫描下方二维码,或直接微信搜索公众号"北京大学经管书苑",进行关注;

◎ 点击菜单栏"在线申请"—"教辅申请",出现如右下界面:

◎ 将表格上的信息填写准确、完整后,点击提交;

◎ 信息核对无误后,教辅资源会及时发送给您;如果填写有问题,工作人员会同您联系。

温馨提示: 如果您不使用微信,您可以通过下方的联系方式(任选其一),将您的姓名、院校、邮箱及教材使用信息反馈给我们,工作人员会同您进一步联系。

我们的联系方式:

通信地址: 北京大学出版社经济与管理图书事业部北京市海淀区成府路 205 号,100871
联 系 人: 周莹
电　　话: 010-62767312 /62757146
电子邮件: em@pup.cn
Q Q: 5520 63295(推荐使用)

微信: 北京大学经管书苑(pupembook)
网址: www.pup.cn